KB083632

탈국민국가라는
외재적 식민주의와
제국 <u>타자·예외·차연</u>

탈국민국가라는 외재적 식민주의와 제국_ 타자·예외·차연

초판인쇄 2021년 11월 25일 **초판발행** 2021년 12월 15일
지은이 이소마에 준이치·히라노 가쓰야·전성곤 **펴낸이** 박성모 **펴낸곳** 소명출판 **출판등록** 제13-522호
주소 06643 서울시 서초구 서초중앙로6길 15, 2층
전화 02-585-7840 **팩스** 02-585-7848 **전자우편** somyungbooks@daum.net **홈페이지** www.somyong.co.kr

값 23,000원   ⓒ 전성곤, 2021
ISBN 979-11-5905-648-2 93900

잘못된 책은 바꾸어드립니다.
이 책은 저작권법의 보호를 받는 저작물이므로 무단전재와 복제를 금하며,
이 책의 전부 또는 일부를 이용하려면 반드시 사전에 소명출판의 동의를 받아야 합니다.

이소마에 준이치
히라노 가쓰야 / 지음
전성곤

External colonialism
and empire
of a nation-state:
Others·Exception·
Difference

탈국민국가라는
외재적 식민주의와
제국 타자·예외·차연

서문

'국세國世'라는 말이 낯설게 들릴지 모르지만, 지금까지도 '국민국가의 세기'라는 익숙한 세계는 지속되고 있다고 여겨진다. 이 '국민국가'라는 말은 '탈국민국가'와 쌍을 이루며, 결과적으로는 국민국가를 재생산해 왔다는 의미에서 '국세'라고 표현할 수 있다고 보았다. 탈국민국가를 구가하면서도 국민국가의 '증식'과 '내파'라는 자장 속에서 조정되는데 이 틀 자체가 이미 서구주의나 근대주의 담론라는 외재적 '식민주의' 내부에 머무르는 것이며, 그것을 그대로 다시 세계주의라는 이름으로 뒤집는 것이 제국주의의 반복이라는 점이라고 생각된다.

사실 '국민국가'가 배태하고 있는 원초적인 문제점은 '균질성'에 있다고 여겨진다. 즉, '국민국가'를 극복하기 위해 '탈국민국가'를 주장하지만, '국민국가란 무엇인가'를 묻지 않고서는 탈국민국가의 의미를 찾을 수 없다고 본다. 이를 위해 새로운 틀로서 타자, 예외, 차연의 키워드를 가져와 보았고, '국민국가'와 헤테로글로시아heteroglossia의 시각을 동원해 보기로 했다. 헤테로글로시아는 미하일 바흐친Mikhail Bakhtin이 제시한 용어로, 다성성多声性, multi-voicedness을 의미하는데, 이는 하나의 균질성이나 표준만을 고집하는 사고 방식에 대한 비판이기도 하다. 즉 주체를 만들어 내는 언어들의 바리에이션을 통해 나와 타자가 분리되고 서로 경계 지어지는 그 시선에 대한 각성을 촉구하는 방법론인 것이다.

이를 근거로 국민국가가 '세계사'로 인지된 역사적 경로를 독파讀破하고, 그를 통해 다시 헤테로글로시아적 '비대칭의 메타적 세계관'을 기대하고자 한다. 이는 언러닝unlearning으로서 '국민국가'론이라고 말할 수 있는데, 이 언러닝은 '현재의 국민국가론을 지나는' 의미로서 현재적이면서 다시 다가올 미래에 대한 고민을 포함하고자 제목을 『'탈국민국가'의 외재적 식민주의와 제국—타자·예외·차연』으로 결정했다.

그렇다고 본 저서는 국민국가의 역사적 계보나 국민국가의 내적 특성이 무엇인가를 밝혀내는 것은 아니다. 오히려 국민국가가 이데올로기들에 의해 탄생되고, 이데올로기들에 의해 현존하는 힘이 지탱되어지고 있다는 것, 동시에 국민국가를 만들어낸 보편성이나 고유성이라는 개념들이 모두 '인간이 고안해 낸 인식들의 형식'에 의한 장치들이라는 점에 주목하고, 그 이론들을 계승하는 방식을 취하면서, 또한 그 형식들이 어떻게 공동체나 집단적 이성/감정으로 동원되고 뿌리를 내리는지에 초점을 맞추고자 했다.

이를 위해 먼저 국민국가 이론을 일본에서 어떻게 받아들이는지 그 경로를 구체적으로 살펴본다. 그 과정에서 '서구 담론'의 어떤 부분이 독자화 되고 원뜻이 오독되고 동시에 '무비판적으로 수용'되면서 '국민국가 비판과 긍정의 협치'가 분파되는지 그 사유방식을 짚어 볼 것이다. 국민국가 안에서 '국민국가'를 대상화하기 위한 방법론을 고민하는 이소마에 준이치磯前順一의 글쓰기 방식은 '세계사의 상황' 속에서 어떻게 일본은 그 시대적 담론을 수용하고 동시에 원용하며 새로운 논리를 재구성했는가를 보여준다.

그렇기 때문에 이소마에 준이치의 글을 보면 서구학자들의 논리들을 많이 활용하고 다시 일본에서의 재구성을 보여주는 기법을 사용하는 것이 잘 보여진다. 그렇지만, 그것은 주체의 문제를 생각할 때 매우 중요한 '방법론'을 내포하고 있다. 피에르 부르디외Pierre Bourdieu가 말하는 '경로 의존성'을 떠올리게 해준다. 다시 말해서 서구에서 발생한 이론이 세계성을 띠게 된 경로는 더듬어 보고, 그 안에 담지된 명제들이 어떤 의미를 갖게 되었고, 그것이 무엇을 투영했기에 '서구 담론'은 세계적 담론을 갖게 되었는가를 밝혀 내는 것으로부터 시작한다.

서구가 비서구를 논하면서 형성한 '우월감'이 세계를 뒤덮게 되고 그것이 기준이 되어 세계성을 띠면서 세상의 인식을 뒤덮는 것이 자연스러웠던 시기를 논한다. 그렇지만, 그것이 제국주의 시대를 불렀고, 지배와 피지배로 대표되는 식민지주의를 '보편화'해 버렸던 것이다. 그 경험은 역설적으로 서구 담론은 서구를 중심에 두는 비서구의 주변화 만들기였으며, 서구는 서구 담론을 성찰적으로 바라보지 못했다는 한계점을 노출시켰다. 따라서 비서구는 탈식민주의라는 논리 속에서 서구로부터 주어진 주체가 아닌 주체를 찾는 방법을 찾기 시작했다. 그것의 방법론은 서구가 비서구를 통해 자아 성찰을 갖게 되는 '성찰을 위한 개념들과 그 명제'들을 찾아냈고 밝혀냈다. 그것은 탈식민주의를 일보 전진시키는 논리이기도 했지만, 다른 의미에서는 서구중심주의 논리를 더 파고들게 하는 역할을 했다. 즉 서구가 만든 담론에 내부에서 만들어낸 성찰적 담론조차도 서구적 담론이며, 그 성찰 담론이 가진 내용조차도 서구적인 것으로서 탈서구화를 만들어내지 못하게 되었다.

이를 잘 보여주는 것이 일본의 근대화와 제국주의의 논리였다. 일본은 메이지기에 세계화와 국제화의 논리를 생산해 내면서, 서구주의 이론에 감화되어 가게 된다. 이러한 세계화가 갖는 의미의 역사적 경위는, 서구화 대 일본으로의 회귀, 혹은 제3의 길 모색이 시도되었다. 그것은 러일전쟁과 세계적 대화라는 논리로 수렴되고 다시 대동아전쟁이 세계적 보편성을 갖는 '폐쇄적'인 확장 논리로 수렴되어 갔다. 패전국으로 전후를 맞이하면서, 전후 미국 민주주의라는 세계주의로 다시 빠져들게 되고, 메이지기와 동형적인 서구의 만남 그리고 일본적 주체의 찾기를 시도한 것이다.

이러한 일반론적 흐름을 반복하고 싶지 않지만, 이러한 전체적 구조 속에서 이소마에 준이치와 히라노 가쓰야가 시도한 것은 전전과 전후의 맥락에 내재된 주체의 문제를 주체적으로 각성하는 프로세스를 제시하고자 하는 입장이다.

이를 위해 제시하는 것이 타자, 예외의 문제였다. 이소마에 준이치는 타자의 문제를 서구 이론 수용과 오독의 문제, 그리고 번역과 주체 간의 문제로 설정하여, 세계사와 국민국가이 주체가 갖는 문제점을 밝혀낸다. 그것은 역시 주체로서 국민국가의 문제를 재구성하려는 시도이며 배제와 차별의 문제를 다룬다. 그리고 히라노 가쓰야는 서구 이론과 역사학의 논리를 구체적으로 다루어, 국민국가와 역사학을 논한다. 그것은 내국식민지 문제로서 아이누의 문제를 통해 배제와 차별의 문제점을 지적한다.

이러한 논의들에 감화를 받으면서 전성곤은, 새로운 키워드로 차연이라는 이디엄을 추가해 보았다. 메이지기 내셔널리티 개념을 국수로 번역하고, 그 국수 개념을 통해 새롭게 창출해 낸 국민국가의 논리가 갖는 전체주의의 문제를 다루었다. 그리고 전전 식민지주의의 연장 선상에서 전후 일본 국민국가의 문제를 끊임없이 재문하는 '자이니치'의 문제를 다루어보았다. 역시 국민국가 내부의 배제와 차별의 문제로 수렴되어 진다고 생각한다.

이러한 시도는 서구철학 혹은 서구이론이라고 불리는 것을 그대로 모방하는 것이 아니다. 이 세 키워드를 가져와서 그 이디엄이 담지하는 내용을 재검토하면서 배우면서 동시에 탈벗는 과정 즉 해체와 구축을 반복하여 '깨어난 주체'란 무엇인가를 논해 보고자 했다.

제1장에서는 일본에서의 국민국가론 수입과 그 수입이론에 대한 주체의 '해체＝재구성'의 논리를 다룬다. 일본에서 국민국가론에 주목을 받은 것은 1990년대에 들어서이다. 동시에 다민족국가론이라는 등장하게 된다. 서구의 앤더슨과 홉스봄의 네이션론이 인기를 모으게 된다. 네이션이 '상상의 공동체'라고 논하는 앤더슨의 지적, 그 이데올로기의 허구성을 비판하고 있다는 뜻으로 받아들이게 된다. 그러나 앤더슨에게 네이션이라는 상상의 공동체를 '가동시킴'으로써 대영제국으로부터 국민국가로서 독립을 쟁취하는 것이 급선무의 과제였던 상황이었다. 일본에서는 이것이 내셔널 아이덴티티가 근대에 창조되었다는 홉스봄의 논리에 만나게 되면서, 네이션의 상상과 창조의 논리로 '수렴'되어 버렸다. 앤더슨은 네이션의 긍정론자였기 때문에 이러한 논리는 반대로 국민국가에게 있어서 전통의 창조를 위한 이론으로 활용되기도 했다. 이러한 의미에서 국민이나 전통, 민족은 허구성을 갖기 때문에 오히려 강하게 작동해 버리는 역설이 존재한다. 이 양의성은 호미 바바 이론의 수용과 다시 맞물리면서 국민국가를 비판하는 것이 '충분하다'는 인식을 갖게 되었다. 그렇지만 불행하게도 그것은 호미 바바를 제대로 읽고 수용한 것이 아니었다. 그것을 반증해 주는 것이 '그들'과 '나'라는 다른 주체를 특수주의 담론이었다. 다시 말해서 내셔널리즘 긍정파의 논리도 또한 자신들이 주체적으로 만들어내는 하나의 선택지라고 하는 문맥의 창출이었다.

이러한 문맥을 새롭게 만들어 낸 것이 일본에서 국민국가론의 대표적 논객의 한 명인 니시카와 나가오였고, 니시카와 나가오의 사상에 착목하여 일본의 근대 특히 전후 국민국가 담론에 대한 비판적 견해를 논한다. 특히 이 비판적 견해의 의의를 세계사적인 문맥에 있어서의 일본 지식인의 가능성을 모색하는 입장이기도 하다. 그 논리에서 중요한 것은 사상의 '개념화 프로세스'였다. 중요한 것은 전후 일본의 국민국가에 수렴되지 않는 구일본제국의 역사를 다루는 방식이었다. 국민국가라는 공동체가 갖는 배타적 성격에 주목한 것이다. 국민국가는 항상 '비국민'에 대한 반감을 내재하고 있다는 문제를 제시한 것이다. 국민국가 비판의 새로운 관점은 창조된 전통이나 상상의 공동체라는 논리보다도 '타자에 대한 차별과 배제'의 문제였다는 점을 발견하게 된 것이다.

따라서 이소마에 준이치는 국민국가론에 대한 비판을 서구의 앤더슨이나 홉스봄, 호미 바바의 이론을 추종하는 것이 아니라, 그러한 이론들을 받아들인 프로세스 속에 내재된 '동질성'과 '차이점'을 통해 새롭게 일본적 시각인 '차별과 배제'의 입장에서 국민국가에 대한 주체적 비판이론이었던 것이다. 그것은 균질한 국민만들기의 일환으로서 국가 이데올로기에 동화 입장을 내포하는 것이다. 그 논리를 꿰뚫게 해 주는 것이 국사학이 갖는 자기비판의 논리이다. 여기서 결여된 것은 스스로의 주체 구성의 문제로서 제국주의나 식민주의를 받아들일 것인가라는 '동기'가 보이지 않았고, 국민형성이라는 동기를 잃게 된 일본의 전후 역사학은 메이지기의 유산인 실증주의로 폐색되어 간 점을 밝혀냈다. 말하자면 주체의 죽음을 보여주는 사례인 것이다.

즉 탈식민주의 이론이 동아시아의 탈식민주의 상황 속으로 이식되어 가는 것과 연결된다. 국가가 만들어내는 주체의 부재를 역사적 차원으로 다시 연결시켜 가는 역할도 동시에 수반한다. 그러한 의미에서 주체의 죽음을 부정하지 않고 국가가 만들어내는 배제와 차별의 역사적 주체 차원에서 작동하는 과정을 비판적으로 다루고자 하는 시점이 생겨난다.

이는 국민국가를 식민지주의의 문맥으로 치환하여 미국으로부터 부여받은 평화헌법의 의미를 재구성하게 만들어 주는 논리로 연결된다. 이처럼 식민지주의라는 문맥을 세계사적 문맥 즉 서구이론의 무자각적 수용의 차원에서 보아 주체의 문제를 새로 생각하는 시도가 탈역사적이며 외부적 시각의 균형 속에서 주체를 주체화 해 왔던 '중심 이동'을 일으킬 수 있는 것이며, 이것이야말로 주체의 해체이며 동시에 탈구축이 병존하는 것이라고 논한다.

제2장에서는 동일본대지진 때에 새롭게 등장한 '경청' 행위에 대해 주목하여, 경청은 상대의 발언에 대해 주체중심을 옮기는 것에 대해 주목한다. 즉 자신의 주체성을 한번 내려놓는 것이 갖는 의미를 설명한다. 여기서 이소마에 준이치가 주목하는 것이 바로 번역translation론이다. 번역이란 일반적으로 다른 언어 간의 의미의 변환trans이라고 인식하는데, 번역은 그뿐만이 아니라 주체 사이의 문제로 다루어진다는 점에 주목했다. 번역론은 주체 간의 교섭 과정의 문제로 파악하는 시도인 것이다.

특히 사카이 나오키의 주체화 과정이론을 검토하면서, 주체의 역사적 구속성으로 중첩시켜 주체의 비역사적 본질화에 함몰되지 않으면서 다시 문제의 초점을 재구성한 탈식민주의 이론에 주목하고, 그것은 시대적 배경이 작동하기 때문에 시대적 기수로서 주목받은 것을 설명한다.

이를 위해 사카이 나오키의 주체화론, 번역불능론, 주체론, 타자론을 다루고 있다. 특히 '죽은 자의 목소리'를 듣는 것이 갖는 것의 의미가 천황제의 시선을 어떻게 다시 재구성할 수 있는가의 물음과 동형적이라는 점에 주목한다. 그것은 내국식민지의 상황을 극복하는 것이며, 전후 일본사회의 '병리적 증상'을 극복하는 시도라고 주장한다.

균질한 공동체를 자연화해 온 논리를 극복하기 위한 방법은 부인dis-avowal에 의한 증상symptom을 가리킨다고 보았다. 표상불가능한 것을 어떻게 상기하는가에 대한 문제로 전체로만 여기던 주체에 의식하지 못했던 세계의 주체가 존재한다는 의식을 갖고 주체를 재구성하겠다는 치료법을 활용한다는 논리이다. 그것은 번역불가능한 것의 문제이기도 한 것이다.

그것을 동시에 주체성을 주체화한 역사적 경로를 발견하게 해준다는 의미에서 주체의 발견인 것이다. 주체는 원래 처음부터 결손 상태라는 점을 안지하고 주체화되는 것 즉 '주체화된다'는 것의 집합체라는 점을 인지하여 그것으로부터 탈화할 것을 논한다. 개체와 개체의 주체는 국민이라는 논리의 일부로 너무 쉽게 휩쓸려 들어간다는 점을 경계하는 것이다. 여기서 증상이라는 것 부인이라는 것이 갖는 의미가 되살아 나는 것이다.

그것은 탈중심화의 문맥으로 만나게 되고, 관념적 주체가 미확정된 경우에는 정동情動의 세계로 다시 떠내려갈 위험성을 내포한다는 점에 주목한다. 정동의 움직임을 무시하는 것으로 배제된 정동에 표의되어 버리는 상태가 아니라, 의식이 배제되는 것으로 정동적인 보다 광범위한 주체의 일부에 개인이 말려들어간다는 사태에 유의해야 한다는 것이다. 유의해야 한다는 의미를 구체적으로 본다면, 주체를 둘러싼 상황이 역전하여 그 중심이 의식으로부터 신체로 움직여 버려 주체가 형태를 이루지 못하는 것이 되는 것이다.

이는 독아론으로 형성되는 논리를 경계하는 것으로, 구조론적으로 다시 살펴볼 것을 권유한다. 즉 타자는 내가 볼 뿐만 아니라 타자의 시선에 의해 내가 '생기기도 한다'는 점이다. 타자의 시선이란 선험적 주체를 말하는데, 이는 수동적인 시선에 의해 형성된 주체의 성립이라는 점이다. 일본의 경우를 말하자면 천황제의 시선이 균질한 국민의 주체를 형성하게 했다는 점이다. 그렇다면 어떻게 주체를 재확립해 갈 수 있을까. 주체화 과정의 문제로서 주체를 어떻게 구축할 것인가라는 문제로 되돌아가야 한다는 것이다. 또한 주체가 픽션이라는 것으로만 보는 것이 아니며 주체가 존재하지 않는다는 것이 아니다. 동시에 주체를 탈구축한다는 것은 부정적 탈구축이 존재하고, 주체는 불균질한 복수성uneven plurality로 구성된다는 기법을 설명해 준다.

제3장에서는 전후 일본을 대표하는 역사학자 야스마루 요시오가, '역사학'은 '전체성'이라는 시좌와 문제의식을 포기해서는 안된다고 지적한 '발언'을 문제시하면서 시작한다. 흔히 말하는 포스트구조주의의 영향 아래에서 역사를 총체적이고 주조적으로 다루려는 시도가 쇠퇴되는 것에 대한 문제를 제기한 것이라고 연결한다. 따라서 역사의 전체성에 대해 사고한다는 것은 역사가 현재의 시대를 마주하는 방식의 하나로서 '역사가의 주체성'과 불가분의 상관관계에 놓여 있다는 점에 있다고 히라노 가쓰야는 주목한 것이다.

히라노 가쓰야가 말하는 전체성이란 공통적 보편성을 이야기하는 것이 아니라 총체적으로 파악하려고 하는 의지와 그곳에서 작동하는 상상력을 촉진하기 위한 방법론인 것이다. 여기서 주목되어야 하는 것이 역사를 보는 인식 상의 틀이 갖는 문제와 역사가 개관적 실체라기보다는 상상력의 산물이라는 점에 착안해야 한다는 시각이다. 즉 역사적 전체성은 객관적이거나 실체적인 것이 아니라 역사를 만들어내는 역사가의 윤리, 정치, 방법론적 요청에서 생겨난 하나의 세계관이라는 점이다. 그것은 구조주의에 대한 배려이기도 하면서 동시에 전체성에 대한 논의의 심화를 시도하는 것이었다.

야스마루의 이러한 논리를 헤겔이 말하는 절대정신에 의해 구성되었다는 점과 동시에 보편주의와 본질주의를 비판하여 유물사관 재생을 시도하는 알튀세르의 입장과 공진共振하는 것이기도 하지만, 반대로 본 논고에서 히라노 가쓰야가 전개하는 것은 헤겔 주의를 래디컬하게 탈구축한 알튀세르와 대극을 이룬다는 시점에서 다룬다. 본 논고에서는 야스마루가 민중의 혁신적 에너지의 동력을 절대정신의 자기 현시로 본 점에 주목했다. 야스마루는 붕괴와 몰락의 위기를 극복하고 자발적인 적극적 자기형성의 계기로 기능하고 투쟁의 힘으로 나타난다고 주장했다. 이러한 야스마루의 입장이 헤겔적 인식론의 전제에서 이루어졌다는 점에 주목하여, 무슨 문제점을 내재하고 있었는가를 밝혀낸다. 이것은 역사를 논하는 방법론적 가능성을 재고하기 위해 야스마루가 가진 해석적 시좌 형성 과정에서 가진 문제점을 배우면서도 그 한계를 극복하는 시도라고 논한다. 바로 이러한 '배우면서 버리는' 동시 동작이야말로 '인식론의 망령'을 떨쳐버리는 방법론의 획득을 전개한 것이다.

제4장에서는 근대 역사의 출발이 국민국가를 하나의 틀로 상정하고 출발했다는 점에 착안하여, 역사가도 그 내부에서 논의를 전개해왔으며 국민국가에 구속되지 않을 수 없었던 점을 밝히면서 출발한다. 그러나 그 과정에서 주체를 형성해 온 것은 권력이나 폭력의 문제를 보이지 않는 것으로 은폐해온 것이라고 보았다. 이러한 역사적 무의식의 인식 세계를 대상화 혹은 대상영역으로 삼아 그 영역을 만들어 내는 인식론적 전제를 꺼내어 해석학적 순환이 깨지는 방법을 찾고자 한다.

통일이라는 논리의 난폭성 즉 국민국가, 국민, 민족이 예외없이 배제와 차별을 지배와 탈취의 구조를 갖는다는 점을 묵살하지 않는 역사를 위한 다양한 언어를 확보해야 한다는 점을 강조한다. 이를 위해 주목하는 것이 문명화를 부르짖던 일본의 메이지시기이다. 150년을 축하하는 일본 일본이라는 주체를 적극적으로 구성/재구성하는 것은 역설적으로 자기 내파의 가능성을 보여줄 수 있다고 논한다. 일본인의 자기동일성에 대한 환타지를 밝혀내는 쪽에 무게를 둔다. 이는 메이지시기 아이누 차별 논리 형성 과정을 밝혀내는 것으로 본문에서 전개한다. 특히 그 예로서 교통 공사가 내건 슬로건을 보면, 홋카이도 구旧토인 보호법 시행 이후 전개된 식민지지배 그리고 그 과정에서 나타난 배제의 논리를 제시한다. 인종주의와 자본주의가 형성되는 과정에서 중시된 아이누에 대한 시좌가 갖는 내재적 문제점을 제시한다. 그것은 개척 수인囚人 노동력 착취라는 생지옥을 통해 설명해 냈다. 또한 박물관 전시에서 나타난 아이누인의 전시를 '배제적 포섭'으로 보고, 보호라는 시점이 갖는 구제의 논리가 가진 허상을 보여준다.

제5장에서는 해리 하루투니언의 『마르크스 이후의 마르크스』라는 저서에서 나타난 '물상화物象化 현상'을 구체적으로 설명한다. 상품화와 균질화, 그리고 그것이 동반되어 비인간화를 만들어 내는 과정을 원용하여 균질화가 만들어내는 차이화의 증식을 아이누와 연결시켜 논한 것이다. 그를 위해 하루투니언의 양가적 포섭논리를 제시했다. 그것은 결국 일본사를 포함한 홋카이도 역사는 지배자의 '형편과 논리에 의해' 만들어진 식민지의 역사임을 밝혀내고 있다.

제6장에서는 일본에서 내셔널리티Nationality라는 개념은 국수로 번역되면서 국가주의를 창출해 냈다. 그렇기 때문에 이 국수国粋가 담지하는 내용은 일본의 국가주의나 제국주의 논리를 이해할 때 반드시 필요

한 개념이다. 이것은 일본이 국수주의에 침잠하게 된 계기가 되었고, 그 공동체가 지속되고 있기 때문에 그것으로부터의 탈맥락화를 찾지 못하고 있다. 따라서 '국수'의 세계화worlding 프로세스 속에 '내재한 원리'를 밝혀내는 것은, 일본 국가주의 사유 구조를 밝히는 데 있어서 매우 유의미하다고 여겨진다.

일본에서는 국수를 사용하면서 반서구화와 반한학漢學이라는 양가적 입장을 초극하기 위해 출발했다. 서구의 내셔널리티를 국수라는 말로 번역하고, 이 국수라는 용어는 국수주의, 일본주의 변용되어 갔지만, 국가주의나 제국주의와는 무관한 것이라는 입장을 취하고 있었다.

그것의 근거는 인간의 자유, 해방, 개인 인식의 각성을 해결한다는 '보편적 세계성'을 지향한다는 점에 두었기 때문이다. 국수에서 일본주의로 나아가면서 만들어 낸 세계주의는 '국민도덕론'이었고, 이를 바탕으로 이는 '도덕론을 통한 전체주의'로 귀착해 간 것이다.

역설적으로 그 '세계화 문맥'은 '국가주의=제국주의'의 공정화公定化를 보여주는 것이었다. 이를 구체적으로 설명하기 위해 본 논고에서는 첫째, 서구 이론들이 가진 '개념'을 받아들이는 자세와 그 서구어를 모국어와 접목하는 방식에서 나타나는 '세계성'을 살펴보고, 어떻게 '주체'를 설명하는지를 살펴본다. 보편적 인간의 문제로서 '개인의 각성'에 주목하여, 국수주의와 일본주의라는 지반을 형성하는 논리를 알 수 있을 것이다. 이를 만들어낸 지적 논리는 서구의 셸링Schelling, 쇼펜하우어 Schopenhauer의 영향과 왕양명의 양지良知이론, 그리고 그린Green과 니체 Nietzsche의 논리를 니치렌日蓮과 접목시키면서 만들어낸 세계관이었다. 그 세계관은 국수주의나 일본주의, 그리고 세계주의의 진폭 속에서 만들어 낸 세계적 시각이었던 것이다. 즉 서구로부터 빌려온 '세계주의'를 내부의 '국민주의'와 '황조皇祖'를 연결하는 부자연스러움 속에서 잉태된 것이었다. 이 부자연스러움을 인지하는 주체를 찾기 위해서는 바로 국수주의가 변신翻身하여 국가주의＝제국주의로 나아가는 '세계' 속에서 '세계'를 탐구한 것이라는 점을 각성할 필요성이 있을 것이다.

제7장에서는 국민국가가 내재적으로 갖게 되는 언어와 교육의 문제가 갖는 양가성에 대해 살펴보았다. 전후 일본에서 재일한국·조선인이 발간한 『계간삼천리』는 언어와 교육의 문제를 다루면서, 국민국가의 양가성이 갖는 문제를 잘 보여주는 자료이다. 그러나 본고에서는 단순하게 비판적 대상으로서 언어와 교과서를 다루려는 것이 아니다. 언어와 교과서가 만들어 내는 개인 인식의 '구속성'과 '해방성'을 다루어보고자 한다.

이를 위해 첫째 '언어'의 속성에 대해 다루었다. 언어는 인간의 인식을 컨트롤하는 주술성을 갖지만, 반대로 언어를 통해 새로운 자아를 형성할 수 있는 가능성도 존재한다. 전자적 논리를 극명하게 보여주는 것이 일본의 조선 식민지지배였다. 일본은 조선식민지 지배시기 조선어와 일본어의 유사성을 강조하여 '국어언어＝국가' 이데올로기를 선전했다. 이는 국가 권력이 만든 국어 이데올로기에 의한 '일본인 만들기'의 일환이었다.

조선인을 일본어의 세계로 지배하려 했던 것이다. 후자 쪽 즉 '일국주의＝국어주의'가 갖는 문제점을 전후 일본인과 재일한국·조선인이 조선어를 배우게 되는 과정에서 설명해 냈다. 즉, '일본인＝일본어＝일본'이라는 삼종일체三種一体에 순치된 의식을 각성하게 된다. 그것은 재일한국·조선인이 조선어를 배우면서, 그리고 일본인이 조선어를 배운다는 '과정에서 겪는 혼란함'이 보편적인 특징으로 나타났고, 주체를

새로 형성하는 계기로 작동했다. 그리고 언어와 마찬가지로 교육제도
가 개인의 인식을 지배하기도 하고 해방을 가져올 수 있는 논리를 살펴
보았다.

역사 속에서 차별어를 만들어낸 것이 교과서였다는 점이다. 일본은
전전戰前의 검정교과서 제도를 전후戰後에도 그대로 활용하며 국민의식
을 주조해냈다. 그 일례가 바로 '전쟁'의 합리화였고, 일국주의적 역사
관이었다. 그렇지만 『계간삼천리』에서는 전후에도 이어진 이러한 전전
의 '사관史觀'을 비판적으로 다루면서, 역사교과서가 갖는 새로운 역사
인식의 논리를 제시했다. 그것은 원폭 피해 지역 히로시마広島가 전쟁
의 피해자 기억에 머무르는 것이 아니라 가타카나 히로시마ヒロシマ로
표기하면서 '가해'를 인지하여 탈제국주의를 실천하는 길을 보여주고
자 했다.

제8장에서는 일본에서 동정 개념이 형성되는 과정에서 작동한 '세계
성' 속에 내재화 한 동정공동체와 국가주의가 갖는 내적 특징을 밝혀내
고자 한다. 이를 위해 일본의 '국가주의'를 만든 감정으로서 '정치화定置
化된 감정공동체'라고 보고 그 심율마음[心]+법칙[律]의 정치화 과정을 규명
해보았다. 특히 당시 서구의 유행담론 중 하나인 동정개념이 갖는 의미
와 메이지기 일본에서 그것을 수용하는 과정에서 형성된 동정개념의
'스노비시snobbish, 우월성'를 밝히고자 했다. 일본에서는 감성의 하나인
동정개념을 가족공동체와 천황제 국가주의로 변용하여 개인의 주체를
억압하는 공동체를 만들어냈다. 이는 역설적으로 일본의 가족공동체
논리가 국민의 감정을 지배한 개념으로서 동정이 동원되었다는 점을
보여주었다. 동정의 확장개념으로 만들어진 동정공동체는 결국 천황의
일시동인一視同仁이라는 절대공동체로 치환되어 국민의 감정을 포섭하

여 억압의 기제로 사용되었음이 드러났다.

이를 규명하기 위해 첫째, 일본이 서구로부터 동정개념을 수용할 때 중시된 쇼펜하우어와 니체의 동정논리를 살펴보았다. 당시 서구에서 파퓰러 메모리였던 동정개념을 둘러싸고 '타자의 이해 가능성/불가능성'에 대한 논쟁을 벌이고 있었는데, 그 내용을 상세히 검토해 보았다. 둘째, 일본에서는 야마지 아이잔과 이노우에 데쓰지로가 동정개념을 어떻게 수용했는지를 고찰했다. 야마지 아이잔은 기독교를 수용하고 개인의 자율성을 위해 '동정과 영웅'을 연결시켰다. 그리고 서구와 동양의 이분법을 넘어 '인간'에 초점을 맞춰 '서구와 동양을 넘는 인간성'을 설명하는 방식을 채택했다. 셋째, 사회주의를 국가 사회주의라는 특수성·보편성 논리를 통해 계급의 평등을 주장하는 동정공동체를 제창하고 그 정점으로 천황의 자애를 설파했다. 이노우에 데쓰지로는 야마지 아이잔과는 달리 불교를 통해 인간의 보편성을 설명하고 동정공동체의 논리를 동서일원론으로 설명하는 방식을 취했다. 이를 통해 가족공동체를 지탱하는 동정개념 안에서 도덕이나 윤리의 언사가 인간과 인간 사이에 존재하는 독자적 개별성을 무너뜨리며 가족공동체가 정당성을 획득했다. 그것은 다시 동정개념의 정점인 황도의 칙언이 무한 확대되면서 심적 상징성을 갖게 되었다.

결론적으로 이러한 이상주의적 '동정＝도덕＝공동체'는 무제약성을 갖는 것이며 반대로 그로 인해 '자타분리'의 의식을 소거하는 과정이었음이 드러났다. 이에 반대하는 사상은 통제하고 배제하면서 자율적 감성의식을 억압하게 만들었다. 동정개념은 결국 일본 인민 대중의 자발적 복종을 강요했으며 사회주의적 균질성을 완성하는 상징으로서 천황국가의 제도법률적 위치를 넘어 '심성'을 지배하는 정당성을 확보하게 되었다. 여기서 중요한 것으로 동정공동체는 국가의 이해利害가 우선시되었고 서구에서 수입하여 자의적으로 수용한 동정개념에서 출발했다는 점이다. 개인의 감정세계를 컨트롤하기 위한 감성 인과율로서 동정개념을 국민에게 주입시켜 천황이 가진 '순도성=숭고함'이라는 후광을 밝히기 위해 자율성을 어둠 속에 갇히게 만들었음을 보여주었다.

　이러한 논의들은 결국 세계사와 식민지 그리고 국민국가와 제국주의의 문제로 되돌아가고 동시에 그것을 극복할 가능성에 대해 고민해 보는 것들이다. 즉 탈국민국가론은 식민지주의, 제국주의 중 어느 쪽인가에 수렴될 위험성을 내포하고 있음을 각성하게 해주고 있다. 이러한 논의들을 저서로 간행하는 데 도와주신 소명출판의 박성모 사장님과 공홍 전무님 그리고 교정 작업을 꼼꼼하게 진행해 주신 박건형 대리님께 진심으로 감사드린다.

저자 이소마에 준이치·히라노 가쓰야를 대표하여

전성곤

차례

제2부
예외성과 국민국가

제3부
차연성과 국민국가

제1부

타자성과 국민국가

제1장

'식민지주의'로서 천황제 국민국가론

1. 국민국가, 국경 체험의 의미

니시카와 나가오西川長夫의 자작 중에 『식민지주의 시대를 살며植民地主
義の時代を生きて』가 있다. 니시카와 나가오는 이 저서를 '마지막 논집'이라
고 스스로 말했는데, 말 그대로 지금까지의 연구활동을 총괄한 것이다.
그 저서는 'I. 국민국가 재론', 'II. 식민지주의의 재발견', 'III. 다언어·
다문화주의 재론', 'IV. 스탄다르와 전후 문학' 등 4부로 구성되어 있다.
1934년 출생의 니시카와 나가오는 현재까지 제1선에서 활약하는 연
구력이 긴 학자이다. 그는 그 중에서도 특히 1992년『국경을 넘는 법-
비교문화론 서설』간행 이후 프랑스문학, 사상 및 전후 일본문학 연구
에 그치지 않고 국민국가론의 대표적인 논객으로서 일본의 인문학 및
언론계로부터 커다란 주목을 받아왔다. 본장에서도 니시카와 나가오의
국민국가론과 그 이후의 사상 전개에 착목하여 일본의 근대, 특히 전후
국민국가적인 언설을 비판적으로 문제화하는 시점을 모색해가고자 한

다. 그 의의를 세계사적인 문맥에서 일본 지식인의 가능성이라는 시점을 논하고 싶다.

필자에게 니시카와 나가오는 사카이 나오키酒井直樹와 함께 1968년의 체험을 긴 시간에 걸쳐 사상적으로 체계화해온 연구자이며 그 개념화 행위가 무엇을 가져왔는가, 그것을 본장에서 검토해보고자 한다.

『국경을 넘는 법』이 간행된 1992년은 니시카와 나가오가 58세가 되던 해였다. 60세를 얼마 남겨두지 않은 연령이었다는 점을 감안해보면, 일본을 대표하는 지식인으로서 이름을 남긴 동일 연령의 동창생 야스마루 요시오安丸良夫와 비교하여 늦게 핀 꽃이라고도 볼 수 있다. 야스마루는 1974년에 간행한 데뷔『일본의 근대화와 민중 사상』에 수록된 논문 중에서 1960년 안보투쟁의 체험을 자기 나름대로 사상적으로 체계화했는데, 니시카와 나가오의 경우 자신에게 결정적으로 영향을 준 1968년 파리에서의 체험즉 파리 5월혁명을 개념화하기까지 20년 이상의 시간을 필요로 했다고 한다.

그것은 가라타니 고진柄谷行人이 지적하듯이 1960년 안보체험에 비하면 1968년 체험은 신체, 감성적인 것에 무게를 두는 것이었기 때문에 사상으로서 개념화하는 것을 강하게 거부하는 경향이 있었다고 생각된다. 그러나 언어화를 거부하는 강렬한 체험을 끈기 있게 사상적 저작咀嚼에 의해 '경험'으로 개념화해간 곳에 우리들이 배울만한 니시카와 나가오의 강인한 사고적 특질이 있다고 말할 수 있을 것이다.

사실 당시 유행했던 일본의 비평가나 작가의 이름으로 시부사와 다쓰히코澁澤龍彥, 미시마 유키오三島由紀夫, 데라야마 슈지寺山修司, 그리고 조금 늦은 야마구치 마사오山口昌男 등을 들 수 있다. 이 시기 프랑스에서는 니시카와 나가오의 스승인 롤랑 바르트Roland Barthes, 자크 데리다Jacques

Derrida, 미셸 푸코Michel Paul Foucault 등 포스트모던이라고 총칭되는 지식인들이 활약하고 있었는데, 동시대 일본에서 읽힌 것은 그 이전 세대에 속한 조르주 바타유Georges Albert Maurice Victor Bataille나 장 주네Jean Genet, 그리고 에드워드 사이드Edward Said 등이었다.

이 시기 일본에서는 포스트 모던적인 '주체의 죽음'이라는 주제보다는 마르크제로 대표되는 이성에 대한 육체의 복권이라는 실천 및 그것을 고무하는 사상이 주목을 끌고 있었다. 한편 니시카와 나가오는 이 시기에 바르트에 의해 파리 유학생으로 초청을 받았고, 5월 혁명으로 대표되는 일련의 사건을 조우하게 되는데, 일본의 1968년과는 다른 체험을 하게 된다. 이 점에 대해서는 후술하도록 하겠다.

2. 1990년대의 국민국가론

국민국가론이 일본에서 널리 다루어지게 된 것은 1990년대에 들어서면서부터이다. 니시카와 나가오의 저작도 『국경을 넘는 법』1992를 시작으로 『지구시대의 민족＝문화이론 - 탈'국민문화'를 위해』1995, 『국민국가론의 사정射程 - 혹은 국민이라는 괴물에 대해』1998, 『프랑스의 해체? - 또 하나의 국민국가론』1999으로 약 10여 년간에 걸쳐 국민국가 그 자체의 비판부터 식민지주의와의 관련으로 사고를 심화시켜갔다. 1990년대 유사한 주제로 각광을 받은 것은 다민족국가라는 일본제국주의의 기억을 상기시킨 오구마 에이지小熊英二의 『단일민족신화의 기원』1996, 일본의 '내셔널리즘'을 비판한 사카이 나오키의 『사산되는 일본어·일본인』1996, 사카이 나오키의 『일본사상이라는 문제』1997, 일본인론을 문화내셔널리즘으로 분석한 요시노 사쿠조吉野作造의『문화내셔널리즘의 사회학』1997, 일본에서 국민의식의 성립과정을 설파한 마키하라 노리오牧原憲夫의『객분과 국민 사이』1998, 종군위안부 문제를 다룬 우에노 치즈코上野千鶴子의『내셔널리즘과 젠더』1998, 역사인식 논쟁을 견인한 다카하시 데쓰야高橋哲哉와, 고모리 요이치小森陽一의『내셔널 히스토리를 넘어서』1998 등이 있다.

이미 영어권에서는 1983년 사카이 나오키의 코넬대학 동료인 베네딕트 앤더슨Benedict Anderson이『상상의 공동체』증보판, 1991를 간행했다. 이어서 어네스트 겔너Ernest Gellner가『민족과 내셔널리즘』일본어로는 2000, 에릭 홉스봄Eric Hobsbawm, 테렌스 레인저Terence Osborn Ranger편『창조된 전통』일본어 번역 1992이 계속해서 간행되었다. 더 나아가 호미 바바Homi Bhabha가 편집한『네이션과 내래이션』1990, 호미 바바의 논문 일본어 번역만 1993년 간행이 간행되었다. 아일랜드나 인도 등의 구 식민지를 포함한 구舊 대영제국 관계자들로부터 내셔널리즘을 논하는 연구가 한발 앞서 1980년부터 크게 성과를 올리고 있었음을 알 수 있다.

그중에서도 일본 연구자들에게 인기를 끈 것은 앤더슨과 홉스 봄이었다.[1] 일본에서 앤더슨의 논의는 네이션이 상상의 공동체라고 하는 것을 지적하고 있었는데, 그 이데올로기의 허구성을 비판하고 있는 것이라는 의미에서 받아들여졌다. 그러나 실제로는 아일랜드인인 앤더슨에게는 네이션이라는 상상의 공동체를 만들어냄으로써 대영제국으로부터 국민국가로서 독립을 쟁취해내는 것이 급선무의 과제였다. 일본에서는 내셔널 아이덴티티가 근대에 창조되었다는 홉스봄에 의한 역사적 작위성 비판이 커다란 충격이었기 때문에 앤더슨의 논의도 '상상'과

---

1   Jun'ichi Isomae, How to Re-imagine Early Modern Japan : Beyond the Imagined / invented Modern Nation.

'창조'가 동일한 발음인 이유도 있어 역사적 작위성을 비판하는 논의 속으로 수렴되어갔다.

　그러나 역사적 작위성을 지적하는 것이 국민국가의 근본적인 부정을 의미하는 것으로 연결되지 않는다는 것은 '창건부터 전후의 부흥으로 이어지는 메이지신궁明治神宮의 전통'은 '창조해가는 전통'이라는 천황제를 축으로 하는 국민국가주의자들에 의해 지금도 적극적으로 이용되는 양의적인 것이다.[2]

　물론 니시카와는 "천황제야말로 아이덴티티 개념의 중핵을 이루는 자아의 연속과 불변성, 즉 내셔널 아이덴티티라는 자아동일성을 구현하는 것은 부정할 수 없는 사실이다"[3]고 말한다. 그러나 앤더슨 자신이 네이션 긍정론자인 이상, 이러한 해독은 당연하지만 일본에서도 출현 가능한 이야기였다.

　물론 이러한 논의를 이데올로기적인 프로파간다로서 멀리할 수도 있다. 그러나 이러한 언설을 전후 일관되게 일본인으로서 자기규정을 시도하는 사람들이 강하게 바래왔던 것도 사실이다. 니시카와가 지적하듯이 내셔널리즘과 아이덴티티의 문제는 자아 실존과 연관되어 있기 때문에 "감정적 이데올로기적인 양태를 띠게 된다"[4]는 것이다.

　아이덴티티의 위기를 회피하려고 내셔널적 담론에 회귀하는 경향에 대해 니시키와는 일본문화가 가령 픽션에 지나지 않는다고 해도 그것에 의해 일본문화가 의미를 잃는 것은 아니다. 일본문화는 국민이나 민족과 마찬가지로 그 허구성 때문에 더욱더 강력한 작용을 일으킬 수가 있기

2　今泉宜子, 『明治神宮－「伝統」を創った大プロジェクト』, 新潮社, 2013, p.8.
3　西川長夫, 「Ⅵ 補論」, 『増補 国境の越え方－国民国家論序説』, 平凡社, 2001, p.422.
4　위의 책, p.281.

때문[5]이라고 1992년 단계에서 그 끊임없는 소생을 예측했다.

이처럼 우파로부터의 역사성 비판을 역으로 활용한 논리는 네이션이라는 공동체가 갖는 가능성과 위험성을 양의적으로 보고, 포스트콜로니얼리스트 호미 바바와 같은 논의를 일본 국민국가비판논자들이 견고하게 소화하지 못한 채 역사의 작위성을 주로 비판하는 것으로 충분하다고 본 사태가 생긴 문제라고 볼 수 있다.[6]

결국 일본의 1990년대에 일어난 국민국가론은 그 이론적 견인자인 니시카와나 사카이 나오키가 중심적인 역할을 다하지 못했음에도 불구하고 종군위안부나 남경대학살에 대한 기술을 포함한 교과서 재기술을 둘러싼 역사인식 논쟁으로 다카하시 데쓰야와 고모리 요이치, 우에노 치즈코 등 내셔널리즘 비판논자와 후지오카 노부카쓰藤岡信勝나 니시오 간지西尾幹二 등 '새로운교과서를 만드는 모임'과 내셔널 프라이드national pride를 둘러싼 문제로 전개되었다. 내셔널리즘 비판 입장에 서는 우에노 치즈코가 사실史實은 어떠한 방향의 물어화物語化도 가능하다는 구축주의 입장을 논리 속에 도입한 단계부터 내셔널리즘 긍정파도 또한 자신들의 논리내러티브,物語도 하나의 선택지로서 또한 긍정될 수 있는 입장을 손에 넣었던 것이다.

메이지신궁의 전통론과 같은 담론도 또한 포스트모던이 통속화한 가치의 상대주의가 확대된 가운데 나타났다. 오늘날 '일본회귀'의 하나인 것이다. 그들은 유학 등을 통해 국제적인 장소에서 타자와 접촉하면 할

---

5   위의 책, p.294.
6   ホミ・バーバ, 「散種するネイション—時間, ナラティヴ, そして近代ネイションの余白」, 1994; 磯前順一/ダニエル・ガリモア訳, 『ナラティヴの権利』, みすず書房, 2009; 磯前順一, 「ポストコロニアリズムという言説—ホミ・バーバその可能性と限界」, 『閾の思考—他者・外部性・故郷』, 法政大学出版局, 2013.

수록 '그들'과 '나'라는 다른 주체를 특수주의 담론과 함께 만들어낸다.[7]

그러나 본래 1990년대 국민국가를 둘러싼 논쟁에서 논의의 도마 위에 오른 것은 내셔널 프라이드의 문제가 아니라, 전후 일본의 국민국가에 회수되지 않는 구 일본제국의 역사를 어떻게 다룰 것인가, 국민국가라는 공동체가 가진 배타적 성격을 어떻게 생각해야 하는가라는 주제이어야 했다. 이점에 관해서도 니시카와가 1992년 『국경을 넘는 법』에서 국민국가는 언제나 '비국민에 대한 반감'을 내재시키는 것으로 '사회는 차별을 필요로 하고 국가는 가상의 적을 필요로 한다'며 배타적 성격을 간파했다.[8]

만들어진 전통으로서 국민국가가 역사적 이론으로서 정당성을 갖는가 그렇지 못하는가에 논의의 중심이 있는 것이 아니라 니시카와를 비롯한 국민국가 비판 입장에 서는 사람들에게 문제는 타자의 차별과 배제라는 점에 있었다.

3. 동질적인 '국민'이라는 신화

니시카와의 논의에서는 타자로서 배제의 문제뿐만 아니라, 국민으로 인정된 자들도 또한 살인자가 될 가능성을 갖는다는 점에서 국민으로서의 동화라는 커다란 문제를 내포하게 된다고 보았다.

그리고 니시카와는 "국민이란 국가에 의해 조국애를 강요받은 존재

---

7 西川長夫, 『日本回帰・再論 － 近代への問い, あるいはナショナルな表象をめぐる闘争』, 人文書院, 2008.

8 西川長夫, 『増補 国境の越え方』, pp.17・47.

이다. 국민이란 조국애를 자신의 목숨을 걸고 본적도 없는 상대방을 적이라는 명칭만 믿고 스스로 살육한다는 경악적인 광기로까지 끌어올리는 것을 강요당하는 존재"라고 단언한다.[9]

여기서 흥미로운 것은 국민국가 혹은 네이션이 죽음 공동체라는 점으로 니시카와와 앤더슨은 동일한 견해를 피력한다는 점이다. 그러나 조국을 위해 죽는다는 것이 죽임을 당하는 타자의 존재를 염두에 두었을 때 그 평가를 둘러싸고 정반대의 입장에 서 있는 것이다.

다만 니시카와는 앤더슨처럼 국민국가가 현재에도 강건한 체제라거나 혹은 이후 강고한 것으로 재건되어야 한다고 생각하고 있지 않다. 니시카와는 자신과 같은 국민국가론이 등장한 배경에 대해 다음과 같이 논했다.

국민국가 원리에 기초를 둔 지구상의 옛 질서는 지금 굉음을 내며 붕괴하고 있다. 핵미사일은 아주 손쉽게 국경을 넘어 국민 전체 아니 지상 인류의 대부분을 절멸시킬 것이다. (…중략…) 전쟁이나 재해 그리고 압제나 경제적 곤란 등에 의한 대량의 난민과 이민들이 국경을 넘고 있다. (…중략…) 그런데 뭔가 구체적인 사안에 직면했을 때 우리들의 반응은 놀랄 정도로 애국적이며 자국 중심적이다. 국민국가 체제가 바로 발밑에서 무너지고 있는데, 그렇기 때문에 오히려 한층우리들은 국민국가 이데올로기 (…중략…) 에 집착하고 깊게 얽매이게 된다. '우리들'과 '그들'이라는 이분법은 어떻게 하면 폐기되고 극복할 수 있는 것일까.[10]

---

9 西川長夫, 『国民国家論の射程 あるいは〈国民〉という怪物について』, 柏書房, 1998, p.28.
10 西川長夫, 『増補 国境の越え方』, pp.19~20.

니시카와의 관심은 국민국가가 위기에 처한 폭력장치로 보았다면 그 것을 어떻게 초극해갈 것인가. '현대 최대의 사상적 과제'로서 '국제화 나 이문화 교류'의 새로운 비전을 열기 위해 미래를 향해 자신의 사고 를 전개해간다. 따라서 니시카와는 일본제국이라는 식민지주의의 과거 에 눈을 돌리게 된다.

이처럼 니시카와에게 견인되는 형태로 1990년대에 전개된 국민국가 론은 국사학에서도 자기비판을 가져오게 되었고, 도쿄를 중심으로 하는 역사학연구회에서 1994년에는 『국민국가를 묻는다』, 2000년에는 『전 후 역사학 재고-『국민사』를 넘어서』라는 공동 논문집이 간행되었다.

후자에는 니시카와의 논고도 포함되어 있는데, "근대역사학은 국민 국가의 산물로서 (…중략…) 현재 국민국가는 붕괴하고 있는데, 역사학 도 점점 붕괴하고 있다"[11]라는 놀랄 만한 발언을 역사가들에게 내뱉었 다. 이를 전후로 하여 간사이關西 일본사연구회에서도 1998년에 『국민 국가론과 그 비판』이라는 보고 대회가 열렸다. 이러한 흐름 속에서 근 래의 근대사연구는 국민국가사로부터 제국사로, 그 시점을 이행하게 된다.

그러나 그 주제 변경이 "국민화를 위한 강력한 국가제도의 하나인 역 사학은 어떻게 국가비판을 할 수 있을까"[12]라는 니시카와의 물음에 대 해 명확한 답변을 보여주었는가에 대해서는 의문부호를 붙이지 않을 수 없다. 거기에는 제국주의 및 식민지주의를 스스로 주체구성(=해체) 의 문제로서 어떻게 받아들일까라는 동기가 결여되어 있고, 국민형성

---

11 西川長夫, 「戰後歷史學と國民國家論」, 『戰後歷史學再考-「國民史」を超えて』, 靑木 書店, 2000, pp.107~108.
12 위의 책, p.111.

이라는 동기를 잃은 전후역사학은 지금은 유일하게 남은 유산인 실증주의에 모두가 빠져들어 그 속으로 들어가게 된 것으로 보인다.

그러나 그것도 그 결과 전후 역사학의 핵심을 이루는 국민국가라는 자기이해가 실은 전후 점령군 정책에 의해 낳게 된 것에 지나지 않는다. 전전에는 다민족국가로서 일본을 논하는 담론이 현실적으로 식민지를 다수 확보한 제국체제와 호응되어 주류를 이루었다는 인식은 널리 일본 연구자들에게 공유되고 있었다. 니시카와의 연구와 함께 이러한 인식의 전환을 가져온 연구가 오구마 에이지의 『단일민족신화의 기원』1996이다.

다만 오구마의 논의에서는 전후 지배적 담론인 단일민족국가 대신에 다민족국가 담론이 상기되기는 하지만, 민족이라는 단위가 만들어지는 '동질성homogeneity' 그것 자체가 분석된 것은 아니고 복수의 균질한 민족이 병존하는 다문화주의 이해의 영역을 벗어나는 것도 아니었다.

마찬가지로 역사인식 논쟁에서도 나타났다. 거기에는 일본인과 한국인이라는 각 주체의 단위가 전제된 채로 논의가 진행될 정도로 가해자와 피해자라는 이항대립적 주체가 고정되어 버렸고, 역사적 주체 경계선은 극복하기 어려운 강고한 것이 되어 버렸다. 한국과 일본이라는 두 개의 역사적 주체가 이전에 제국 내부에서 어떻게 병존하고 어떠한 교섭관계를 갖고 있었는지, 그러한 이종혼효異種混淆적인 아이덴티티를 둘러싼 물음은 당시의 역사인식 논쟁에서는 성립하기 어려웠다. 그러한 의미에서 그들 좌익의 논의 방식은 천황제 아래에 국민국가 회귀파와 기본적으로 동일한 논리이며 오히려 국민국가 회귀파의 논의의 조형祖型을 제공했다고 말할 수 있을 것이다.

데리다의 영향을 받은 포스트콜로니얼리스트이기도 하고 인도사회의 마이너리티이기도 한 호미 바바에 의하면, 그들처럼 네이션의 시비를 묻기 이전에 네이션을 동질적인 것으로 상상하게 하는 담론의 양상을 문제삼지 않으면 안 된다는 것이다. 그 동질성으로서 고정화된 주체를 이종혼효적인 장소로서 다시 상상하는 것이 가능하다면 호미 바바에게는 그것을 네이션으로 명명하든 말든 그 공동성의 양상은 배타적인 것에서 개방적인 것으로 크게 변화를 이룰 수 있는 것이었다. 이러한 국민국가론을 주체 구성론으로서 일본 논단에서 받아들인 것은 코넬 대학에서 교편을 잡는 사카이 나오키였다. 데리다나 낸시의 논의의 답한 사카이 나오키에 따르면 문제는 단일민족인가 다민족인가가 아니라 민족이라는 단위가 갖는 동질성이라고 설파했다. 사카이는 그곳에 번역론을 도입함으로써 민족이 이질성으로 가득 찬 공동성을 탈구축할 필요성을 논하는 것이었다.[13]

그 점에서 사카이의 논의는 "기원 신화를 타파하지 않으면 안 된다. 순수한 문화는 국민국가 이데올로기가 만들어낸 환상에 지나지 않는다. 순수한 문화에 잡종문화가 존재하는 것이 아니라 문화란 본래 잡종적인 것이다. (…중략…) 국제화란 자−타의 변용을 가리킨다"[14]는 니시카와의 이해에 어느 정도 공통하는 경향을 가졌다고 말할 수 있다.

---

13 酒井直樹, 『日本思想という問題−翻訳と主体』, 岩波書店, 1997; 『日本/映像/米国−共感の共同体と帝国的国民主義』, 青土社, 2007; 「外部性とは何か−日本のポストモダン 柄谷行人から酒井直樹へ」, 磯前, 『閾の思考』.
14 西川長夫, 『増補 国境の越え方』, p.302.

4. '주체'의 죽음 / '죽음'의 주체

니시카와와는 연령 차이는 있지만 사카이도 또한 1968년 학생반란을 심각하게 받아들인 지식인의 한 사람이었다. 당시 도쿄대 학생이었던 사카이 나오키에게 1968년의 체험은 역시 아카데미즘을 비롯해 모든 권력의 비판이고 데리다나 바트르 혹은 푸코에 의해 선언된 '주체의 죽음'을 어떻게 받아들여야 좋을지 진지하게 사고하는 절호의 기회이기도 했다.

가령 "진정한 반항이 일어난다고 한다면 그것은 아카데미즘 작법에 정통해 있으며 모순과 공허함을 철저하게 맛본 사람들 사이에서가 아닐까"[15] 라는 『식민지주의 시대를 살면서』에서 니시카와의 표현은 아카데미즘으로부터 학문을 어떻게 탈구축해갈 것인가를 시사한다는 점에서 1968년 체험의 하나의 귀결을 보여주었다.

분명히 1968년 당시 일본에서는 요시모토 다카아키吉本隆明의 『공동환상론』이 일세를 풍미하고 있었듯이 비판해야 할 권위의 대상으로서 국가나 대학은 물론이거니와 모든 것이 환상이라는 포스트모던적 인식도 꽤 유행하고 있었다.

전공투의 표어가 된 '자기 부정'이나 '자기 해체'도 그와 같은 의미를 다분히 포함하고 있었다.

또한 소설가 미시마 유키오가 목숨을 건 천황제도 그가 자결하기 직전에 집필한 『풍요의 바다』[1965~1971]에서 최후의 장면이 보여주듯이 모든 것은 환상이라는 니힐리즘 속에서 선택된 허구일 뿐이었다.

---

15 西川長夫, 『植民地主義の時代を生きて』, 平凡社, 2013, p.580.

그러나 대부분 사람들은 인식의 황량한 광야에 서서 자신들이 비판해야 할 권위야말로 허망에 가득 찬 환상이며 자신들의 세계—바리게이트의 안쪽과 부족 등의 코뮌—는 오래된 권위를 대신하는 진정한 것이라는 진리에의 얼터너티브적인 사고로 묶이게 되었다. 그들은 국가나 대학 혹은 자본주의 사회를 기존 체제에 둘러싸인 불순한 내부로서 비판하는 한편, 그 외부로 탈출하려는 얼터너티브적인 세계가 이 세계의 어딘가에 존재한다며 탐구하지 않을 수 없었다.

그 전형적인 반응이 1983년에 출판된 아사다 아키라浅田彰의 『도주론』과 나카자와 신이치中沢新一의 『티벳의 모차르트』였다. 뉴—아카데미즘이라고 불리던 사조에서 '주체의 죽음'에 대한 해석이었다. 아사다 아키라는1957 들뢰즈를 독자적으로 읽어내고 영원한 외부로 계속해서 도주하는 것의 상쾌함을 논했다. 반면 나카자와는1950 칼 구스타브 융Carl Gustav Jung이나 미르체아 엘리아데Mircea Eliade의 영향 아래 커다란 '전체성'으로 회귀하는 것에 대한 이상을 설파하고 글로벌 자본주의에 도주하는 '멀티튜드multitude'를 중첩시킨 도회지의 젊은이들에게 박수갈채를 받았다.

이처럼 나카자와나 아사다의 담론도 '주체의 죽음'에 대한 하나의 해석이라고 말할 수 있지만, 그것은 역사적 주체와는 아무런 관련이 없는 것으로, 역사적 조건에 구속되지 않는 시니피앙의 자유로운 '놀이'가 무한하게 펼쳐지는 것뿐이라는 인식에 귀착되어간다.

그러나 그러한 무구한 외부는 어디에도 없다는 현실을 깨닫게 한 것은 1969년의 연합적군파 사건이었고 1995년 옴진리교 사건이었다. 자신들이야말로 진실의 세계에 눈뜬 사람들이라는 인식에 포획되었을 때 그 진실이라는 대의명분 이전에 자신들이 비판하는 체제적인 권력과 마찬가지의 폭력이 제어장치 없는 형태로 작동한다는 무참한 현실이 노정되었다.

사실 1985년 간행된 『이인론』에서 고마쓰 가즈히코小松和彦, 1947는 나카자와와 마찬가지로 양의적인 전체성을 주창하는 인류학자인 야마구치 마사오1931의 영향을 받으면서도 공동체로서의 전체성 확보는 타자나 이인이라는 자들, 즉 외부를 배제하기도 하고 내부를 억압하는 것 없이는 성립되지 못한다는, 지금식으로 말하자면 조르조 아감벤Giorgio Agamben의 '벌거벗은 생'에 해당하는 문제를 제기하고 있었다. 그러한 인식이 확대되어갈 때 1970년대 이후 일본사회에서도 자신들을 포함해 여기저기에 편재하는 권력에 어떻게 마주할까푸코식 표현, 명석한 인식의 주체는 어디에도 존재하지 않는다는 인식을 현실 속에서 어떻게 받아들일까데리다의 표현라는 문제가 본격적으로 부상했다.

그 와중에 주체의 죽음을 가장 심각하게 받아들인 사상가로서 가라타니 고진1941과 사카이 나오키1946, 그리고 니시카와 나가오1934의 이름을 예로 들 수 있다. 문학자까지 시야를 넓힌다면 무라가키 하루키村上春樹1949와 야마오 산쇼山尾三省1938의 이름도 여기에 보탤 수가 있을 것이다.

그들은 일본사회의 현황을 답습하면서 '주체의 죽음'이란 무엇인가를 묻고 나카자와나 아사다처럼 역사의 외부에 도주하는 것이 아니라, 자신 스스로 신체의 역사적 구속을 받아들인 다음, 더 나아가 제도화된 자신의 주체의 탈구를 시도하고 있었다.

가라타니는 『근대일본문학의 기원』1980에서 근대문학이 담당해온 내면의 죽음을, 야마오는 『좁은 길』1982에서 부족이라는 갇힌 코뮨의 죽음을, 무라카미는 『노르웨이의 숲』1987에서 연인들의 무구한 공동체의 죽음을 설파했다. 그리고 1990년대에 들어와서 니시카와와 사카이가 국민국가 혹은 네이션의 죽음을 선언한 것은 주지의 사실이다.

한편 야마오의 유작이 된 『남쪽의 빛 속에서』에는 암으로 세상을 떠난 2002년까지 사색을 심화해갔고, 무라카미는 최신작 『색채를 갖지 않는 다자키 쓰쿠로와 그의 순례의 해色彩を持たない多崎つくると, 彼の巡礼の年 Colorless Tsukuru Tazaki and His Years of Pilgrimage』2013까지 일관되게 그 관심을 유지하고 있다.

물론 주체의 죽음이라는 공통의 주제는 존재하기는 하지만 그 해석 방식의 차이도 또한 엄밀하게 검토되어야 할 것이다. 예를 들면 같은 포스트모던 계통의 사상가로 분류된 가라타니와 사카이 사이에는 가라타니처럼 인간은 내부에 갇힌 존재이기 때문에 외부로 탈출해야만 한다는 이해와, 오히려 내부와 외부라는 경계선 자체가 탈구축되어야만 한다는 것으로 생각하는 것에는 경계선이 소실된 공간의 외부성이라는 이해의 차이가 존재한다.

가라타니에게는 이전 문학자들이 취한 도주나 저항의 장소에서 보여준 내부자체가 언문일치라는 언어제도가 만든 담론에 지나지 않는 것이었다. 그 결과 이미 내부에 대한 외부, 혹은 외부에 대한 내부라는 얼터너티브적인 장소는 잔존할 수 없다는 철저한 진정성의 부정이 가라타니의 인식으로 나타났다.

거기에 남겨진 것은 역시 역사성이 휘발揮發해버린 '결정불가능성'이 지속되는 상대주의 세계였다. 다만 아사다 아키라와의 차이는 그러한 자폐적인 상대주의 세계에 위기감을 느낀 가라타니 고진은 외부로 도약하려고 사상적인 전회를 실천해간다.[16]

사카이는 그것에 대해 주체는 스스로와의 관계에서 차이와 동일성을 반복시키는 이중체로서 차이화 과정 속에서 타자에 대한 탈중심화라는 대체작용을 다시 만들어간다.

주체의 역사성을 인정하면서도 그 자기 차이화적인 주체의 중심점을 하강시켜 탈중심화하는 과정을 도입함으로써 사카이는 '주체의 죽음'을 '인간관계의 그물망'이라는 역사적 맥락 속에서 재정위해 보였던 것이다. 사카이 나오키에게 네이션의 죽음이란 단순하게 네이션의 작위성을 폭로하는 것이 아니라, 자기를 특수한 국민성으로 고정화하는 움직임을 가지는 동시에 네이션 및 그것을 구성하는 인간이라는 주체를 근거로 탈중심화시키는 양의적인 것이었다.

그것은 이전에 스스로가 선언한 '인간의 죽음'을 "인간은 스스로의 주체성을 시종일관하여 비켜놓아 상이하고 결코 최종적인 것이 되지 않는 주체성, (…중략…) 그러한 무한의 일련의 주체성에서 스스로를 구성하는 것을 끊임없이 실시해 왔다"[17]고 재해석해 보인 푸코에 가까운 시도라고 말할 수 있다.

무라카미나 야마오를 포함해 1980년대에는 주체의 죽음이란 주체가 존재하지 않는다는 의미는 아니었다. 오히려 자아나 이성의 자명성을 잃게 하는 듯한 주체의 역점 이동이었고 탈중심화의 움직임을 의미하는 것이라고 이해하게 되었다. 그렇기 때문에 야마오는 일반사회로부터 유리된 코뮌이라는 자폐된 주체의 무구한 환상에 결별을 고하고, 자신의 가족과 함께 기성 지역 농촌 속으로 주체의 재정위를 시도했다.

그것은 포스트콜로니얼 지식인인 인도의 가야트리 스피박이 주창하

---

16 필자의 가라타니 고진론은 「외부성이란 무엇인가(外部性とは何か)」이다.
17 ミシェル・フーコー, 増田一夫訳, 「ミシェル・フーコーとの対話」(1980), 『ミシェル・フーコー思考集成Ⅶ 政治・友愛』, 筑摩書房, 2001, p.239.

는 '비판적 지역주의'[18]와 중첩되고, 고향인 지역에의 애정이 네이션에 회수되는 일이 없이 지구시민이라는 의식으로 열어가는 것은 우연이 아닐 것이다. 무라카미 하루키 그리고 1968년에 바리게이트 안에서 꿈을 꾼 무구한 공동체가 우리들 마음 속에는 부정할 수 없는 노스텔지어로서 계속 작동하기는 하지만, 현실에 존재하는 인간사회의 불평등, 그곳에서부터 생기는 폭력적 충동이라는 것을 자신들의 존재의 중핵을 이루는 것으로 받아들여가는 것을 설파한다.

그 점에서 특히 무라카미 하루키의 근래의 작품은 자유와 평등을 주창하는 리베럴 민주주의적인 국민과는 다른, 주체 및 공동체 형성을 시도한 아감벤의 사상과 근접해 있는 듯이 보인다.

그럼 니시카와 나가오가 설파하는 '국민국가라는 주체'의 죽음은 어떻게 이해되어야 하는가. 그의 저작이 계속해서 간행되었던 1990년대 당시는 거의 사카이의 네이션 비판과 구별되지 않는 것이 실정이라고 말할 수 있다. 그러나 니시카와의 논의는 잘 알려진 것처럼 '국민국가론'이었으며 "국민국가를 전제로 하는 한, 국민주의와 국가주의는 양면성을 갖는 것으로 국민주의가 마지막까지 국가주의에 저항할 수 있다고는 생각되지 않는다"[19]라며 최종적으로는 국가의 계급적 성질을 문제 삼았다. 바로 거기에 니시카와 고유의 논점적 시좌가 있었다.

니시카와는 1968년 파리 유학 당시 바르트의 주체의 죽음뿐만아니라, 루이 알튀세르의 '국가 이데올로기의 갖가지 장치'라는 개념에도 매료되어 1970년대가 되자, 알튀세르의 저작을 계속해서 일본어로 번

---

18 ガヤトリ・チャクラヴォルティ・スピヴァク, 鈴木英明訳, 『ナショナリズムと想像力』, 青土社, 2011. 필자의 논고로는 「故郷への帰還－ガヤトリ・チャクラヴォルティ・スピヴァクから山尾三省, そしてジョルジョ・アガンベンへ」, 『閾の思考』 참조.

19 西川長夫, 『増補 国境の越え方』, p.263.

역 했다. 그리고 그 해설 속에 "국가를 업압장치로 정의하고 계급투쟁의 최종 단계를 국가의 해체 과정 (…중략…) 으로 위치 짓은 루이 알튀세르의 국가관'과 '국가권력의 탈취가 아니라 국가의 해체와 사멸을 주장하는 아나키스트적인 학생들의 주장"을 중첩시켜 모두를 1968년 5월이 각인된 사상이라고 평가한 것은 니시카와의 국가론의 중핵을 이해하는데 매우 시사적이다.[20]

니시카와의 인식 상에는 현실에 존재하는 위기에 처한 것은 국민국가가 설파하는 수평관계로서 국민의 동질성이라는 담론의 신빙성이고, 국가 그 자체는 지속적으로 강고한 존재로 존재할 것이다. 그러나 니시카와에게 정말 묻고 싶은 것은 수직의 관계로서 계급국가의 사멸인 것이다.

그렇기 때문에 "나는 국내적으로는 현재 일본사회 자체에 내재되어 있는 차별 구조, 대외적으로는 국경의 존재라고 생각한다. 사회는 차별을 필요로 하고 국가는 가상적을 필요로 한다. (…중략…) 민족이나 국민의 이미지는 결국 국가 이데올로기가 만들어낸 환영으로 실체와는 거리가 먼 것"[21]이라고 니시카와는 단언했다.

한편 또 한명의 내셔널리즘 비판의 대가인 사카이 나오키는 네이션론을 번역론과의 관계를 통해 주체의 이중성 및 주체상호의 관계가 내포한 일탈운동으로 논한다. 그 차이 때문에 니시카와는 '탈구축'이 아니라 '해체=재구축'[22]이라는 말을 의도적으로 사용한다.

니시카와에게 국가란 자기 차이화를 일으키는 운동체가 아닌 것이

---

20 西川長夫, 「平凡社ライブラリー版 訳者あとがき」, ルイ・アルチュセール, 『再生産について(下)』, 2010, p.313.
21 西川長夫, 『増補 国境の越え方』, p.47.
22 西川長夫, 『国民国家論の射程』, p.288.

다. 이러한 니시카와와 사카이의 이론적 입장 차이는 스피박이 시도하고 있는 마르크스주의 계급국가론과 탈구축론을 어떻게 접합시켜갈 것인가라는 점에서 일본뿐만 아니라, 네이션론과 일반론의 논의적 어려움을 보여주었다.

> 내가 지금까지 강조해온 것은 오히려 국민국가란 국민주권을 다테마에 建前로 상정 했는데, (…중략…) 실질적인 국민주권을 확립하는 것이 불가능한 구조를 처음부터 갖고 있었다.[23]

국민주권의 불완전함을 지적한 니시카와의 이 말은 국가의 본질에서 유래하는 것이라고 한다면 국민주권은 계급국가를 사멸시킴으로써 달성할 수 있는 것이라고 해석 가능한 것이 한편 그것을 주권 그 자체가 갖는 불완전성이라고 이해한다면 국가가 사멸한다 해도 완전하게 평등적인 국민주권은 달성할 수 없다는 의미가 된다. 물론 국민국가의 상대화는 국민주권의 부정이 아니라, 국민주권의 확립을 위해서는 국민국가의 상대화가 필요하다[24]고 말하는 니시카와는 전자, 즉 국가의 사멸에 의한 주권 회복이라는 입장을 취한다. 그곳에 탈구축이 띠는 차이의 상대주의에 빠지지 않기 위해 '인간관계의 그물망한나 아렌트'[25]을 옆의 차이의 반복뿐만 아니라, 수직적인 지배관계로 국가론과 연결시켜 생각하려는 니시카와의 리얼리즘이 존재한다고 보는 것도 가능하다.

니시카와에게 주체의 죽음은 단순하게 차이의 놀이로 환원되는 것이

---

23 西川長夫, 『戦争の世紀を越えて－グローバル化時代の国民・歴史・民族』, 平凡社, 2002, p.118.
24 위의 책, p.118.
25 ハンナ・アレント, 志水速雄訳, 『人間の条件』, ちくま学芸文庫, 1994, p.297.

아니라 어디까지나 어떤 형태로든 주체라는 형상을 고정시킨 다음의 논의로서 '해체＝재구축'되어야만 할 것이다.

결국 니시카와에 따르면 "국민국가는 그 성질 상, 강력한 국민통합 이데올로기를 필요로 하며 국민이라는 일견 비정치적인 이데올로기 두 종류를 구분하여 상용하고 체제의 유지를 꾀하고 있다"[26]고 하는 경제차이를 낳는 국가조직 이데올로기적 은폐를 철저하게 폭로한다. 또한 니시카와는 문명과 문화라는 개념을 논의의 축으로 삼았는데 근대 일본국가가 국민으로서의 오래됨과 민족으로서의 순수성을 강조하는 문화를 표면에 내걸고, 도덕이나 인간성의 진보라는 일견 보편적인 가치 아래로컬리티를 박멸하는 문명을 뒷전에 배치한 스스로의 특수성을 전면에 내세우는 국민국가를 만들어낸 것을 밝혀낸다.[27]

문명과 문화는 프랑스에서 생겨난 개념으로 "처음에는 세계시민주의적 주장을 강하게 띠고 있었는데, 국민국가의 형성과 함께 (…중략…) 문명과 문화의 대항적 성격이 강조되고 문명화론자가 식민지주의자로 전락한 것과 마찬가지로 문화론자는 제국주의자로 변질되어가는 공범관계적인 결말에 빠졌다"고 결론짓는다.[28]

니시카와 나가오가 『국경을 넘는 방법』에서 사이드의 포스트코로니얼 비평을 계승하면서도 문화개념을 사전화事前化하고 있는 점을 비판하고 있는 것은 일본 문맥의 포스트콜로니얼로서의 서구의 포스트모더니즘을 재정착시켜간 훌륭한 견본을 보여주는 것이라고 말할 수 있다. 니시카와는 문화나 문명이라는 개념 자체가 오리엔탈리즘과 동근同根으

---

26 西川長夫,『地球時代の民族＝ 文化理論－脱「国民文化」のために』, 新曜社, 1995, p.106.
27 위의 책, pp.51·66.
28 위의 책, pp.40~41·100.

로서 동일한 성질의 공격성을 내재하고 있는 것에 관해서는 아직 명확하게 자각이 없다고 지적했다.

사이드의 논의에도 아직 "서양 중심적 이데올로기의 잔재가 보인다"고 비판했다. 니시카와가 보기에 사이드의 오리엔탈리즘론은 "지식 혹은 문화에는 본래적으로 타자에 대한 지배 의지가 내재해 있는 것은 아닌가라는 의문"[29]이 철저하지 못한 형태로 방치되어 있는 것이다.

니시카와에게 간과할 수 없는 것이 "사이드는 오리엔탈리즘을 상호성이 결여된 일방적인 지배 관념체계로서 그려내는 것에 전념한 결과, 그러한 변형이나 변환의 상호성—문화 간의 교섭은 일방적일 수 없고 타자 이해는 타자를 변형시켜 받아들인다는 것과 동시에 자기를 변형하지 않을 수 없는—것에 대해 고찰을 심화할 수가 없기 때문이다."[30] 그것은 국민을 대신하여 다음에 올 주체를 '해체=재구축'할 때 장애가 되는 것으로 간주되었다.

다만, 1990년대 니시카와의 논의에는 아직까지 문명과 문화 두 개념을 병치倂置하여 논하는 것에 대한 의미가 조금 애매한 부분이 있고, 국민국가 문제에서 식민지주의로의 논리 전개가 논리적인 조리성이 명쾌하지 못하다. 이 논의는 더 깊은 연구를 전개하여 신지평을 연 2006년의 『'신'식민주의—글로벌시대의 식민지주의를 묻는다』에서 국민국가는 제국주의와 동시에 존재한다는 인식에 도달하게 된다.

여기에 오구마 에이지가 말하는 민족국가에서 단일민족국가로 이행하는 것이 아니라, 오히려 단일민족국가로서 국민국가는 다민족국가라는 제도와 담론이 병존함으로써 식민지주의의 제도를 유감없이 유효한

---

29   西川長夫, 『増補 国境の越え方』, p.122.
30   위의 책, pp.122~123.

것으로 기능하게 한다는 견해가 명확하게 제시된다. 즉 단일민족 국가라는 특수성은 일본인 중심주의를 만들고 다민족국가는 다민족을 동화시키는 제국을 지탱한다. 그러나 단일민족은 일본인이 일급국민이고 동아시아의 식민지 2급국민과는 구별되는 인식에 다다르게 된다.

이러한 국민주의와 제국주의를 이중 구조로서 고찰하는 시점은 영어권 포스트콜로니얼 연구가 대체적으로 전복이나 횡령이라는 피식민자 측의 문화적 저항에 역점을 두는 것과는 다른 독자적인 것이었다. 오히려 한국의 윤해동에 의한 국민주의적 역사학이 식민지주의와 표리일체를 이룬다는 지적, 혹은 사카이 나오키의 제국적 국민주의 국가에 있어서의 보편주의와 보편성의 양의성이라는 지적 등, 일본제국에 주안을 둔 동아시아 식민지주의의 역사로부터 만들어지고 있는 논의와 공통성을 갖는 경향으로 이해할 수 있다.

더 나아가 니시카와는 논의를 '내국식민지'의 문제로 전개시켜 그 외부인 식민지와의 관계뿐만 아니라 국민국가 내부의 균질성 자체를 엄중하게 재문한다. 니시카와는 '내국식민지' 혹은 '국내식민지'를 글로벌화 시대의 식민지주의, 즉 식민지 없는 식민지주의의 상황을 단적으로 보여주는 사태라고 주의를 환기시킨다.[31]

최신작 『식민지주의의 시대를 살며』 속에서 니시카와는 다음과 같이 논한다.

식민지는 먼 해외에 있는 것이라는 고전적인 전제, 그리고 독립된 국가 내부에는 식민지나 식민지주의는 있을 수 없다는 민족주의적인 전제가 국

---

31 西川長夫, 『植民地主義の時代を生きて』, 平凡社, 2013, pp.228~229・575.

내에서의 식민지적 상황, 수탈이나 억압, 차별이나 격차 등의 존재를 보이지 않게 한다는 것은 사실이다. (…중략…) 모든 대국大國이 그리고 모든 소국小國이 여러 형태로 중앙과 지방, 혹은 중핵과 주변이라는 구조를 갖고 있다고 한다면 국내 식민지의 존재는 국민국가에 보편적인 현상이 아닐까.[32]

이러한 니시카와의 이해에 입각해서 생각해보면 식민지주의란 국민국가의 외부에 존재할 뿐만 아니라 그 내부에도 본원적으로 존재한다는 의미가 된다. 그렇다고 한다면 제국에서 해방되어 국민국가를 수립했다고 해서 자신들 내부의 식민지주의로부터 아직 해방된 것은 아닌 것이다. 그러한 연유에서 '식민지 없는 식민지주의'로서 식민지시대의 오늘날을 설파하는 니시카와의 입장은 틀림없이 포스트콜로니얼 비평가와 동일한 지평에 서 있는 것이다.

그리고 "오에 겐자부로는 지금도 전후 민주주의 이데올로기를 지지하고 있지만, 나는 68년 혁명을 경험하여 생각을 달리하게 되었다. 전후 이데올로기라는 것도 또한 허위이며 전후 이데올로기를 그 근저에서부터 뒤집어 재고하지 않으면 안 된다고 보는 것이 나의 생각"[33]이라고 니시카와가 말한 것도 전후 민주주의가 주창하는 평등과 자유의 이념 그 자체가 내국식민지화 추진을 전제로 한 주변과 지방의 희생 위에서 성립된 국민국가의 허망함이 아닐 수 없음을 확실하게 꿰뚫어보고 있기 때문이다.

왜 경제적인 진흥이라는 대의명분 아래 오키나와에 미국 군사기지가 집중되어 있고 후쿠시마나 아오모리 등 일본열도의 주변지역에 원전이

---

32 위의 책, p.229.
33 위의 책, p.244.

나 그 폐기물 처리장이 손쉽게 만들어지는가. 그러한 문제들은 국민국가가 설파하는 국민으로서의 균질성을 비판하는 '내국식민지'라는 시점을 갖지 않으면 철저하게 생각할 수 없을 것이다. 물론 그러한 군사기지나 원전 산업이 전후 미국 추종 정책 아래 일본에서 추진되어온 것을 중첩시켜 생각해보면 내국식민지라는 시점은 동시에 미국과 일본, 혹은 조선반도나 대만을 포함하는 동아시아 제국과의 국제관계의 불평등성을 다시 생각해보지 않으면 안 된다.

5. 식민지주의와 포스트콜로니얼리즘

1968년 파리 체험과 함께 니시카와의 인생에서 무시할 수 없는 커다란 사건으로서 일본제국의 식민지주의와 그 패전이 있다.[34] 니시카와는 일본제국기에 식민지 조선반도에서 일본 육군 군인의 아들로 태어나 만주로 건너갔다가 구사일생으로 난민이 되었다가 조국 일본으로 돌아왔다. 전후에도 계속 황국소년이었던 니시카와의 아이덴티티가 교사와의 접촉 속에서 쉽게 무너져버렸다. 이러한 제국의 번영과 와해라는 일련의 체험을 통해 국가 이데올로기적 동원력의 강함과 그 허구성을 니시카와는 뼈 속 깊이 인식하게 되었던 것이다.

그가 국민국가를 비판하면서 때때로 상용하는 비국민이라는 말은 말할 것도 없이 전시기 대일본제국의 신민이면서 동행이었을 식민지 및 내지 사람들에 대해서도 균일하게 덧씌운 것이었다. 혹은 스스로를 양

---

34 위의 책, pp.233~247; 西川長夫, 『増補 国境の越え方』, 平凡社, 2001, p.29.

민의 국민으로 하려고 자기 자신을 규율화하기 위한 구호이기도 했다. 그러한 강렬한 체험 덕분에 일본제국이 낳은 식민지 문제를 망각시켜 버린 전후 일본의 역사인식의 방식을 니시카와는 점령기에 시작되는 합중국과 일본정부가 만들어낸 정치적 합작의 산물이라고 그 역사적 경위를 날카롭게 척결했다.

> 전후 일본은 연합군실질적으로는 미군의 점령 하에 있으면서 권력과 정치적 이니셔티브를 미국에게 위임하고 구식민지의 모든 것을 포기했다. 더 나아가 전쟁포기를 명기한 평화헌법을 제정함으로써 한국전쟁에 의해 ― 조선반도의 주민들의 희생을 발판으로 삼아 ― 경제부흥을 실현했음에도 불구하고 구식민지의 기억을 잊었다. 침략전쟁과 식민지지배에 의한 아시아 제ᅟ지역에서의 만행과 주민의 피해를 잊었을 뿐만 아니라, 그들 지역에 대한 관심이나 상상력을 잃게 되었고 그들 지역 주민들과 정상적인 관계를 구축하는 노력을 게을리 했다. (…중략…) 그것이 일반적 경향이었으며 그 경향은 지금도 계속되고 있으며 동북아시아 문화공동체의 가능성을 저해하는 중대한 요인이 되어 있다.[35]

과거의 체험을 40년에 걸쳐 음미하면서 전후 일본사회가 놓친 것을 니시카와는 제국의 말로로서 파리에서 1968년 체험을 근거로 다시 논하려고 했다. 종주국 인간으로서 동아시아의 식민지주의를 체험함과 함께 미국에 점령된 식민지기의 일본도 체험한다는 의미에서 니시카와 나가오도 또한 근대일본의 포스트콜로니얼적 역사를 산 지식인 이었다.

---

35 西川長夫, 『'新'植民地主義論―グローバル化時代の植民地主義を問う』, 平凡社, 2006, p.70.

니시카와뿐만 아니라 그 경력을 보면 사카이 나오키나 무라카미 하루키, 야마오 쇼조, 더 나아가 가라타니 고진도 또한 모두 차별과 차이에 가득찬 이문화체험을 경험한 후에 '우리들과 그들 이분법'에 빠지는 것이 아니라 그 경계선을 언어화해서 보인 월경자였던 것이다.[36]

니시카와는 1968년 무렵의 일본사회에 대해 "전공투를 비롯해 일본의 학생운동은 구식민지나 재일조선인 등 마이너리티에 대해 놀랄만하게 둔감했다. 이것은 패전시기 전 식민지를 방기하고 그후 장기간에 걸쳐 구식민지에 도항이 금지된 것과 연결되어 있다"[37]며 그 식민지 인식의 한계성을 지적했다.

베트남 전쟁을 미국 제국주의의 문제로서 비판하는 1960년대말의 일본 지식인의 식민지 인식에서 오랜 시간을 할애하여 니시카와는 자기자신의 과거의 문제로서 동아시아에서의 일본제국의 문제를 다시 읽어내게 된다. 그에게 학문이라는 행위는 이론적 사고를 거절한 실증주의도 아니고 기성의 제 이론을 합성시켜 결론을 염출해 내는 지적 게임도 아니었다. 자신이 체험한 과거를 긴 시간 속에서 음미하고 타자와 공유 가능한 보편적인 사고에의 개념화하는 매우 힘든 작업이었다.

1968년 파리에서의 체험을 경유하여 니시카와의 국민국가론은 동아시아의 식민지주의 문제로 착지시켜갔다. 이러한 트랜스 내셔널한 문맥 속에서 파리의 바르트로부터 받아들인 주체의 죽음을 둘러싼 문제들—아카데미즘 비판, 국민국가 비판, 식민지주의 비판 등—이 동아시아의 포스트콜로니얼 상황 아래에서 이식되어간다.

다만 포스트모던이 주체의 죽음을 설파하는 것이라고 한다면 포스트

---

36 西川長夫, 『増補 国境の越え方』, p.20.
37 西川長夫, 『植民地主義の時代を生きて』, p.261.

콜로니얼은 부재의 주체를 역사적 차원으로 재절합節合을 시도하는 것이었다. 그 의미에서 포스트콜로니얼리즘은 주체의 죽음을 부정하는 것이 아니라, 국가가 만들어내는 배제와 차별이 역사적 주체 차원에서 작동하는 과정을 비판적으로 취하려고 했다. 그런 연유에서 니시카와는 아사다와 같은 도주론이 국민국가에 대한 비판임과 동시에 글로벌 자본주의라는 현실을 추종하는 포스트모던의 부負의 측면을 갖는 것임을 다음과 같이 지적한다.

> 내셔널한 것에 대한 투쟁에 걸었던 것들이 지금은 글로벌라이제이션globalization에 의해 약탈당해 다문화주의로부터 크레올Creole에 이르기까지 다양한 아이덴티티의 이미지는 상품화되고 유통되어갔다. (…중략…) 혼효적이고 유동적인 크레올은 다국적 기업이나 세계 시장논리와는 반드시 상반되는 것이 아니라 크레올이 관광의 대상이 되어버리는 현실을 잊어서는 안 될 것이다.[38]

더 나아가 니시카와는 말을 이어가면서 "그것은 우리들이 모든 규범으로부터 해방되어 현기증을 느끼는 듯한 자유 속에 놓여 있기 때문에 곤란하기도 하다"[39]라며 이러한 혼효적인 유동성에서 내셔널 아이덴티티에 회귀하는 것이 아니라, 그것을 주체의 죽음이 가져온 자유의 조건으로서 적극적으로 받아들이지 않으면 안 되는 것이 오늘날의 상황이라고 이해한다.

그러한 점에서 니시카와가 국민국가의 죽음의 저쪽에 그 해체＝재구

---

38 西川長夫, 『'新'植民地主義論』, pp.234~235・257.
39 위의 책, p.260.

축으로 제시한 주체의 새로운 모습은 니시카와의 사고가 도달한 지점으로서 주목해야 할 것이다. "토지를 지배하는 영토가 아닌 교통이나 혼효의 장소로서 그려내고 경계를 설정하는 것이 아니라, 경계 그 자체에 있는 양의성이나 유동성과 혼교의 풍부함을 아이덴티티의 모델로 할 때 내셔널 아이덴티티의 개념은 붕괴하지 않을 수 없게 된다"[40]고 나시카와는 말한다.

> 한 개인이 특정 국가의 국적을 강요하는 것이 가능한 근거는 어디에 있는 것일까. 우리들이 알제리인이 아니라 일본인이지 않으면 안 되는 궁극의 이유는 도출할 수 없을 것이다. 사람들이 각각 죽는 토지(따라서 자신에게 맞게 살 수 있는 토지)를 찾아 지구상을 이동하기 시작한다면 그 비국민이라는 말도 사라질 것이다.[41]

반복해서 말하자면 그 이종혼효적인 생이 글로벌 자본주의 운동을 동일성을 거부하는 단편화된 차이를 칭송하는 이데올로기로서 재유용되어버리는 것을 니시카와는 그 비판적 사고의 사정射程에 두고 있다는 점을 놓쳐서는 안 된다. 그러한 차이의 놀이로서 경제적 운동을 체현하는 것이 신자유쥬의를 국시로 하는 미국 합중국이며 일본도 또한 TPP 등을 통해 한층 강고하게 그 경제 체제 속으로 짜 넣으려고 한다.

---

40 위의 책, p.234.
41 西川長夫, 『増補 国境の越え方』, pp.21~22.

6. 멀티튜드multitude론의 문제점

이처럼 우발성으로 가득 찬 삶의 모습은 말 그대로 포스트콜로니얼 상황이 가져온 인식으로서 호미 바바나 사이드가 제창한 이종혼효적인 아이덴티티를 상기하게 해준다. 더 나아가 거기서 니시카와는 안토니오 네그리의 멀티튜드multitude적 주체의 모습에 사고를 전개한다. 2010년 발표한 『파리 5월 혁명 사론』에서는 "68년의 중요한 특색 중 하나는 (…중략…) 이데올로기나 대지식인의 존재를 부정 혹은 거부하는 것에 있었다"[42] 라며 당시 유학하고 있던 니시카와 자신이 직접 눈으로 본 파리 거리에서 학생반란의 모습을 다음과 같이 묘사했다.

> 갑자기 길거리에 흘러넘쳐 나온 학생들이나 젊은이들은 경봉警棒과 총을 든 경비대와 (…중략…) 경찰들의 폭력에 돌을 던지기 시작하고, 마침내 도로포장 돌을 떼어내어 바리게이트를 쌓고 노상 차들에 불을 지르며 대항했다. 한편으로는 대학이나 극장을 점거하여 행동위원회를 만들어 집회총회를 열고 노동자나 시민들에게 호소하며 대항의 집회를 열었다. 마침내 역사상 볼 수 없었던 대규모1,000만 명의 집회로 장기간의 제너럴스트라이크General Strike, 총파업가 출현했다. 이러한 젊은이들의 자연발생적 운동이 시민이나 노동자들의 공감과 지지를 얻고 있는 것은 집회나 데모 군집 속에 있어도 느낄 수 있는 일이었는데, 또 하나 잊지 말아야 하는 것은 그들이 세계적인 연대감 속에서 행동하고 있었다는 점이다.[43]

---

42 西川長夫, 『パリ五月革命私論─転換点としての68年』, 平凡社新書, 2011, p.248.
43 위의 책, p.11.

그 주체의 모습은 "함께 하는 것의 가능성, (…중략…) 여기서 묻지 않을 수 없는 것은 자유롭게 자발적인 커뮤니케이션의 가능성과 그것을 보증하는 조건이었다. (…중략…) 그곳에서 나는 독자적이었으며 동시에 무명적 존재였다"[44]라는 네그리가 말하는 '코먼'으로서의 '멀티튜드'와 같은 형태를 의미하는 연대 가능성을 시사하고 있다.

네그리의 멀티튜드는 들뢰즈의 다양체Multiplicity의 흐름 속에서 건져낸 개념이며 거기에는 탈영토화와 영토화가 그때마다 우발성 아래 반복된다고 한다. 분명히 아사다 아키라의 도주론의 조형祖型이 된 네그리의 논의가 어느 쪽인가 하면 탈영토화의 측면이 전면에 내세워지는 것이었다. 마찬가지로 『파리 5월 혁명 사론』을 읽어보면 니시카와도 그들과 유사한 멀티튜드적 주체를 상정하고 있는 듯이 보인다.

그리하여 1992년 『국경을 넘는 방법』에서 국민국가론의 도화선에 불을 지핀 니시카와 나가오는 『'신'식민지주의』를 전기轉機로 식민지주의와 국민국가 혹은 글로벌 자본주의와의 공범관계를 분석하고, 더 나아가 2010년의 『파리 5월 혁명 사론』에서 국가나 아카데미즘이라는 권력에 저항하는 멀티튜드 문제를 논하는데 다다르게 되었다. 국민국가론 내부에 자폐되는 것이 아니라, 국민국가론을 시발점으로 하여 이러한 '국민국가/식민지주의/학생반란'이라는 트라이앵글을 이루는 연구의 시좌를 확립하고 그것을 보여주었다는 점에서 니시카와 나가오의 학문적 공적이 있는 것은 두말할 것도 없다. 니시카와 나가오 연구의 집대성인 『식민지주의의 시대를 살며』—주된 구성은 ① 국민국가 재론, ② 식민지주의의 재발견, ③ 다언어/다문화주의 재론—는 트라이

---

[44] 위의 책, p.452.

앵글을 잘 보여주는 사례이다.

다만 파리 학생 반란에 대해 니시카와는 멀티튜드적인 뉴앙스로 해석함과 동시에 '그들이 노동자들과 통하는 언어를 갖고 있지 않다는 것을 노정하는 문체'[45]로밖에 표현하지 못했던 계급론적 한계도 지적한다. 여기서 유의해야 할 것은 멀티튜드에 관한 네그리의 논의에 대해 국가론이 결여되었다 니시카와가 비판하고 있는 점이다. 이 지점에서 니시카와 사고의 흔적을 되짚어온 필자의 시도는 벽에 부딪치게 되었다.

네그리처럼 멀티튜드와 『제국』을, 들뢰즈의 탈영토화와 재영토화의 관계에 비유하여 필연적으로 대보代補, supplement 작용을 일으키는 반란의 계기로서 주체의 죽음을 긍정적으로 읽어낼 수 있는 것일까. 니시카와 나가오의 논의에서 멀티튜드는 어떻게 하면 국가라는 계급지배 기관 혹은 글로벌 자본주의의 대행자를 전복시켜 그것을 사멸로 몰아갈 수 있는 것이 가능하다고 보고 있는 것일까.

국가론이 주제로 설정되는 것으로 네그리나 들뢰즈의 낙천적인 탈영토화론을 어떻게 현실적인 무게감을 가지고 극복해갈 것인가. 바로 거기에 그곳에 니시카와 나가오의 관심이 존재할 텐데 그 주장은 좀 분명하지 않다. 여기서 우리들은 1968년 파리의 상황을 살펴볼 필요가 있다. 작가의 죽음으로부터 에크리튀르의 산종을 주창하는 바르트, 국가의 사멸을 주창하는 알튀세르의 사상 등은 어떻게 니시카와의 논의 속에서 이론적인 접합을 가능하게 했던 것일까.

알튀세르는 라캉에게 시사를 받아 이데올로기에 호응된 인간은 주체로서 고정된다고 보았다. 그리하여 국가 장치 속에 말려들어간 국민이

---

45 위의 책, p.207.

라는 주체는 수수께끼의 대문자인 타자의 부름에 대해 어떻게 행동해 갈 수 있을 것일까. 구조주의 이후 제이론에 통효通曉한 니시카와는 타자의 부름으로부터 인간이 해방되는 비이데올로기적 순간이 존재한다는 것 등을 믿지 않았을 것이다. 처음부터 국민국가라는 주체 자체가 일본의 천황제와 같은 대문자인 타자의 욕망에 포박되는 것으로 성립되었을 것이다. 그렇다고 한다면 멀티튜드가 재영토화되는 것으로 계급장치로서 국가나 글로벌 자본주의로서 '제국'이 아니라, 그러한 착취관계를 동반하지 않는 '코먼'으로서 조직화될 가능성은 어떻게 해서 도출이 가능하게 되는 것인가.

7. '사문화' 및 '다문화주의'와 국민국가의 해체＝재구축

아마 여기서 니시카와가 기대하는 것은 '사문화' 및 다문화주의가 국가의 지배적 이데올로기의 전복을 위해 현실적이며 적극적인 역할을 기대하고 있다고 여겨진다. 니시카와는 종래의 문화론에는 일반적으로 주체의 관점이 결여되어 있기 때문에 문화가 구조를 가짐과 동시에 변용을 계속할 계기로서 문화 창조자의 행위다운 자기문화 혹은 사문화라는 개념을 도입한다.[46]

문화는 궁극적으로 가치관의 문제이다. 가치를 결정하는 것은 최종적으로 개인이다. '나'의 선택은 하나의 문화 속에서 자기의 위치를 결정할 뿐

---

46 西川長夫, 『増補 国境の越え方』, pp.295~301.

만 아니라 하나의 문화를 버리고 타문화를 선택하는 것도 있을 수 있다. 그리고 그러한 개個의 모습이 보다 상위 문화의 성질을 변용시켜간다.[47]

여기서 '나사적인'나 개인이라는 말이 가진 함의에 대해 니시카와는 소설가 사카구치 안고를 인용하는데 '개개인의 절대적 고독'에 뿌리를 갖는 개개인의 삶의 방식의 문제'[48]라고 설명하고 있다. 그것은 고정화된 주체로서 개인이 아니라, 개인이라는 형태를 취하면서도 그 존재의 근거가 '절대적 고독'에 의해 무효화된 부재不在의 주체로 생각하고 있다는 것을 보여준다.

그후 『파리 5월 혁명 사론』에서 '함께 하는 것의 가능성'이 '나는 독자적으로 존재하며 동시에 무명의 존재'와 중첩시키고 있다는 것을 고려한다면, 니시카와가 말하는 '나'로서의 '개인'은 끊임없이 자기 일탈화 하는 주체에 의해 공동성을 바꾸어가는 거점이 되고 그 공동성에 의해 개체로서의 주체도 또한 차이되어가는 것이다.[49]

여기서 니시카와의 논의는 또 한사람의 내셔널리즘 비판의 견인자였던 사카이 나오키의 논의에 가까워진다. 거기서 이미 주체의 해체＝재구축과 탈구축은 데리다적인 사카이의 '탈구축'과 거의 동의어로 전환되어간다.

21세기는 점점 더 중요한 이념이며 사상이다라는 다문화주의에 대해서도 갖가지 모순이 있으며 비판해야 할 점은 많다며 유보를 주장한 다음, 전체와 각 구성 단위가 상호변용을 촉진할 수 있다고 생각하는

---

47 위의 책, p.299.
48 위의 책, p.346.
49 西川長夫, 『パリ五月革命私論』, p.452.

점에서 니시카와는 '사문화'와 마찬가지의 기대를 보여준다.[50] 여기서 다문화주의에 대해서도 "다문화주의의 문제는 문화의 다양성이나 자유의 문제에서 사회적 공정이나 평등의 문제로 중점을 옮겨간다"[51]고 해석할 수 있다.

그것은 "흑인이나 히스패닉계, 아시아계, 혹은 선주민 등 합중국에서의 소수민족이 자신들의 언어나 문화의 유지 혹은 자기주장을 하고자 할 때 의거하는 곳에 다문화주의는 이루어질 수 있는 것"[52]이라는 '사회적 공정이나 평등'을 현실에 실현하기 위한 관점으로부터의 논의인 것이다.

그것은 "뒤떨어졌다고 간주되는 사람들이나 지역에 대해 지배와 착취의 정당화를 꾀한"[53] 문명화의 이론에 대한 비판의 시도인 것이며 그러한 '문명과 착위의 정당화'를 꾀해온 최대의 조직이야말로 니시카와의 논의에서 국가―국민국가이면서 동시에 식민지주의 국가―를 가리키는 것은 말할 것도 없을 것이다.

이러한 다문화주의의 이론 속에서 일본에서의 재일코리안 민족주의도 "대항적 민족주의는 원래 민족주의, 즉 내셔널리즘과 동일한 것인가 그렇지 않은가라고 하면 나는 그곳에 차이를 발견하여 그것을 구제하고 싶은 마음이 든다"[54]라며 국민국가와는 다른 가능성을 가진 것으로 적극적인 가능성이 모색되어간다.

물론 이러한 재일코리안의 민족주의에 대해 니시카와의 친구이기도

50　西川長夫,『戦争の世紀を越えて』, pp.207・221.
51　위의 책, p.217.
52　위의 책, p.222.
53　위의 책, p.228.
54　西川長夫,『植民地主義の時代を生きて』, p.375.

한 한국 포스트콜로니얼 연구자들로부터 매우 엄한 비판이 일기도 했다. 거기에는 다문화주의가 니시카와처럼 끊임없이 자기일탈화해가는 차이화운동으로 해석 가능한 것인가. 그렇지 않으면 복수문화의 병존을 암묵의 전제로 하는 각 공동체의 '균질하고 공허한 시간'베네딕트 앤더슨 [55]이라는 동질성의 논리를 온존하는 것인가로 판단이 나누어지기도 한다. 더 나아가 천황에 의한 국민통합은 글로벌 자본주의에 저항하는 다문화주의와 같은 공간을 생성할 수 없는 것인가라는 일본 국내의 문제로까지 재심에 붙여지게 될지도 모른다.

결국 국민이나 민족이라는 한어漢語와 네이션이라는 서구어의 관계는 니시카와가 문화와 문명을 번역어로서 그 정치적인 역사성을 문제삼은 것처럼 마찬가지로 문제 삼아야 할 것이다. 네이션을 국민이라고 번역한다면 거기에는 문명적인 보편성의 수행자인 국가의 의미가 포함된다. 한편 네이션을 민족이라고 번역한다면 거기에는 문화적 특수성으로서 배타적 성질이 함의된다. 이러한 한어로서 이중성을 갖게 된 네이션의 번역 역사가 일본의 근대화 과정의 문제로서 재검토되어야 할 필요가 있다.

그러나 그것은 '최후 논집'이 되는 『식민지주의의 시대를 살며』를 상재한 니시카와 나가오의 일이 아니다. 그 저서의 '결론을 대신하여'를 보면, 니시카와는 이 책의 목적이 "자신의 출발점을 보여준 것 같은 작품과 현재의 최종 지점을 보여주는 것"이라고 하면서 "당연히 최후의 지점은 생각 중에 있는 것으로 필요한 가필이나 재고도 아직 안 된 상황인데, (…중략…) 그 공백이나 혼란을 그대로 남겨두고 싶다. 나는 여

---

55 ベネディクト・アンダーソン, 白石さや他訳, 『増補 想像の共同体－ナショナリズムの起源と流行』, NTT出版, 1997, p.333.

기까지밖에 도달하지 못했기 때문"이라며 후진 연구자들에게 과제를 넘겨주고 있다.[56]

그것을 지금 우리들은 인수해야만 할 것이다. 그때 "자신의 문장의 원동력은 부정함이나 불합리한 것에 대한 분노가 아닐까"라고 말하는 니시카와 나가오의 학문적 동기는 그 연구를 지탱해주는 것에서 자신의 문장이 낙천성과 행복감에 가득차 있다는 말과 함께 우리들이 계승해야 할 근본 자세일 것이다.[57]

전후라는 말을 하면 이미 이를 회피하는 사람이 많다고 생각한다. 분명히 전후라는 것은 평화헌법을 가진 하나의 국가, 한 시대라는 독선적인 것이다. 전쟁포기를 선언한 일본이기 때문에 혹은 전쟁에 패한 추축樞軸 국가이기 때문에 전후가 있었는지도 모른다. 이웃나라 조선반도에서는 전후 얼마 안되어 조선전쟁이 있었고 분단된 남북은 아직도 전시체제 중이다. 중국은 전쟁이 끊이지 않고 있으며 타이완은 아직도 전시체제 중이다. (…중략…) 제3세계라고 불리던 지역을 포함해 그리고 냉전 후에도 세계는 전쟁이 끊이지 않고 있는데 그 와중에서 전후라는 말이 유통되고 있는 일본은 세계 상식이 결여된 생각없는 국가가 되었다. 그러나 전쟁이 없는 전후에 다시 한 번 고집을 피워 전쟁을 하는 전전으로 회귀해갈 움직임 속에서 '착각한 전후'를 착각이 아닌, 전쟁을 하지 않는 전후를 새로 짜는 길은 있을 것이다.[58]

---

56 西川長夫, 『植民地主義の時代を生きて』, p.579.
57 위의 책, p.581.
58 위의 책, pp.87~88.

이처럼 종합적 시각에서 일본의 전후를 다시 묻는 자세야말로 니시카와 나가오에 의해 전후 이데올로기인 국민국가를 식민지주의의 문맥으로 치환하여 합중국으로부터 부여된 평화헌법의 의미를 재정위하려는 곤란한 지점까지 이끌려온 것이다.

물론 니시카와 나가오가 설파하는 그 국민국가라는 주체의 죽음은 그 안이한 방기를 약속하는 것이 아니고, 아직도 계속되는 식민지주의라는 세계사적인 문맥 속에 그 주체를 다시 위치짓는 것으로 그것을 '해체=재구축'하는 시도일 것이다. 주체의 죽음이 탈역사적인 외부로 도주하거나 융해되는 것이 아니라고 한다면, 그것은 주체의 중심을 이루어온 중심重心의 이동을 일으키는 것을 의미한다.

그것은 동아시아에서 근대일본의 체험을 통해 프랑스에서 바르트로부터 제시를 받은 '주체의 죽음'이라는 주제에 대한 니시카와 나가오의 회답일 것이다. 바로 여기에 우리들이 미국의 극동정책과 일본정부의 합작에 의해 만들어진 전후 일본의 국민국가 체제 및 그 이데올로기로서 전후 민주주의의 허망함에 대항해가는 시사도 풍부한 재산으로서 포함되어 있는 것은 아닐까.

8. 내면의 자유와 천황제

일본이라는 국민국가를 비판적으로 사고해가는 것은 프로테스탄티즘을 문제화해가는 것이기도 하다. 합중국으로부터 이입된 프로테스탄티즘은 천황제라는 국가권위를 비판하는 내면의 자유로운 영역을 가져온 것은 분명하다. 그러나 그 한편으로 내면이라는 영역이 확립되는 것으로 근대적 개인으로서 국민을 종교적인 열광성을 통해 천황은 현인신이라는 권위에 회수되는 회로가 설치 가능하게 된 것도 사실이다. 그 천황제 아래에서 일본이 국민국가는 전전에는 제국으로서 식민지를 지배하고, 그 사람들의 내면에 천황제로 개종하려고 욕심을 부렸고 마찬가지로 홋카이도나 오키나와라는 지역 내국 식민을 일본국민으로서 동질화하려고 시도했다.

니시카와가 비판해온 국민국가와 식민지주의의 공범성이라는 것은 국민국가의 국민은 평등하다는 담론이 신빙성을 갖기 위해서는 오히려 식민지를 그 외부 혹은 내부에서 끌어안고 있는 불평등적인 착취가 적극적으로 이루어지지 않으면 안 된다는 자본주의 경제 매커니즘mechanism을 가리킨다. 그 동질적인 평등성이 천황이라는 신의 시선 앞에서 비로소 성립되는 '일시동인'이라는 예외적인 존재를 전제로 하여 성립되는 평등성이라는 것을 잊어서는 안 된다.

전후가 되어 일본제국이 해체된 이후, 미국이 새로운 제국으로서 일본의 국민국가를 식민지화했음과 동시에 일본인 스스로도 또한 국민국가의 주체로서 평등성이라는 환상 아래 내국식민지를 착취하고 구제국의 식민지와 과거를 공유라는 작업을 포기해왔다.

니시카와의 작업을 가라타니 고진에 의한 프로테스탄티즘을 매개로 한 국민국가의 내면론과 연결해가는 것에서 일본의 국민국가 성립에 커다란 역할을 담당한 프로테스탄티즘의 양의성 — 저항이 계기가 됨과 동시에 복종의 회로가 되는 것 — 을 비판적으로 검토해갈 필요가 있다.

그러한 비판의 저편이야말로 프로테스탄티즘도 또한 그 풍부한 잠재력을 구현화해갈 수 있을 것이다. 그것은 종교의 비정치성을 믿는 것으로 정치적 이데올로기에 휩싸이는 것이 아니라, 오히려 종교의 정치성을 적극적으로 주제화하는 것으로 그 반정치적인 기능을 전면에 내세우게 될 수 있을 것이다.

제2장

타자의 시선과 불균질한 공공성

—사카이 나오키의 번역론 대화[1]

---

1. 번역론으로서 '죽은 자의 웅성거림'

죽은 자나 피재자로부터 어떻게 그 목소리를 듣는 것을 주제로, 필자가 『죽은 자의 웅성거림, 피재지 신앙론』을 간행한 것은 2015년이었다. 피재자의 목소리를 듣는 행위는 동일본대지진 발생 이후 주목을 받게 되었고 그 목소리들을 경청해야 한다고 주창되었다. 그중에서도 종교 관계자들에 의한 경청 자세는 죽은 자를 위한 진혼鎭魂의례와 맞물리면서 피재자의 고뇌를 치유하는 행위로서 미디어나 저널리즘에서 크게 다루었다. 거기에 밝혀진 것은 종교 관계자가 일방적으로 설교하는 것이 아니라 고통 받는 사람들의 말을 겸허하게 귀를 기울여주는 것이 갖는 효용이었다.

종교 관계자라는 자기인식은 대부분의 경우 종교 교단에 귀속되거나

---

1 磯前順一, 「外部性とは何か―日本のポストモダン柄谷行人から酒井直樹へ」, 『闘の思考他者・外部性・故郷』, 法政大学出版局, 2013.

혹은 경전, 의례 존중 등 종교적 지식에 의거하고 있다. 그러나 이러한 종교적 지식이나 귀속의식으로는 재해를 당한 사람들의 고통을 해결할 수는 없었다. 오히려 철저하게 "무기력"했다는 자기인식이 피재자의 마음에 다가가는 첫걸음이라는 것이 확인되었다고 말할 수 있다. 어느 설법자說法者의 진리에 눈뜨고 있는가라는 평가는 피재지 주민들을 구원하는 징표merkmal가 되지는 못했다.

거기에는 신앙이란 무엇인가? 진리[2]란 무엇인가라는 물음을 둘러싼 인식에 180도의 전환이 일어났던 것이다. 깨우친 자의 의식이 아니라 무력한 자라는 자각이야말로 사람들의 고통에 다가갈 수 있는 있는 인식의 전환인 것이다. 나로부터 타인에게 일방적으로 진리 주입할 수 있다는 것이 아니라, 상대방에게 발화의 주체 중심이 옮겨질 때 종교 관계자는 자신의 주체성을 한번은 내려놓지 않으면 안 되는 것이었다.

그러한 과정에서 새로운 주제로 떠오른 것은 발터 벤야민이 말하는 '번역론 translation'이라는 문제였다.[3] 죽은 자나 피재자의 목소리를 어떻게 들을 수 있는가. 번역이란 일반적으로 서로 다른 언어들 사이에서 의미가 옮겨가는 것을 말한다. 그러나 사카이 나오키나 발터 벤야민은[4] 탈구축 영향을 받은 포스트콜로니얼 비평가적 임무에 의해 언어에 한정하지 않고, 주체 사이의 의미가 옮겨가는 문제로서 1990년대 이후 번역론이라는 문제를 제기하고 있었다.

사카이 나오키나 호미 바바Homi K. Bhabha는 주체 사이의 관계를 번역

---

2 진리의 양의성에 대해서는 다음의 저서를 참고했다. ミシェル・フーコー, 慎改康之訳, 『コレージュ・ド・フランス講義1983~1984年度真理の勇気』, 筑摩書房, 2012(2009).
3 ヴァルター・ベンヤミン, 野村修訳, 「翻訳者の使命」, 『暴力批判論他十篇』, 岩波文庫, 1994.
4 ホミ・バーバ, 磯前順一・ダニエル・ガリモア訳, 「散種するネイション―時間, ナラティヴ, そして近代ネイションの余白」, 『ナラティヴの権利戸惑いの生へ向けて』, みすず書房, 2009; 酒井直樹, 『日本思想という問題翻訳と主体』, 岩波書店, 1997.

행위로 받아들였다는 점에서 존 오스틴John Langshaw Austin의 언어행위론[5]에 따르는 커뮤니케이션론으로서 번역의 의미를 확대시켰던 것이다. 게다가 사카이 나오키나 호미 바바에 의하면 주체 사이의 커뮤니케이션은 한나 아렌트Hannah Arendt가 공공 공간에서의 교섭수단을 '발화와 행동speech and action'[6]이라고 말했듯이 언어에 의한 발화 행위뿐만 아니라, 신체적인 교섭과정을 통해 추진된다고 생각했다. 그 점에서 번역론은 주체 사이의 문제, 즉 교섭과정의 문제로서 파악할 수 있게 된다.

본장에서는 1990년대 이후 일본뿐만 아니라, 유럽지역까지도 번역론을 석권하면서 견인차 역할을 한 사카이 나오키의 논의를 통해 현재 이루어지고 있는 주체화론의 상황과 한계를 검토하고자 한다. 1980년대에 등장한 가라타니 고진은 포스트모더니즘의 영향을 받으면서도 폴 드만Paul de Man의 논리에 근거를 두면서 주체 부정적 상대주의에 빠지는 함정을 회피하며 주체의 구축에의 의지를 설명했다.[7]

그후 등장한 사카이 나오키도 또한 자크 데리다Jacques Derrida로부터 영향을 받아 포스트콜로니얼 비평 문제를 발전시켜 주체가 환상이라는 논리를 시종일관 전개하면서 부재의 주체가 역사적 문맥 속에서 분절화되어 차별이나 배제라는 효과가 어떠한 방식으로 잉태되었는지를 검증해왔다. 자신의 관심 분야에 대해 사카이 나오키는 아래와 같이 논했다.

해리 하루투니안Harry Harootunian, (…중략…) 데쓰오 나지타Tetsuo Najita와

---

5 ジョン・オースチン, 坂本百大訳, 『行為と言語』, 大修館書店, 1978(1960) 참조.
6 ハンナ・アレント, 志水速雄訳, 『人間の条件』, ちくま学芸文庫, 1994(1958), p.305.
7 磯前, 「外部性とは何か」 참조.

마찬가지로 그도 또한 스스로 모범을 보여주는 것으로, 사회적 부정의不正義에 대한 비판적 감성을 갖지 못할 때 지식인 생활에 대한 자기 탐익에 불과하다고 가르쳐주었던 것이다. 마사오 미요시Masao Miyoshi (…중략…) 가 지적 신조와 정치적 신조의 역동적인 종합을 스스로 보여줌으로써 학문적 사항을 어떻게 부정의 속에서 고통받는 사람들의 문제로 연결시킬 수 있는가를 제시해주고 있다.[8]

사회적 부정의라는 윤리를 근거로 어떻게 하면 주체화를 둘러싼 토론을 이야기할 수 있을까. 사카이 나오키의 논의에 인도되면서 주체화 과정을 검토해가는 것은 동일본대지진에서 제기된 공공성이나 격차 문제를 고찰하기 위한 학문적인 토대를 제공해주고 있다. 이 동일본대지진에서는 주체가 환상이라는 지적만으로 현실에 대처할 수 없으며 주체가 역사적 맥락에 접합되는 형태를 경제, 사회적 격차나 차별이라는 문제를 중첩시켜 봄으로써 개별 역사적 피구속성 속에서 주제화하는 사색을 실시해왔다.

주체의 역사적 구속성을, 주체의 비역사적 본질화에 빠지지 않고 이를 다시 문제로 삼았던 것은 포스트모더니즘의 유산을 계승하면서도 포스트콜로니얼리즘이 1990년대부터 2000년대에 걸쳐 새로운 시대의 기수가 된 이유이다.[9]

그리고 '사회적 부정의'라는 말에서 대부분의 사람들이 생각하는 것이 동일본대지진을 계기로 노출된 것은 전후 일본사회의 모순이 아닐까. 바로 여기서 사카이 나오키는 학문적인 비평을 실천하는 역할을 '인

---

8   酒井直樹, 『過去の声――一八世紀における言語の地位』, 以文社, 2002, p.17.
9   磯前順一, 『閾の思考 他者・外部性・故郷』, 法政大学出版局, 2013.

간 이성의 한계를 묻는 것'이라고 추상적인 진리에 도달하는 것이 아니라, "어떻게 우리들이 우리들 자신의 ─인종적, 국민적, 계층적, 민족적, 성적인 것들의 ─동질성에서 탈피하여 타자와 횡단적인 관계를 만들어낼 수 있는가"라는 역사 실천적 비판 수준에서 찾으려고 한다.[10]

다음에 인용하는 사카이 나오키의 지적은 보편성 이념에 의해 정치적 문제를 해소하는 것이 아니라, 정치적 문제 속에서 보편성을 도출해가자는 매우 정치적인 비평의식을 보여준다.

> 인종주의 비판에 의해 우리들이 구하고자 하는 것은 자신들의 결백순결이나 윤리적인 올바름을 증명하는 것이 아니라, 우리들을 분단하고 경쟁시키며 고립화시키는 것을 찾아내어 그 대체물로 우리들이 사람들과 연결되는 새로운 공동체적인 생±을 탐구하는 것 그리고 사람들과 협력하면서도 지금까지와는 다른 미래를 함께 구축해가는 것이어야 한다.[11]

일본 국내의 격차문제, 국가에 의한 착취문제, 민주주의는 결코 모두에게 평등한 것이 아니라 불평등한 현실을 애매하게 만들어 기만적으로 기능해온 것이다. 이념과 현실의 혼동, 그리고 원전 정책에서 밝혀진 것은 전후 70년이 지났어도 일본은 아직 미국의 식민지 국가에 불과하다는 것이었다. 그러한 현실을 부인하는 태도는 전후 일본이 민주주의적 사회라는 자기 환상에서 생기는 것이 아닐까.[12]

---

10 酒井直樹, 『日本/映像/米国─共感の共同体と帝国的国民主義』, 青土社, 2007, pp.305~306.
11 酒井直樹, 「レイシズム・スタディーズへの視座」, 『レイシシズム・スタディーズ序説』, 以文社, 2012, p.68.
12 西川長夫, 『植民地主義の時代を生きて』, 平凡社, 2013; 酒井直樹, 『日本/映像/米国─共感の共同体と帝国的国民主義』, 青土社, 2007; 磯前順一, 「戦後日本社会と植民地主義国家」, 『竹村民郎著作集完結記念論集』, 三元社, 2015.

죽어간 자들이 혹은 사회적인 입장이 약한 자들의 목소리를 듣는 장치가 불충분하다. 그뿐만 아니라 사회로부터 배제되어간 자들의 목소리가 들리지 않는다. 그것은 민주주의라는 이념이 현실은 바꿔치기 했을 때 한층 더 부인이 추진되어간다. 그렇지만 유령들의 웅성거림Dis-quite Voice[13]으로부터 도망칠 수 없듯이 그처럼 부인된 현실도 진재를 통해 사회의 약자들에게 복수한다. 강자뿐만 아니라 약자에게 복수하는 아주 혹독한 현실이 존재한다. 그것을 통해 민주주의적인 사회라고 부르는 것은 가능한 것일까. 소설 『1Q84』에서 무라카미 하루키는 목소리를 듣는 자의 존재를 다음과 같이 소개하고 있다.

당대에 왕은 사람들을 대표하여 '목소리를 듣는 자'였기 때문이었다. 그러한 자들이 등장하여 그들과 우리들을 연결하는 회로가 되어 주었다. 그리고 일정 기간이 지난 다음 그 '목소리를 듣는 자'를 참살하는 것이 그 공동체에서 빼놓을 수 없는 작업이었다. 지상에 사는 사람들의 의식과 리틀 피플이 발휘하는 힘의 밸런스를 잘 유지하기 위해서이다. 고대에 통치한다는 것은 신의 목소리를 듣는 것과 같은 의미였다. 그러나 물론 그러한 시스템은 어느 사이엔가 폐지되고 왕이 살해되는 일도 없어지면서 왕위는 세속적이고 세습적인 것이 되어버렸다. 그리하여 사람들은 목소리를 듣는 것을 그만 두게 되었다.[14]

---

13 ジャック・デリダ, 増田一夫訳, 『マルクスの亡霊たち−負債状況＝国家, 喪の作業, 新しいインターナショナル』, 藤原書店, 2007. 필자의 '웅성거림(Disquiet)'이라는 말은 Harry Harootunian, *History's Disquiet : Modernity, Cultural Practice, and the Question of Everyday Life*, New York : Columbia University Press, 2000에서 시사를 받은 것이다.
14 村上春樹, 『1Q84BOOK2』, 新潮文庫, 2012, pp.308~309.

분명히 동북 이타코를 비롯해 샤먼의 존재가 일본에서는 그 숫자가 매우 줄어들었다. 그러나 그것을 대신하여 불교자나 예술가, 혹은 학자 등 형태를 달리하면서 목소리를 들으려는 인간이 동일본대지진 때 주목을 받게 되었다. 그렇다고 한다면 사카이 나오키가 말하는 '사회적 부정의라는 윤리'란 그들에게 누구에 대한 공평함으로 제시되어왔던 것일까. 진재의 피재자인가 죽은 자들인가. 거기서 떼어져나간 자들은 없는 것일까. 그것은 사카이 나오키의 논제를 포함하여 종래에 주체를 둘러싼 논의에 비판적인 물음을 던지는 것이 된다. 사카이 나오키는 자신과 견해를 달리하는 타자와의 대화에 대해 다음과 같이 기술한다.

나를 향해 묻거나 나의 행동을 비판하기도 하고 나를 보는 시선을 갖고 있는 타자가 나를 중심에 두고 짜내어진 나의 욕망을 만족하는 시나리오의 한 요소가 되어 버릴 때 나와 타자의 관계는 안전하고 폭력이 없는 공감적인 것이 된다. (…중략…) 그때 타자는 그 단독성을 잃고 나와 한통속이 되어버리는 존재가 된다.[15]

사카이 나오키가 실시한 발화가 비판력을 잃어버린 균질화된 담론으로 변질되는 상황 속에서 사카이 나오키의 발화를 통해 자신다운 주체를 어떻게 구성해야 할까. 그를 위해서라도 우리들 한 사람 한 사람이 사카이의 발화에 대치하는 개個로서의 타자가 되었는가를 묻지 않을 수 없다. 그때 죽은 자나 피재자와의 대화라는 시점은 사회의 공공 공간을 어떻게 구축할까라는 공공성을 둘러싼 토론으로 주체화론을 이끌어갈

---

15 酒井直樹, 『日本/映像/米国－共感の共同体と帝国的国民主義』, 青土社, 2007, p.257.

것이다.

죽은 자. 그것은 재해나 전쟁에서 신체적으로 사망한 인간을 가리키는 것만은 아니다. 인권이나 주권 박탈된 사회적 사망자, 정신을 파괴당한 정신적 사망자도 있다. 여러 형태로 죽은 자는 사회 주변에 존재한다. 혹은 정신이 파괴되는 일 없이 사회 일원으로서 사회적 권리를 부여 받는 것이 불가능할지도 모른다. 프로이드가 '토템과 터부'[16]에서 제시한 것처럼 누군가를 배제 혹은 살해하는 일 없이 공공 공간이 구성되지 않는다고 한다면 우리들 사회는 죽은 자를 배출하는 것으로서 공공 공간을 형성하는 것이 가능했을지도 모른다. 그렇다고 한다면 연이어서 나타나는 죽은 자에 대해 산 자들은 어떻게 이들을 대해야 할까.

동일본대지진에서 죽은 많은 사람들은 그것이 우연의 자연재해라는 것에 그치지 않고 원전을 받아들이지 않을 수 없었던 촌락이나 해안부 어촌 지대에 한정된다는 점에서 넓은 의미에서는 사회 구조가 낳은 인재였다고도 말할 수 있을 것이다. 그러한 약자들의 죽음이나 희생을 어떻게 사회가 마주하고 그것을 받아들여갈 것인가. 말 그대로 사카이 나오키가 말하는 '사회적 부정의라는 윤리'가 힐문되고 있는 것이다.

여기서 사카이 나오키의 번역론을 계승하면서도 동일본대지진 경험을 통해 노출된 새로운 시점에서 전후 일본사회의 민주주의를 총괄하는 가능성도 잠재하고 있다. 사카이 나오키는 인종주의에 대해 1980～90년대에 전개한 자신의 비판에 대해 "이 문제의식이 한 세대를 지난 현재에도 아직 타당한가 그렇지 않은가는 난 모르겠다. 독자의 판단을 기다리고자 한다"[17]고 말했다. 물론 그 번역론은 아직도 유의의적 이지

---

16 ジークムント・フロイト, 須藤訓任・門脇健訳, 「トーテムとタブー」, 『フロイト全集』 12
　　巻, 岩波書店, 2009.

만, 그것이 진재 이후 사회상황—사회의 불균질함의 노정과 죽은 자를 위한 제사의 필요성—에서 어떻게 발전되어가는지가 본 논고에서 찾으려고 하는 과제인 것이다.

사카이 나오키의 주체화론을 번역불능론, 주체론, 타자론이라는 세 개의 시점에서 논의해가고자 한다. 그것은 죽은 자의 목소리를 어떻게 듣는가, 천황제에 대한 시선을 어떻게 받아들일 수 있는가. 그리고 그것은 국내 식민지 상황을 어떻게 극복할 것인가라는 점에서 진재에서 노출된 전후 일본사회의 증상症狀을 극복하는 시도가 될 수 있을 것이다.

2. '번역불능'이라는 사태

포스트콜로니얼 비평의 번역이론에서 결정적으로 중요한 인식은 '비공약적인 것의 공약성commensurablity of the incommensurable[18]이라는 주체 사이의 관계를 커뮤니케이션의 본질로 설정했다는 점에 있다. 사카이 나오키는 모든 커뮤니케이션에는 오독이 동반된다는 점에서 본질적으로 실패할 운명에 있다고 말한다.

상호적인 이해나 투명한 전달이 전혀 보증되지 못하는 우리들이라는 집단 속에서 나는 이야기하고 듣고 쓰고, 그리고 읽으려고 노력해왔던 것이다. (…중략…) 우리들 사이에는 오해나 이해나 잘못 듣는 경우뿐만 아니라

17 酒井直樹, 「文庫版の序」, 『死産される日本語・日本人』, 講談社学術文庫, 2015, p.16.
18 バーバ, 「散種するネイション」, 『ナラティヴの権利―戸惑いの生へ向けて』, みすず書房, 2009, p.98.

이해를 결여하는 것도 항상 접하지 않으면 안 된다. 이처럼 우리들은 본질적으로 혼성적인 독자들의 모임을 의미하며 이 혼성적인 우리들은 발화자와 청취가의 관계를 잡음이 없는 공감의 상호성으로 지탱되는 전이 관계로서 상상할 수는 없다. (…중략…) 우리들은 오히려 통합되지 않은 공동체 nonaggregate community이며 청취자는 그 의미작용이 완전히 빠진 제로의 이해를 포함하여 다른 차원에서 나의 표현에 대해 응답할 것이다.[19]

이것은 피재자의 고통에 대해 종교자가 이해 불능이라는 점을 인정하고 자신의 무력함 혹은 인간의 '의지할 곳 없음'을 인정하는 것에서 교섭관계를 시작하는 상황과 매우 흡사하다. 거기에는 자신과 상대가 동일 이해 아래에서 합의위르겐 하버마스[20] 에 도달하는 예정 조화적인 관계는 철회된다. 양자 모두 자신의 생각이 타자와 동일한 것이 될 수 없다는 체념 아래 일방적인 생각을 강요해서는 안 된다는 배려를 갖고 타자와의 관계를 모색하다는 점에서 동일한 입장을 갖는다. 거기에는 원초적으로 합의란 무엇인가라는 해결되지 않는 물음으로서의 합의가 다시 대상화된다. 이러한 시점에 입각할 때 원만한 관계란 자신의 입장에서만의 자기만족에 빠지는 위험성이 높아진다. 그러한 공동체를 사카이 나오키는 타자의식이 결여된 '부끄러움의 공동체'라고 외치는 것이다.

어느 한 주체의 행위가 국욕적國辱的, 즉 국민에게 부끄러움을 구성하는가 그렇지 않은가를 결정하는 것은 국민으로서의 우리들 이외의 사람에

---

19 酒井直樹, 『日本思想という問題』, 岩波書店, 1997, p.8.
20 ユルゲン・ハーバマス, 鏑木政彦訳, 「公共圏における宗教宗教的市民と世俗的市民による「理性の公共的使用」のための認知的前提」, 2005; 島薗進・磯前順一編, 『宗教と公共空間見直される宗教の役割』, 東京大学出版会, 2014, p.98.

대한 시선의 존재이다. (…중략…) 동일한 공상에 취해 있는 사람들 사이에서는 공상에 취한 것은 부끄러움이 아니다. 그렇지만 공상에서 깨어난 시선을 가진 사람이 있을 때 공상에 취해 있었던 것 그 자체들 부끄러움으로 느낄 가능성이 존재한다. 동포란 부끄러움을 느끼지 않아도 되는 가까운 사람들을 가리키는 것이다. (…중략…) 외인外人이나 비국민의 시선이 존재하지 않는 가깝고 친밀한 사이좋은 사이의 세계를 그들은 희구하고 있는 것이다.[21]

그러한 균질한 공동체가 역사적으로 '자연화된 것'이 사카이 나오키에게는 인종이라는 담론이었다. 그러나 그러한 인종 담론, 즉 '공약가능한' 담론으로 현실을 완전하게 뒤덮을 수는 없다. 현실에는 분쟁이 여기저기에서 발생하고 있으며 동일 인종에 속하는 사람들 사이에서도 살육이 일어난다.

그러한 투쟁은 서로 다른 인종 간에만 일어난다는 것으로만 이해하면 피차별 부락민은 다른 인종이라는 인종개념 조작이 일어나게 된다. 그렇지만 이러한 동일 인종 내에서는 모두 공약가능하다는 담론으로 무리하게 현실을 이해하려는 점이야말로 부인disavowal이라는 증상이 일어난다.

자크 라캉에 의하면 부인[22]이란 무의식이라는 회로를 통해 마음에 나타나는 것이 아니라 직접적으로 신체화되는 증상symptom을 가리킨다. 그것은 마음 속의 '뒤틀림'이 일어나는 존재를 인정하지 않고 무의

---

21 酒井直樹, 『日本/映像/米国』, pp.234~235.
22 立木康介, 『露出せよ, と現代文明は言う「心の闇」の喪失と精神分析』, 河出書房新社, 2013, pp.229~233.

식 하에 억압하려는 것에서 자기 자신과 그 뒤틀림 상관없는 것이라고 치부해버려 신체에 증상이 나타나는 심각한 상태를 가리킨다.

그렇기 때문에 뒤틀려 있음을 암시해주는 꿈조차도 꿀 수 없는 것이다. 개인 레벨에서 말하면 신체의 특정 부위에 나타나게 되는데, 가정을 단위로 하면 은둔형 외톨이가 된다거나 트러블을 일으킨다거나 하여 특정 개인에게 집중한다. 가족은 자신들이 정상으로 왜 이 아이만 문제를 일으키는가라며 고민을 하게 되는데, 실제로는 가족 전체의 증상이 가장 약한 개인에게 나타난 것에 불과하다.

이것을 치유하기 위해서는 그 증상을 주체 전체가 받아들여야 한다. 그 뒤틀림을 의식화하는 것으로 부인의 상태를 해제解除하고 주체를 재구성하지 않으면 안 된다. 그렇다고 한다면 동북지방의 피재 문제에 대해서도 그것은 일본사회의 증상으로 받아들여야만 할 것이다. 이러한 시점에 입각해볼 때 사카이 나오키가 말하는 고통을 떠맡는 태도는 부인否認에 대해 주체가 취해야 할 치료법으로서 바람직한 것이라고 생각된다.

> 사회적인 실천에는 고통과 불쾌함이 자주 동반된다. 사회적인 실천이 타자 혹은 나 자신을 상처받게 하고 고통을 가져오기 때문에 실천에는 도덕적인 배려를 피할 수 없게 된다. 고통과 불쾌함을 피하기 위해서만 행동할 때 사람은 도덕적인 성숙도 자립도 달성할 수 없게 된다.[23]

이것은 자신들에게 이론異論을 제창하는 죽은 자의 목소리에도 귀를 기울이는 행위가 되기도 한다. "당신이 말하는 '우리들'이란 누구인가?",

---

23 酒井直樹, 『日本/映像/米国』, 青土社, 2007, p.303.

"그곳에 자신은 들어 있는가"라고 묻는 것이다. 인류학자 타랄 아사드가 말했듯이 인간은 자신의 고통을 인정할 때 타자의 아픔에도 공감할 수 있는 힘을 가질 가능성이 있다고 보았다.[24]

그렇지만 죽은 자의 고통은 살아남은 자의 포박을 벗어난다. 죽은 자는 죽은 자인 이상, 죽은 자가 느낌 그 느낌의 감각을 따라서 체험하는 것은 불가능하기 때문이다. 사카이 나오키가 말하듯이 '외부성으로서의 죽음'으로밖에 죽은 자라는 존재는 우리들 살아있는 자에게는 그려 낼 수 없는 것이다.

> 우리들은 죽은 자와는 결코 합체할 수 없는 것이 죽음의 본질이기 때문이다. (…중략…) 죽은 자는 죽어 있기 때문에 주체를 가질 수 없는 것이다. (…중략…) 죽음이란 표현 불가능하면서 포섭할 수 없기 때문에 소여所與의 공동체 표상 체계의 외부가 될 수 있다는 것, 즉 외부성을 의미한다. 동시에 그것은 결코 명사적名辭的으로 지시되는 경우는 없지만 일종의 현실계 장소와 관련되어 있는 것이다.[25]

여기서 표현 불가능인 것을 어떻게 상기하는가라는 번역 불가능성의 문제가 출현한다. '가시성이나 언어적 분절화의 관계에서 언어가 발신되는 장소는 초월적인 채로 남는다. 그것은 파악하려고 시도하려고 하면 할수록 도망쳐버리는 주체인 것이다. 결국 그것은 우리들에게 매우 가까운 것임에도 불구하고 동일성의 장소가 아니라 대문자인 타자의 장소인 것이다. 말하자면 그것은 내 안의 타자의 장소인 것이다.[26] 죽

24　タラル・アサド, 苅田真司訳, 『自爆テロ』, 青土社, 2008.
25　酒井直樹, 『日本思想という問題』, p.269.

은 자뿐만 아니라 마찬가지로 타자는 자신의 외부에 서 있기 때문에 번역 불가능한 존재라고 사카이 나오키는 생각한다.

현전 불가능한 것은 죽은 자뿐만이 아니다. 내셔널리즘을 비롯해 과거로부터 울려퍼지는 목소리는 사산死産된 망령이다. 사카이 나오키는 이 사산이라고 불리는 표상불가능성을 '일본어'라는 국어, 더 나아가 거기서 발생하는 '일본인'이라는 인종을 통해 다음과 같이 분석한다.

> 당시의, 오늘 일본이라고 불리는 지역은 대부분의 나라와 사회적 집단, 신분으로 분단되어 방언이나 문체의 다양성은 방대한 것이었으며 일본인에 의해 표현되는 일본어라는 것을 18세기에 보여주지는 못했다. 그 때문에 그 유산restoration＝부활이 열망되는 상실喪失된 죽은 언어밖에 일본어를 개념화할 수 없었기 때문이다. 다시 말해서 나는 일본어와 일본민족이 일정한 담론에서는 음성주의적인 언어개념이 지배적이게 되면서 사산死産되었다고 주장하는 것이다.[27]

그러나 오히려 표현 불가능이기 때문에 번역을 가능케 하는 것이기도 하다. 고정화 불가능한 것이기 때문이야말로 다양한 의미가 계속해서 산종散種해간다. 표현 불가능이라는 것은 내부 이종異種혼교성 혹은 복수성의 기원을 자각하는 계기가 되기도 한다. 여기서 라캉의 이론을 빌려와 문자 그대로 '사산'된 죽은 자의 표상 모습을 생각해보기로 하자.

하나는 가능태로서의 외부성에 머무는 죽은 자들이다. 이러한 의미질서에 구멍을 내는 것은 자크 라캉을 모방하여 고정화 불가능한 '소문

---

26 酒井直樹, 『過去の声』, p.295.
27 『日本思想という問題』, pp.4~5.

자의 타자'[28]라고 부르기로 하자. 여기에는 다양한 유령이나 망령이 솟아오른다. 그것은 포스트콜로니얼 경험이 가져온 '이종혼효적인hybrid' 아이덴티티와 대응하는 것으로 공약 불가능하기 때문에 여러 입장으로 분절화가 가능한 '잠재세력potentialities'[29], 조르조 아감벤, Giorgio Agamben을 내포한다. 호미 바바는 그러한 주체의 모습을 가야트리 스피박과 함께 '이질적heterogeneous'인 것이라 하고 사카이 나오키는 '이異언어적hetero-lingual'[30]이라고 표현했다.

다른 하나는 균질화된 것으로서 대상화된 죽은 자들이다. 예를 들면 국가를 위해 목숨을 바친 야스쿠니신사靖国神社의 영령들이다. 이러한 죽음을 명령당하는 상징기능을 가진 죽은 자를 '대문자인 타자'라고 부를 수 있을 것이다. 사카이 나오키는 일본 국가를 "대부분의 국민국가는 그 구성원에 대해 국가를 위해 남을 죽이라고 하고, 혹은 죽음을 불사하라고 명령"하는 '죽은 자의 공동체'라고 표현했다.[31]

그렇기 때문에 죽은 자의 목소리에 빙의되지 않고 그 목소리를 듣는 기술이 요구되는 것이다. 그것은 타자의 목소리에 문자 뜻대로字義的 맹종하는 것이 아니라, 그 깊은 곳에 존재하는 '의미'를 끄집어내는 것이다. 글자 뜻 그대로를 따르는 것은 타자의 목소리에 빙의된 것이며 행위 수행적인 번역을 의미하지 않는다. 과도하게 '듣지 않겠다'는 것으로 적절하게 '듣는' 기술이다. 말 그대로 그것이 피재지에서 종교 관계자들이나 카운슬러들에게 요구되는 '경청'[32] 의미의 진수인 것이다.

---

28 ジャック・ラカン, 『セミネールⅢ精神病1955~1956』, 岩波書店, 1987 참조.
29 ジョルジョ・アガンベン, 高桑和巳訳, 『思考の潜勢力—論文と講演』, 月曜社, 2009.
30 バーバ, 「散種するネイション」, p.70; 酒井直樹, 『日本思想という問題』, p.4.
31 酒井直樹, 「「日本人であること」—多民族国家における国民的主体の構築の問題と田辺元の「種の論理」」, 『思想』882, 岩波書店, 1997, p.40.
32 山形孝夫, 『死者と生者のラスト・サパー死者を記憶するということ』, 河出書房新社,

다만 그것이 공약불가능한 관계 아래에서 성립된 것이라는 점은 반드시 자각할 필요가 있다.

사회문제화의 '직무'로 달성할 수 있는 것은 다수자와 소수자 사이에 역사의 효과로서 존재하는 전달 불가능한 존재를 명시하고, 그렇게 함으로써 상호성도 아니고 공통성도 아닌 사회성을 성립시키는 것이다. (…중략…) 여기서는 합리성을 둘러싼 대립과 투쟁이 '소수자와 다수자 사이에 일어난다. (…중략…) 합리성을 재분절화하는 과정에서 다수자와 소수자 각각의 동일성 규정 그 자체도 변화되어간다.[33]

사카이 나오키가 지적하듯이 이해 불가능한 '틈새'의 존재를 의식하는 것이 오히려 사회 편성에 변화를 가져오기도 한다. 동일본대지진에서의 경험에 비추어 이야기해본다면 타자의 고통에 대해 무력함이 우러나옴으로써 그 신음하는 목소리가 귀에 들어오게 되는 것이다.

기고시 야스시木越康가 논한 것처럼 자신이 정신적 혹은 사회적인 죽은 자의 입장에 놓이게 되어 무력함이 타인의 힘에 의해 눈뜨게 되는 계기가 되는 일도 있을 수 있다.

신란親鸞이 눈뜬 것은 구원을 받는 것이 자기 자신이 아니라 진심이 없는 허울로 가득 찬 자신의 실체였다. (…중략…) '무잔무귀無慚無愧의 신체'란 반성하는 마음조차 결여되어 실수를 반복하는 우리들에 대해 깊은 비탄의 고백인 것이다. 그러나 이처럼 자신의 깊은 죄의 성격을 알고 그것을 비탄하는 신란이기 때문에 역설적으로 명확하게 자신이 인도되어 따르게 되는 길을 도출할 수 있는 것이다. (…중략…) 타력이란 그러한 인간을 깊이 한탄하는 여래如來의 마음을 가리킨다.[34]

2012; 安部智海『ことばの向こうがわ震災の影仮設の声』, 法蔵館, 2017.

33 酒井直樹, 『死産される日本語・日本人－「日本」の歴史－地政的配置』, 新曜社, 1996, p.84.

실천적인 번역이 발화자와 청취자 사이의 관계를 균질화함을 의미하지 않는 것이라고 한다면 발화자의 의도에 거슬러 다른 의미를 도출하는 것 자체도 이질성이나 사회적 항쟁 자체를 나타내는 것이 된다. 이러한 죽은 자의 목소리를 듣는 것(=번역)은 일견 합리적으로 보이는 공공 공간에 이질적인 요소를 제공해준다. 청취자도 또한 정신 혹은 사회적으로 죽은 자—무능력자[35]화 하기 때문이다.

정동情動에 가득 찬 상상계에 어떻게 상징적인 언어 기능을 집어넣을 수 있을까 하는 것이 새로운 주체의 존재 가능성이 결정되는 것이다. 거기서 배제된 자들은 형태를 바꾸어 공동체 속에 호명되어 공동체를 정위正位하면서도 포섭 불가능한 위치를 부여해간다. 그것이 죽은 자를 위한 제례에서 '진혼' 혹은 '조문'이라고 부르는 행위의 의미일 것이다.[36]

지그문트 프로이트Sigmund Freud는 그의 유명한 논문 「토템과 터부」에서 공동체의 원부原父를 죽이는 것으로, 터부를 동반하는 질서가 성립된다고 기술하고 있다. 그러나 이러한 살해는 원부의 살해라는 죄악감을 동반하기 때문에 공동체에서 은폐하는 상처가 생기게 된다.

그 상처를 금기로서 터부라고 불러도 무방한데 그 상처와 마주대하는 방식이 공동체를 균질화하는가 또는 이질화하는가 하는 것을 결정한다. 그러한 상처는 존재하지 않는다. 실제로 희생을 강요한 것은 없었다고 믿으려고 한다면 증상은 특정 집단이나 개인에게 특화된 형태로 이상자異常者를 낳게 된다. 이상자와 정상자의 경계선을 긋는 것은 정상자를 옹호하는 측의 불안 존재가 커다란 역할을 한다며 사카이 나

---

34 木越康,『ボランティアは親鸞の教えに反するのか他力理解の相克』, 法藏館, 2016, pp.133~134.

35 ジョルジョ・アガンベン, 高桑和巳訳, 「バートルビー偶然性について」, 『バートルビー偶然性について』, 月曜社, 2005.

36 鈴木岩弓編集 『〈死者/生者〉論 −傾聴・鎮魂・翻訳』, ぺりかん社, 2018 참조.

오키는 다음과 같이 논한다.

> 국민적 공동체에 폭력적으로 동일화하는 자는 분명하게 이민자들처럼 스스로의 귀속에 불안함을 가진 자들이 많다. 그러나 (…중략…) '정상적인 시민'이란 하나의 가설인 것이다. 즉 국민을 구성하는 개인 전체가 잠재적으로는 이상자라는 평가를 받을 가능성에 노출되어 있는 것이다. 궁극적으로는 인간이 스스로를 정상자로 자인할 수 있는 것은 우연히 이상자라고 불리는 타자가 상정되기 때문임에 불과하다.[37]

주체가 결손된 형태로 존립할 수밖에 없는 이상, 그 성립과정에서는 희생을 동반하게 되며 그 희생자는 죽은 자로서 주체에 빙의되지 않을 수 없게 된다. 라캉이 말하는 '아버지다운 자'란 그 결손 혹은 배제라는 중심화의 기능에 의해 세워진 질서화=상징 기능인 것이다. 탈중심화는 이미 중심화를 달성하고 있는 주체에 긍정적인 효과를 가져온다.

한편으로는 중심화가 없는 채로 탈중심화가 실행된다면 종합 실조증失調症을 발생시킬 위험이 동반된다.

그러한 희생 사건이 이전에 공동체에서 과거에 일어났다는 것을 인식한다고 한다면 상처의 흔적을 인정한 공동체는 특정한 배제와는 다른 형태로 열린 이종혼효적인 공동체로 변용할 가능성을 갖는다. 이 심리기제에 대해 나는 동의한다. 그렇지만 그러한 불안에 누구라도 마주할 수 있는가라고 한다면 그렇지 않을 것이다. 그곳에는 사카이 나오키라던가 마루야마 마사오丸山真男까지 거슬러 올라가 이전에 개인주의를

---

37 酒井直樹, 『死産される日本語・日本人』, pp.75~76.

범형範型으로 한 세속주의적인 주체론의 계보가 품고 있는 난점이 있다.

3. '주체화 과정'으로서 번역론

사카이 나오키의 주체론은 데리다의 탈구축론 영향을 받으면서도 단순하게 주체 부정론否定論에 빠지는 것은 아니다. 오히려 주체가 타자와의 관계에서 어떻게 구축되고 또한 재구축되어야만 하는가라는 관점에서 주체화 과정의 고찰을 실시하는 독자적인 논리이다.

이 논의의 특질은 중심화하는 '주체'와 타자를 향해 탈중심화하는 '슈타이'라는 이중성을 가진 주체의 이해인 것이다. 그 점에 대해 사카이 나오키는 다음과 같이 설명한다.

> 우리들은 문화와 문화적 차이 분석 맥락에서 인식론적 주관과 슈타이(실천주체 혹은 실천 작인作因)라는 주체성subjectivity에 대해 두 종류의 정의 사이의 작동differential을 가설적으로 도입하고 싶다. (…중략…) 주체는 처음부터 잡종적인 존재이다. 주체가 가진 이 잡종성 때문에 주체의 자기 구성에서 슈타이는 부정되거나 부인되지 않으면 안 된다. (…중략…) 이러한 점에서 슈타이의 잡종성은 그 현전現前=표상 불가능성 이외의 어느 것도 아니다. (…중략…) 발화행위의 신체the body of enuciation를 '슈타이'라고 받아들이는 것에 의해 '어語'로서의 주체=subject가 회피되는 번역을 생각하려는 것은 이 때문이다.[38]

---

38 酒井直樹, 『日本思想という問題』, pp.148~149.

여기서 간과해서는 안 되는 것은 주체란 애초부터 결손된 상태로 존재한다는 점이다. 거기서부터 "'주체'인 이상, 국민이란 그 안에 항상 '무無'를 떠안고 있으며 그것은 오히려 '되려고 하는' 자들의 집합이기도 한 것이다. 일본인이란 항상 '일본인이 되려고 하는 자들'의 공상空想으로서의 집단"[39]이라는 이해가 도출된다. 그것은 마루야마 마사오가 말하는 '작위'로서의 주체를 형성하는 의지意志와도 중첩된다.[40]

이 이중의 주체라는 것 속에 사카이 나오키의 독자적인 논의로서 주목을 받는데, 그것은 가타가나 '슈타이'이다. 사카이 나오키는 인식론적 순수함을 지향하는 주체와 구별하는 의미에서 신체적인 주체를 니시다 기타로西田幾多郎를 모방하여 '개체물' 혹은 '슈타이'라고 부르고 거기서 생기는 탈중심화의 작용을 다음과 같이 설명한다.

인간은 결코 주체와 충분하게 조응照應할 수 없는 단독—독이적인 개체물 혹은 사적인 자신으로서 행위한다. 동시에 잘 알려져 있다시피 주체는 항상 과잉적으로 결정되며 그 결과 실제로도 주체는 결코 통일적인 위치라는 것은 있을 수 없다. 주체는 많은 단층에 의해 안쪽에서 분열하는 것이다. (…중략…) 내가 윤리적 행위의 행위자로서 개체적 개인을 강조하는 이유는 이 주체와 개체물 사이의 회복 불가능한 차이를 강조하고 싶어서이다. 그리고 또한 이 차이에 의해 개체는 텍스트로서 존재하는 것으로, 담론 속에 완전하게 포섭되어 있는 것이 아니라는 점을 확인하고 싶었기 때문이다. (…중략…) 이런 모든 결과는 행위 텍스트적 물질성 때문인데 이점에서도 인간의 신체는 탈중심화의 중심인 것이다.[41]

---

39 酒井直樹, 「レイシズム・スタディーズへの視座」, p.40.
40 丸山真男, 『日本政治思想史研究』, 東大出版会, 1952.

주체는 명사 주어로서 능동적인 행위의 주체이기도 하면서 동시에 '주체화되는 대상be subject to'이라는 문구가 보여주듯이 무엇인가의 영향 아래에 있는 수동적인 객체이기도 한 것이다. 즉 행위의 주체임과 동시에 객체라는 이중성을 갖는다. 여기서 푸코의 진리와 권력관계가 상기된다. 푸코가 말하듯이 주체는 담론에 종속화되는 것으로 주체화가 가능하지만, 이를 위해서는 능동적으로 해석하는 '주체의 해석학' 혹은 '자신에의 배려'가 자기 통치의 기술로서 필요하게 된다.[42]

사카이 나오키나 푸코의 논의는 어디까지나 주체의 이중성을 전제로 성립되듯이 주체 없는 슈타이만으로 형태를 완성할 수가 없다. 거기에는 슈타이의 존재를 전제로 하면서도 어떻게 주체를 구성할 수 있는가라는 논의를 부각시킬 수 있게 된다. 이때 번역이라는 주제 또한 등장하게 된다.

> 자기완결적인 주체가 어떻게 다른 서브젝트subject의 이질적인 번역과 연대할까를 탐사함으로써 번역과 주체의 정치적 효과를 개별 역사 속에서 확인하고 억압되기도 하고 배제되기도 하는 슈타이를 분절화하는 작업을 담당한다. 쓰고 말하고 듣고 읽는 행위와 마찬가지로 번역 행위는 사람들이 '타자'에게 열려 있는 것, 즉 사람들의 사회성 행위인 것이다.[43]

슈타이를 매개로 하는 것으로 번역에 규정된 주체라는 시점은 자기완결적인 주체론에서 타자와의 관계성으로 논의를 열어가는 계기를 가

---

41 酒井直樹, 『過去の声』, pp.154~155.
42 広瀬浩司, 『後期フーコー権力から主体へ』, 青土社, 2011.
43 酒井直樹, 『日本思想という問題』, p.viii.

저온다. 그렇기 때문에 사카이 나오키는 자신의 저서『과거의 목소리過 去の声』를 일본어판으로 간행할 때 "나의 사회성 사고방식 속에 간주관 성에 의한 사회성에 대한 이해가 잔존해 있기 때문에 철저하게 간주관 성에서 의한 타자와 나의 관계를 이해를 배제하기 위해 노력했다"고 말 하고 있다.[44]

타자와의 교섭의 장으로서 신체슈타이는 분명히 탈중심화의 에이전트 agent인데 언어나 의식을 결여했을 때 신체는 균질화하는 계기가 된다. 슈타이와 주체, 신체와 의식, 정서와 언어의 상호 규정으로서의 주체의 구축 기술을 논하는 사카이 나오키인데, 거기에는 수수께끼 같은 타자 의 시선이 주체 구축에 적극적으로 관여하는 계기로서 존재한다. 무엇 보다도 주체는 결손이며 대상 'a'의 목소리가 끊임없이 '죽은 자의 웅성 거림'으로 들려오는 것은 아닐까. 그렇기 때문에 현존재로서도 성립과 정에서도 타자의 시선으로부터 해방된 적은 없는 것이다.

공공 공간에서 개인은 완결한 개인으로서 처음부터 만나게 되는 것 이 아니다. 타자의 시선에 의지되어 주체는 성립되었으며 개체로서의 주체가 있었던 것은 아니다. 그 주체를 묶어주는 장소로서 복수성 세 계, 즉 공공 공간 속에서 각각의 주체들은 형성되어간다. 거기에는 수 수께끼 같은 타자 ― 신불神佛이기도 하고 천황이기도 하다 ― 를 중심에 둔 주체의 '타자론적 전회'[45]를 필요로 하게 된다.

수수께끼 같은 타자는 엠마누엘 레비나스Emmanuel Levinas가 말하듯이 '무한성'으로서 '소문자의 타자'상상계일 수도 있으며 한편으로 전체성으

---

44 酒井直樹, 「日本語版への序」, 『過去の声』, p.2.
45 磯前順一, 「複数性の森にこだまする神々の声天皇・国民・賤民について」, 磯前・川村 覚文編, 『他者論的転回宗教と公共空間』, ナカニシヤ出版, 2016.

로서 대분자인 타자상징계도 될 수 있는 양의성을 갖는다.[46] 그곳에 전이론이 주체의 존재에 본질적 계기를 갖는 이유도 있다. 그렇지만 먼저 묻지 않으면 안 되는 것은 애초의 우발성 아래에서 모든 주체의 만남이 가능한가라는 점에 대한 이해이다. 이점에 대해 사카이 나오키는 '대형상對形象'으로서 내부와 외부의 동시성립이라는 논의를 전개한다.

> 대형상화 도식은 국민공동체가 스스로에 대해 그 자신을 표상하고 그렇게 함으로써 주체로서 그 공동체를 구성하기 위한 수단이 된다. (…중략…) '번역관계'에 관련하는 타자의 형상을 가시화하는 것에 의해 이 주체는 자기 구성하도록 생각된 것이다. (…중략…) 등가물과 유사성에 두 개의 항목의 관계가 그 이항에서부터 무한한 개체의 비교 불가능한 다름을 인출할 가능성을 낳는 것이다. (…중략…) 서양과 그 이외 (…중략…) 의 대형상화의 경우에서처럼 개념적인 차이는 하나의 항一項이 다른 항[他項]에 대해 우월한 것으로 평가적으로 한정하는 것을 허락하게 된다.[47]

라캉의 설명을 참고해보면, 그것은 거울에 비친 자신의 모습이나 주위 타자를 통해 자기를 인식하는 근원적 모방으로서 주체 형성의 거울현상 단계에 상응하는 것이다. 그렇기 때문에 라캉의 거울현상 단계[48]와 호응하는 주체의 성립 도식을 출발점으로 사카이 나오키는 그것을 흔드는 노력 혹은 운동에 의한 주체의 가능성을 도출하려고 한다. 그러

46　エマニュエル・レヴィナス, 熊野純彦訳, 『全体性と無限』, 岩波文庫, 2005.

47　酒井直樹, 『日本思想という問題』, pp.28~29.

48　Jacques Lacan, "The Mirror Stage as Formative of the / Function as Revealed in Psychoanalytic Experience", in *Ecrits* (The First Complete Edition in English), trans. by Bruce Fink, New York and London : W.W.Norton & Company, 2006 (originally in French 1966).

한 선입견 없는 상정 불가능한 타자와의 만남을 사카이 나오키는 '사랑愛' 혹은 '정情'의 공유논리로서 에도시대의 유학자 이토 진사이의 논의에서 도출해낸다.

> 행위는 내가 품고 있는 타자의 이미지로 향하는 것이 아니라 결국 내가 완전하게 사고할 수 있는 것도 아닌, 알 수 없는 개체물로서 타자에게 향하고 있는 것이다. 타자에의 행위 수행에서 그 타자로부터의 보수, 수익, 혹은 응답이 기대되지 않음에도 불구하고 이를 실행해버릴 때 그 행위를 가져온 것이 사랑愛이라고 부를 수 있는 것이다. 그렇기 때문에 사랑愛에는 항상 타자를 향해 마르지 않는 확충의 정情과 주제화되지 않은 타자에의 신뢰 감각이 동반되고 있다.[49]

그러나 감상과 정은 이율배반적인 것이 아니라 감상의 한가운데에서만, 정은 초월적 외부로서 발생할 수 있다고 말할 수 있는 것은 아닐까. 인간에게는 개체물로서 타자들끼리 어떤 역사적 구속성을 '통하지' 않으면 만나는 것은 곤란하고, 오히려 대문자의 타자에게 포획된 주체 구성 속에서 구멍을 내는 '소문자의 타자'를 통한 우발적인 만남은 부분적으로 가능하게 된다.

이것은 인종주의의 통속적 비판에 대해 "인종주의에는 실정적인 외부가 존재하지 않는다"라는 주의를 촉발하는 사카이 나오키의 논의에서도 "실정적인 외부, 즉 인종주의에 오염되어 있지 않은 인종주의에서 완전하게 결백한 장소는 적어도 우리들 역사의 지평에서는 없었다"[50]

49　酒井直樹, 『過去の声』, pp.155~156.
50　酒井直樹, 「レイシズム・スタディーズへの視座」, p.68.

고 볼 수 있다. 이러한 상황에 의한 규정성은 포스트콜로니얼 비평이 항상 지적하는 것이면 더 나아가 미국 식민지 지배 하에 있는 전후 일본의 사회상황과 중첩된다고 말할 수 있을 것이다.

미국에 살면서 미국와 일본의 대형상을 비판하는 사카이 나오키는 자신의 비판력도 그러한 미국의 패권력이 부착되어 있다는 것을 실감하고 있을 것이다. 사실 사카이 나오키는 "아직까지도 식민지적인 것으로 치부해버리는 역사적 조건을 확실하게 대상화하기 위해"[51]라며 양해를 구한 다음, 다음과 같이 미일관계를 규정한다.

> 이 문제를 추급追及하는 것은 전후 미일관계에서 보이는 (합중국)의 제국주의와 그 반정립으로서 (일본의) 국민주의 사이는 일견 대립하는 것처럼 보이는 애증관계인데, (…중략…) 합중국의 제국주의적 국민주의의 비참한 유산에 대해 침묵해주는 대신에 스스로 제국주의적 국민주의의 비참한 유제遺制의 은폐를 촉진하는 공범관계를 일본의 국민주의는 합중국의 제국주의적인 국민주의 사이에서 만들고 있는 것을 분명하게 보여주는 것이 첫 번째 일이다.[52]

스스로가 미국적인 지의 패권력을 갖고 있다고 한다면 일본의 토착 지식인을 만나는 것은 사카이 나오키에게 어떠한 영향을 가져왔던 것일까.

앞서 지적한 것처럼 사카이 나오키의 논의도 또한 자신이 '간주관성'의 잔재를 걱정한 것처럼 아직도 순수한 우발적인 개인이 본래적인 인간관계의 기반에 있다는 인식이 어딘가에 온존하고 있는 것 때문이라

---

51 酒井直樹, 「「日本人であること」」, p.7.
52 위의 책, pp.6~7.

고 생각된다.[53]

　그렇지만 실제 사카이 나오키의 생활세계를 둘러싼 주체 양상은 안토니오 그람시가 말하는 '역사적 블록'[54]으로서의 한 덩어리로서 일대일 만남과는 다른 것이다. 미국과 일본, 혹은 일본과 동아시아 제국諸國이 그러하듯이 모든 주체의 만남은 모두 불균질적인 역학 관계 속에서의 만남이 그 출발점이 되는 것이다.

　호미 바바는 '마조리티majority를 꿈꾸지 않는 마이너리티'의 필요성을 설파했는데,[55] 호미 바바처럼 사회적으로 성공한 탁월적인 개인이야말로 주체를 혼자서 형성할 수 없는 사람들을 매료시켜 그 발화를 담론으로 변화시켜 역사적 블록을 형성한다. 거기에는 발화가 가능한 개인과 그것을 담론으로 통속화하는 집단과의 공범관계가 생겨나고 집단적인 주체로 동질화하는 헤게모니가 작용하게 된다.

　거기에는 주권자와의 주체의 차이라는 조르조 아감벤이 제기한 문제도 관련된다. 주체 속에서도 법적인 권리를 인정받는 자만이 주권자sovereignty[56]가 된다. 인권은 만인에 평등하다는 이념은 근대 서양의 등장과 함께 퍼져나갔는데, 그것은 식민지주의의 확대와 표리일체적인 것이었다. 주체 속에 사회권을 가진 자는 선택받은 자뿐인 것이다. 식

53　テオドール・W・アドルノ, 笠原賢介訳,『本来性という隠語ードイツ的なイデオロギーについて』, 未来社, 1992.

54　アントニオ・グラムシ, 東京グラムシ研究会訳, 「獄中ノート」デイヴィド・フォーガチ編『グラムシ・リーダー』, 御茶の水書房, 1995, pp.434~435.

55　Homi Bhabha, "Speaking of Postcoloniality, in the Continuis Present : A Conversation", in David Goldberg, Ato Quayson, eds., *Relocating Postcolonialism*, London : Blackwell, 2002, p.17.

56　ジョルジョ・アガンベン, 高桑和巳訳,『人権の彼方にー政治哲学ノート』, 以文社, 2000; ミシェル・フーコー, 石田英敬・小野正嗣訳,『コレージュ・ド・フランス講義1975~1976年社会は防衛しなければならない』, 筑摩書房, 2007.

민지 주민뿐만 아니라 여성이나 피차별 부락민 등 항상 마이너리티는 마조리티의 아이덴티티를 성립시키기 위해 배제되거나 포섭되는 형태로 '산출'되어왔다. 사회권을 가진 사람만이 신체적인 슈타이가 될 뿐만 아니라 중심화하는 주체를 가능하게 해온 것이다.

그렇다고 한다면 대중이라는 '주체 없는 주체'를 개인의 일대일 관계로서 이해하려는 것보다도 유기적 지식인을 전제로 하지 않으면 안 되는 안토니오 그람시Antonio Gramsci의 서발턴Subaltern 논의를 염두에 두고 개체로서의 주체를 형성하지 못하는 사람들을 고찰해야만 하는 것은 아닐까.

주체란 예를 들면 '이소마에 준이치'라는 개인으로서 뿐만 아니라 말할 것도 없이 일본인이라는 문화나 사회를 단위로 하는 것도 있다. 개인이 문화나 사회의 일부라는 것, 이것을 한편으로는 그러한 모습의 주체형성을 개인이 고유한 형태로 되새기는 경우도 있다. 주체는 여러 단위 속에서 상황에 맞게 악센트를 이동시키는 것이다. 사카이 나오키나 호미 바바는 개인으로서의 제諸 주체들 사이의 번역행위에 주목했는데, 주체의 악센트가 사회나 문화, 개인 사이의 어느 지점에 놓이는가. 개별 문맥에서의 차이야말로 주목할만한 것은 아닐까 싶다.

개인이 개인일 수 없을 때 주체는 국민이나 종교의 일부로서 안이하게 흡수되어버린다. 그 속에서 어떻게 개인으로서의 주체를 만들까하는 것이야말로 묻지 않으면 안 되는 것이다. 그러나 포스트콜로니얼 비평 논의는 의식적이든 무의식적이든 개인의 발화나 행동의 변혁을 요구했지만, 그 개인을 포섭하는 사회구성을 어떻게 생각해야 하는가라는 문제의 방향으로 나아가지는 못했다. 그 점은 모두 베니타 파리Benita·Parry가 지적한 그대로이다.[57] 포스트콜로니얼 비평의 번역론은 하나의 인식론적인 임계점을 맞이하고, 그 이후의 연구는 정체하면서 발전이 없었다.

그때 가야트리 스피박Gayatri Chakravorty Spivak이 비판적 지역주의critical regionalism[58]라는 이름으로 내셔널리즘이나 토착주의nativism에 빠지지 않고 반성적인 자세로 지역에 발을 딛고 사는 방법을 제창했다. 그것은 자기 자신을 포함한 포스트콜로니얼 지식인의 메트로폴리탄 디아스포라 metropolitan Diaspora라고 불리는 삶의 방식에 대한 회의에서였다. 시오니 즘Zionism과 같이 배타적인 것이 아니라 타자와 공존하는 시니피앙 signiant으로서 '고향'을 구축할 수 있는 것은 아닐까. 스피박이 제기한 미완의 이념, 비판적 지역주의를 어떻게 구체화해갈 것인가라는 과제는 근래에 논의되기 시작했다.

그것은 포스트콜로니얼 비평가의 대부분이 미국에서 성공한 아시아 계 지식인이었던 것과도 관계가 있을 것이다. 그들은 탁월한 지력知力 과 삶의 방식을 통해 국경횡단적인 코스모폴리탄적Cosmopolitan 생활에 매진해왔다. 그렇지만 동일한 국경횡단적인 존재이긴 하지만, 노동자 이민이나 난민 신분으로 이종혼효적인 주체구성을 갖는 것은 매우 곤 란한 일이다. 일본에서 재일코리안에 대해 자주 지적되듯이 불안한 사 회적 지위에 놓여있기 때문에야말로 고향인 한국이든, 귀화하여 일본 에서 찾든 민족이라는 동일성을 자기 아이덴티티의 버팀목으로 삼지 않으면 안 되었던 것이다.

한번 이민을 했다면 다시 다른 곳으로의 이동은 적어도 자유의지에

---

57 Benita Parry, "Signs of Our Time", *Postcolonial Studies : A Materialist Critique*, London and New York : Routledge, 2004, p.65.

58 ガヤトリ・チャクラヴォルティ・スピヴァク, 大池真知子訳, 『スピヴァクみずからを 語る―家・サバルタン・知識人』, 岩波書店, 2008, p.83.

근거한 형태로는 곤란하며 그들은 그 토지에 얽매이게 된다. 그것은 일본의 피재지 피난민도 마찬가지이다. 귀환 곤난자 혹은 동화 곤난자이기 때문에 고향이라는 것은 노스텔지어[59]로 갈구된다. 포스트콜로니얼 지식인들이 이러한 민족이나 고향이라는 아이덴티티를 찾지 않아도 되는 것은 그들이 코스모폴리탄으로서 사회적 지위나 경제적 지위를 손에 넣은 예외적인 존재였기 때문이다.

이러한 점에서 해리 하루투니언이나 프레드릭 제임슨Fredric Jameson의 포스트콜로니얼 비판은 적확한 것이라고 말하지 않을 수 없다.[60] 차이를 주창하는 것은 차이라는 이름 아래 균질화를 가져온다. 차이는 각각의 역사적 고유성을 파괴하고 모두가 차이의 농간이라는 담론에 의해 균질화를 낳게 된다.

다만 그들의 비판에는 '차이difference'와 '차이화differentiation'를 동일시하는 오해가 존재한다. 하루투니언이 말하듯이 차이가 강조될 때는 모든 것이 차이라는 언어로 환원되어 질 들뢰즈의 '리좀Rhyzome'이나 다양체multiplicity와 마찬가지로 그 최소단위는 다른 것과 달라지지 않는다. 그곳에 주체의 고유성은 그 짊어져야 할 책임과 함께 소실되어 버린다. 그러나 질 들뢰즈의 리좀이라는 개념은 그것이 변해서 다양한 형태의 고유한 여러 주체를 낳는 것이라는 점을 놓쳐서는 안 된다. 더 말하자면 데리다가 말하는 차이란 고정화된 차이를 가리키는 것이 아니라 차이화를 가리키는 것이다. 그것은 전제로 삼고 있는 동질성 상태에 비판적으로 개입하고 차이화의 움직임을 가져오는 운동과정movement

---

59 磯前順一,『喪失とノスタルジアー近代日本の余白へ』, みすず書房, 2007, pp.15~16.

60 Harry Harootunian, "Outwitted by History : Modernization, Postcoloniality and the Romancing of Culture", unpublished, pp.12~13; フレドリック・ジェイムスン, 合庭惇他訳,『カルチュラル・ターン』, 作品社, 2006, pp.93~97.

in process인 것이다.[61]

그 운동 목적은 차이라는 정태靜態에 머무는 것이 아니라 동질성을 개방적인 이종혼효적인 장소로 변환시켜주는 것에 있다. 차이가 단순하게 비공약적인 관계라고 한다면, 차이화는 비공약적인 인식을 전제로 한 공약적인 관계를 가져오는 것이다.

동질성은 탈구축되지만 그것은 완전한 파괴가 아니라 그 흔적을 사용해 공약적인 장소를 만들고, 그 속에서 비공약적인 것을 모으는 공공적offentlich 장에 치환되어간다. 그러한 점에서 해리 하루투니언의 논의에는 차이와 차이화 구별에 대한 이해가 결여되어 있다고 말하지 않을 수 없다. 그렇다면 호미 바바나 사카이 나오키에 대한 비판은 모두 타당하다고 말할 수 있을까.

한편 해리 하루투니언이 말하는 차이만이 차이화를 이해하는 안이한 생각이 포스트콜로니얼 사상의 추종자에게 퍼져나간 것도 사실이다. 다시 말해서 하루투니언의 비판은 그 추종자들이 주창하는 '차이'로만 향할 때 적절한 비판이 된다는 것이다. 말할 것도 없이 그것은 정태적인 실체로서 주체론과 운동과정으로서 주체화론과의 차이에도 해당된다.

내셔널리즘은 개성을 가진 사상가를 잉태하지 못함을 지적한 것은 베네딕트 앤더슨인데,[62] 내셔널리즘 비판의 발화도 또한 그러한 몰개성적인 내셔널리즘 언설에 회수되어버린 것이라고 말할 수 있다. 내셔널리즘을 비판하는 사람들이 그 담론(=주체)의 일부에 삼켜져 자신들의 권익을 독점하기 위해 내셔널리즘 비판이라는 이름 아래 배타적인 내

---

61 ジャック・デリダ, 足立和浩訳, 『根源の彼方に－グラマトロジーについて』, 現代思潮新社, 1974.

62 ベネディクト・アンダーソン, 白石さや他訳, 『増補想像の共同体－ナショナリズムの起源と流行』, NTT出版, 1997, p.23.

셔널리즘이 형성되어버리는 얄궂은 결과를 가져왔다. 차이를 제창하는 것을 반내셔널리즘 사상이라고 왜소화한 자들이 몰개성적인 차이의 결과로 인해 생겨버린 동질적인 공동체를 말 그대로 내셔널리즘 반복으로 소생시킨 것이다.

여기에도 사카이 나오키가 걱정한 것처럼 '담론discourse'과 '발화utterance'[63]를 구별하지 못하는 함정에 빠지는 것으로 '주체'의 이해에 심각한 혼란이 발생해버린 것이다. 사카이 나오키가 말하듯이 '발화'란 특이성을 가진 것으로 개인의 이질적인 주체를 형성하는 계기가 된다. 한편으로 '담론'이란 주체를 만들어내는 장이기도 하지만, 그 주체는 개인이라기보다는 담론의 일부에 균질화된 몰개성적인 집단을 의미한다. 그렇다고 해도 발화와 담론이 전혀 별개라는 것은 아니다. 내셔널리즘 비판에서 보여주었듯이 단독성singularity[64]의 발화가 균질한 담론으로 변하기도 하고, 담론 내부에서 이종혼효적인 발화가 생성되기도 하는 상호침투적 관계에 있기 때문이다.

이러한 발화/담론 논의는 공공 공간의 이해에도 밀접하게 연결된다. 위르겐 하버마스Jurgen Habermas가 주창하듯이 공공성이란 독일어의 'Offentlichkeit'[65]가 말해주듯이 이해불능한 타자에 대해 열어두는 것을 의미한다. 다만 그 열림은 어디까지나 이념적인 것에 머무르고 있는 것으로, 개인이 발화의 주체가 되었을 때 공공 공간은 '복수성plurality'[66](한나 아렌트) 공간이 될 수 있는 것이다. 다른 한편으로 발화가 담론으로 균질화

---

63 酒井直樹, 『日本思想という問題』, p.14·305.
64 柄谷行人, 「不可知の"階級"と『ブリューメル一八日』－単独者としての共産主義者」, 『マルクスを読む』, 情況出版, 1999, p.54.
65 ユルゲン・ハーバマス, 細谷貞雄・山田正行訳, 『(第二版)公共性の構造転換－市民的カテゴリーについての探究』, 未來社, 1994.
66 川崎修, 『アレント公共性の復権』, 講談社, 1998, pp.280～281.

될 때 내셔널리즘 비판 담론이 그러하듯이 다른 타자의 의견을 인정하지 않는 전체주의 공간을 형성해버리게 된다.

쓰보이 히데坪井秀人는 지진재해 이후 일본사회에 죽은 자가 증가하는 것을 걱정했다.[67] 많은 사람이 사자死者에게 홀렸다고 말한다. 그가 걱정하는 것은 죽은 자에게 빙의된 개인의 발화가 전체를 덮어버리는 담론에 의해 균질화된 상태와 관련되어 있으면 타당하다. 그렇지만 죽은 자의 웅성거림에 적절하게 귀를 기울인다면 ―그것은 빙의된 상태와는 전혀 다른 형태― 그 목소리는 균질화를 피하는 발화주체의 단독성을 되찾는 것이 된다. 그때 살아 있는 자도 또한 개인의 주체로서 죽은 자의 시선에 지탱된 주체로서 재생되는 것이 가능하게 된다. 이러한 수수께끼 같은 타자의 시선에 대해 고려하는가 그렇지 않은가의 유무는 만년 미셸 푸코의 자기 테크놀로지론과 라캉의 주체화론이 분기하는 분기점이 되었다.

공공 공간은 한편으로 열린 이질성으로 가득찬 장을 이념으로 하면서도 전체주의적인 균질화의 장소로도 변할 수 있는 양의적인 공간인 것이다. 공공 공간에서 열린 상태라는 것은 아주 쉽게 소멸한다. 부언하자면 공공 공간은 하바마스가 말하는 합리적인 토의뿐만 아니라, 한스러움이나 증오같은 마이너스적 감정이나 범용凡庸적인 악도 포함하면서 존재하기 때문이다. 공공 공간에서 이루어지는 커뮤니케이션은 합리적인 토론뿐만 아니라 발화자의 사회적 위신 등을 계기로 하는 전이적 관계를 전제로 하고 있기 때문이다. 이러한 디스커뮤니케이션을 포함하여 공공 공간에서의 제諸 주체의 교차, 즉 사카이 나오키가 말하

---

67 坪井秀人, 「死者論言説と戦後八十年」, 『日本文学』 第65巻第8号, 日本文学協会, 2016, pp.74~76.

는 탈중심화가 이루어진다. 사카이 나오키가 말하는 개와 개가 마주하는 관계라는 것은 이러한 발화의 불균질함이나 감정을 초월한 상태에서 비로서 가능하게 된다.

동일본대지진을 계기로 힐문하기 시작한 '전후 다시보기'[68]라는 테마도 또한 이러한 공공 공간의 양의성을 실감에 근거를 두는 것이라고 생각된다. 전후 일본사회의 이념이었던 리베럴 민주주의는 그 이념과 반대적으로 원전이나 미군기지가 설치된 지역을 만들 듯이 특정 지역에 희생을 강요하는 시스템이었다.

게다가 경제적으로 빈곤한 지역은 이러한 희생을 거부하면 거부할수록 메트로폴리스를 중심으로 하는 자본주의 경제에 의존하고 있기 때문에 그 격차구조로부터 빠져나오기는 쉽지 않다. '우리들'에 속하지 않는 타자에게 희생을 강요함으로써 손에 넣은 경제, 문화적 번영을 민주주의 사회의 성숙이라고 부를 수 없다는 것은 이미 명백한 일이다.

그렇다면 전후 일본사회가 추진해온 리베럴 민주주의[69]가 기축으로 하는 '개인'이라는 주체는 충분하게 확립되지 못했다고 보아야 할 것이다. 우리들 '담론'의 일부가 아니라 개인으로서 '발화'를 실행하고 있었던 것일까. '발화/담론'의 구별이 불가능한 것에 대응하는 것 같은 주체 이해의 애매함이 존재하는 것이다. 그것은 공공 공간의 양의성을 충분히 이해하지 못하고 있는 오늘날의 상황을 만들어내고 있는 것으로 여겨진다.

결국 전후를 생각할 때 다시 묻지 않을 수 없는 것은 첫째, 자립한 개

---

68 「特集「戦後」の超克－西川長夫への応答」, 『思想』1095, 岩波書店, 2015.

69 Talal Asad, "Trying to Understand French Secularism", in Hent de Vries and Lawrence Sullivan eds., *Political Theologies : Public Religions in a Post-Secular World*, New York : Fordham University Press, 2006.

체가 구성하는 복수성 공간으로서의 민주주의 문제이다. 둘째, 원전 설치에서 보이듯이 자본주의와 연결된 지역 격차의 확대 구조, 다시 말해서 국내 식민지의 문제이다. 셋째, 국민의 아이덴티티를 지탱해온 천황제 문제이다. 모두가 타자와 공존하는 개인이라는 주체를 어떻게 구축하는가라는 물음인 것이다. 그 속에서 천황이라는 '수수께끼 같은 타자'의 시선을 통해 어떻게 국민으로서 주체화되어 왔는가, 바로 이 문제인 것이다. 그리고 죽은 자의 목소리를 어떻게 듣는가라는 문제가 개인의 주체를 재구축하기 위해 동일본대지진 이후 이것을 함께 물어왔던 것이다.

'천황의 시선'과 '죽은 자의 웅성거림'은 야스쿠니 신사의 영령 제사라는 부분에서 중첩된다. 천황의 시선 아래에서 죽은자의 목소리는 국민에게 영향을 주는 작용을 하고, 제국 신민 혹은 일본국민이라는 주체를 창출해왔다. 타자의 시선이나 목소리의 대응 관계 속에서 주체의 구축을 논할 때 감정 전이라는 문제가 좋든 싫든 부상된다. 국가를 위해 죽는다는 내셔널리즘의 원동력은 이성이라고 하기보다는 감정의 문제, 국가적 권위에 대한 전이의 문제인 것이다.

근대에 제도화된 학문에서는 이러한 감정 문제는 강력하게 배제시켜왔다. 그러나 들뢰즈가 스피노자를 모방하여 '정동'이라 부르고, 라캉이 프로이드를 연상하며 '상상계'라고 명명하였듯이 주체론에 감정이나 정동 문제는 현실에서는 무시할 수 없는 뿌리 깊은 것이 존재한다. 지금은 돌아가신 역사가 야스마루 요시오安丸良夫는 동일본대지진이 발생했을 때 이 사건을 제대로 파악하여 학문적인 교훈을 도출해내기까지는 최소 10년은 걸릴 것이라고 말했다.

그것은 이 사건이 히로시마広島나 나가사키長崎의 원폭 경험, 오키나와沖繩전쟁을 포함한 아시아 태평양전쟁과 마찬가지의 주체의 정동情動을 흔드는 심각한 체험이며, 단순하게 이성적 해석으로 그치는 한, 문제를 처리할 수 없기 때문이다.

정동에서 흔들린 주체에 대해 어떻게 다시 질서를 가져오게 할 수 있을까. 주체의 근본적인 재편이 어떻게 진행되는 것일까. 그 속에서 수수께끼와 같은 타자에 대한 감정 전이 문제로서 천황제나 종교자의 경청 활동이 음미되기도 한다.

수수께끼 같은 타자의 목소리를 듣는 행위란 주체에 어떠한 변화를 가져올 수 있는가. 죽은 자와 산 자 사이의 목소리를 둘러싼 번역행위가 '발화/담론' 사이에서의 주체론 문제로서 더 나아가 타자와 공존하기 위한 복수성 영역으로서 공공 공간의 문제로 다루어야만 하는 시기가 도래한 것이다.

4. 타자와의 전이론 / 전이론과 타자

천황제를 '보는' 성격에 대해 일찍이 언급한 것도 사카이 나오키였다. 사카이 나오키는 천황제에 집약된 국민국가의 성질을, '개인의 무無매개적인 전체통합'이라는 공감공동체에 대해 다음과 같이 분석했다.[70]

일군一君, 즉 천황은 전체 상징이었는데, 이 전제된 상징과의 관계 속에서 국민 한 사람 한 사람이 전체로 통합되기도 하면서 개인화되었다. '일

---

70   酒井直樹, 「レイシズム・スタディーズへの視座」, p.32.

군만민' 체계의 전체와 개인화된 개인의 관계는 '일시동인'이라는 관용구에 의해 멋지게 표현된다. 일시동인이란 전체를 체현하는 한 사람의 천황의 시선 아래에서 모든 국민=천황의적자은 동일한 '인ㄷ,자애'을 향유할 수 있게 된다는 기독교 선교사의 선전 문구를 도용했다.[71]

여기에는 주목할 만한 타자론이 제시되고 있다. 통속적인 포스트콜로니얼 비평에서는 타자와의 차이에 대한 윤리가 설명된다. 자신과 동일하게 개인으로서 존재하는 타자에 대해 그 존재를 무시하고 자기멋대로 이미지를 강요해서는 안 된다는 논점인 것이다. 분명히 사카이 나오키에게도 마찬가지로 윤리를, "공감에 의해 연결되는 우리들 이외의 타자의 시선을 무시할 때, 사람은 실은 타자로부터 건네지는 외침을 들을 수 있는 잠재성도 묵살하고 있는 것이다"[72]라고 기술하고 있다. 더나아가 타자의 시점을 내재화한 자기성찰이 나르스시즘을 극복하게 한다고도 논한다.

말할 것도 없이 이러한 자기성찰은 타자와 공존해가기 위해서는 인간에게 빼놓을 수 없는 윤리인 것이다. 거기서 타자라는 존재는 자기의 바깥외부 쪽에 있는 완결된 개인으로서의 주체라는 인식이 있다. 그렇지만 사카이 나오키의 문장을 면밀하게 읽어보면 그 타자론은 그러한 개인으로서의 주체 인식에 논의가 그치고 있는 것이 아니다.

천황제 시선이 그러하듯이 시선 없이 주체를 형성할 수는 없는데, 어떠한 시선이 주체를 구축해가는지 그 과정을 묻고 있는 것이다. 다음 문장은 사카이 나오키가 라캉을 모방하여 타자를 대문자의 타자와 소

---

71 위의 글, pp.31~32.
72 酒井直樹, 『日本/映像/米国』, p.240.

문자의 타자라는 두 종류로 나누어 이해하려는 것을 말해준다.

　　나는 타자를, 말하자면 대문자의 그것과 소문자의 타자로 구분해야 한
다고 생각한다. 소문자의 타자가 사고에 있어서 실정화實定化되어 담론에서
정립된 이질적인 자라고 한다면, 대문자 타자는 사고에 있어서 실정화를
피할 수 있는 이질적인 자이다. 바꾸어 말하자면 대문자의 타자는 새롭게
이질적인 실천계와의 결합을 요구한다. 그러므로 항상 억압되어온 '항쟁抗
爭'을 드러내는 것에 비해 소문자의 타자는 이미 배분되고 정치되고 동일
제도 내부에 그 자신이 자명한 것으로 현존한다.[73]

　사카이 나오키는 소문자의 타자를 고정된 시니피앙—사카이 나오키
가 말하는 한자漢字 주체—로서 한편으로 대문자의 타자를 고정을 피
하는 개체물—사카이 나오키가 말하는 슈타이シュタイ—로 정의하고
있다. 그것은 용어의 이해에서 라캉과는 정반대의 정의인데, 양자의 정
의를 바꾸어본다면 사카이 나오키의 주체를 둘러싼 논의에서 라캉의
타자론이 얼마나 중요한 것인지가 보이게 된다.

　　번역은 번역불가능한 것을 낳는다. 그렇기 때문에 번역불가능한 것은
번역가능한 것과 마찬가지로 비집약적인 공동체의 존재를 개시開示하는 번
역자의 사회성의 증명인 것이다. 그러나 균질언어적인 청자聞き手에게 말해
주겠다는 자세로는 번역불가능한 것의 본질적인 사회성이 무시되어버려
이 통찰이 억압될 때 균질언어적인 청취자에게 말해주겠다는 자세로는 번

73　酒井直樹, 『過去の声』, p.21.

역과 전달이 동일시되어버리게 된다.[74]

　이러한 발언은 사카이 나오키가 라캉이 말하는 소문자의 타자라는 개념에 대해 높이 평가하고 있다는 것을 보여주는 예이다. 여기서 "타자에의 보증없는 신뢰와 비교할 수 없는 것을 비교하는 것이야말로 타자에게 열린 것이라는 점을 포함하는 것이며 공재성共在性이라는 말로 살며시 지시하고 있는 것은 아닐까"[75]라고 말한 공약 불가능한 것의 공약 가능성이라는 발언이 도출된다.

　그렇지만 테러리스트와 비테러리스트가 판별 불가능한 상태인 채로 모든 타자에게 무조건 신뢰를 두고 입국허가를 실시한다면 무슨 일이 일어날까. 현실을 사는 개인으로서 타자에게 전폭적인 신뢰를 둘 수 있는 것일까.

　그렇다면 이념으로는 가능하더라도 현실에서는 어떠한 형태로 실현할 수 있는 것일까. 먼저 생각할 수 있는 것은 비교할 수 없는 것을 비교한다. 즉 비공약적인 것의 공약성이라는 시점이 도입되는 것으로서 아이덴티티 폴리틱스가 아니라 타자와 공존하는 공공 공간의 문제로서 번역론이 사카이 나오키의 논의에서 성립하게 된다. 그 근저에 있는 인식은 말할 것도 없이 비교 불가능한 존재로서 인간이 함께 사회를 구성해야 한다는 그의 신념인 것이다.

　주체의 탈중심화 필요성을 말하는 것은 극도로 관념화된 주체에는 신체적인 슈타이의 부활을 의미하는 작용을 갖는다. 한편 신체적 슈타이의 긍정은 관념적인 주체가 미확립된 경우에는 정동情動에 일방적으

74　酒井直樹, 『日本思想という問題』, p.27.
75　酒井直樹, 『日本/映像/米国』, p.264.

로 휩쓸려갈 위험성을 내포한다. 사카이 나오키는 감상感傷과 연애를 구별한다. 그리고 개인관계의 개변을 동반하지 않는 집단 몰입이 갖는 위험성을 경계한다.

> 감상적이라는 것은 개인의 주체적인 모습이나 사회편성과의 관계를 변혁하지 않고 집단적으로 공유되었다고 상상 그것의 정서, 다시 말해서 공감에서만 문제를 해결해버리기 때문이다. 즉 사회관계를 변화시키지 않고 정서만으로 해결해버릴 때 그 정서는 정情이 아니라 감상이 된다고 규정해 두기로 한다.[76]

사카이 나오키의 연구가 세상에 알려졌던 1980년대에는 '버블경제'와 미국의 '일본 비난'의 공범관계가 문제가 되었고, 강고한 국민국가의 주체성을 전제로 그것을 무너뜨리지 않으면 안 되는 시기였다. 그러나 이 문제의식이 1세대를 지난 현재에는 아직 타당한지 그렇지 않은지 나는 잘 모르겠다며 사카이 나오키가 걱정한 것처럼 견고한 주체로부터 유동화 된 주체로 옮겨간 현재 상황에서는 오히려 고정화되지 않은 형태에서 게다가 동시에 어떻게 하여 주체화를 촉진할까, 저항의 주체를 탈구축하면서 형성하는 쪽에 학문이 담당해야 하는 역할이 존재한다.

그곳에는 이전의 주체와 같은 정동의 움직임을 무시하는 것으로 배제된 정동에 빙의되어버리는 상태가 아니라, 의식이 배제되는 것에서 정동적인 보다 광범위한 주체의 일부에 개인이 집어 먹히게 되는 사태

---

[76] 위의 책, pp.106~107.

를 유의하지 않으면 안 된다. 주체를 둘러싼 상황이 역전되어 그 중심이 의식에서 신체로 움직여버려 주체가 형태를 갖지 못하게 되어버리기 때문이다.

타자에의 윤리를 설파하는 사카이 나오키는 선善이란 근본적으로 만인에의 응답성, 만인에의 타당성이 소여所與로서 고려되어야 할 이념적인 보편성[77]이라며 현전現前 불가능한 이념으로서 만인에의 응답을 추상화된 수수께끼 같은 타자(=소문자의 타자)의 존재에 자각적이도록 촉진하려고 한다.

그러나 현전 불가능한 것을 진실이라고 실체화할 때 이념은 현실비판의 기능을 상실하여 자기 긍정의 아욕我欲에 전화되어버린다. 실정적인 주체화를 실천하는 대문자의 타자에 대해 '항쟁'을 실천하는 소문자의 타자를 대치하듯이 사카이 나오키의 번역론은 때로는 논의가 개체물로서 슈타이 차원으로 환원되는 것에 문제가 있다고 생각된다.

개체물이 병치併置하는 공간이 원초의 공공 공간이라고 한다면, 결국 사카이 나오키가 상정하는 공공 공간은 그 의도와는 달리 '간주관적'인 것에 머물고 그것을 공약하는 공약항목은 부재하게 된다. 타자란 개체물에 한정된다고 한다면, 주체가 선험적으로 타자와의 관계 속에서 생기生起하는 것이 안 되는 것은 아닌가. 타자란 개체물 뿐만 아니라 향락을 소유하는 비개인으로서의 존재시니피앙이기도 하다. 복수성으로서의 공공 공간을 지탱하는 타자의 시선이 있다고 한다면, 타자에 대한 열린 주체도 또한 그 성립을 위해서는 시선에 '사로잡힐 필요'가 있었던 것은 아닌가. 애초부터 타자와 만난다는 것은 개체물로서가 아니라 환상

---

77   酒井直樹, 『過去の声』, p.506.

속에서 만나는 것은 아니었을까. 여기서 요시모토 다카아키吉本隆明가 말하듯이 자기환상, 대對환상, 공동환상이라는 중층화된 환상의 모습을 생각해낼 필요가 있다.[78]

다만 자기환상에서 공동환상이 생겨난다는 요시모토의 사고도 또한 독아론에 포로가 되어 있는 것이다. 자기환상에서부터 공동환상까지가 오히려 동시에 상호 규정하면서 발생했다는 구조론적으로 이해해야 할 것이다. 왜냐하면 인간이 혼자 있는 것으로 환상은 발생하기 어렵고 자신을 낳은 어머니나 키워주는 환경이 되는 가족과의 관계 속에서 환상으로 둘러싸여 주체를 형성하게 되기 때문이다. 가족의 환상 자체가 좋든싫든 시대나 사회의 환상 각인을 당함과 동시에 자기환상이나 가족환상의 총화가 공동환상을 자아내는 상호관계에 있는 것이다.

타자는 '내'가 보고 있을 뿐만 아니라 타자에게 보여지는 것으로 '내'가 생겨난다. 타자의 시선은 주체에 선행되는 선험적인 타자이며 수동적으로 보여지는 것에 의해 주체는 성립되는 것이다. 나에 의해 보여지는 타자는 개인으로서의 주체이기도 하지만 나를 보는 타자는 비개인으로서 수수께끼와 같은 타자인 것이다. 개인으로서의 타자와 수수께끼와 같은 타자는 다른 것이기도 하면서 실제로는 양자가 부분적으로 중첩되기 때문에 현실 개인에게 후술하는 전이현상이 일어나 인간관계가 전개된다고 말할 수 있다.

이 수수께끼와 같은 타자에 의한 주체의 성립 과정은 천황제와 같은 균질한 국민 주체를 가동하게 하는 경우도 있고, 피재지의 신불신앙처럼 이종혼효적인 개인의 주체를 가동하는 경우도 있다.

---

[78] 吉本隆明, 『改訂新版共同幻想論』, 角川文庫, 1972.

타자가 주체에 의해 인정되는 객체뿐만 아니라 오히려 나라는 주체 쪽이 타자라는 주체의 일부라고 이해하는 쪽이 적절할지도 모른다. 현실에서는 아렌트나 하바마스가 말하는 듯한 처음부터 타他로부터 독립된 자기 완결된 개인으로서의 주체가 존재하고 있을 수는 없다. 거기에는 공공 공간이 개체물의 집합일 뿐만 아니라, 수수께끼와 같은 타자로 규정된 존재로서 원초적으로 상황에 휩말려들었던 주체를 취하기 때문에 인식의 타자론적 전회가 필요하게 되는 상황이 존재한다.

대문자의 타자와 소문자의 타자는 표리일체를 이루는 수수께끼 같은 타자이며 함께 주체의 성립 전제를 이루는 규정 요인이 된다. 수수께끼와 같은 타자의 시선 없이 주체는 성립될 수 없는 것이다. 사실 절대적 타자와의 거리를 두는 방법을 논하는 다음의 문장에서 사카이 나오키가 언급하는 '절대적 타자'는 라캉의 수수께끼와 같은 타자와 지극히 닮아 있다.

> 나 자신에 대해 이야기하자면 나는 역사에 대해 외부적인 것은 아니지만, 나는 절대적 타자 속에 역사에 관해 절대적이라는 포인트를 찾아내는 −절대적 타자와의 합체에 의해서가 아니라, 그와 이야기하는 가운데 나는 타자와 만나는 것이다. 역사는 대부분의 역사적 단절에 의해 토막나는 것으로, 그러한 역사적 단절이야말로 역사적 옳고 그름이 판단되는 것이다. 역사적 절대자에게 가까이 갈 때 인간은 역사로부터 빠져나오게 되는 것이다.[79]

---

[79] 酒井直樹, 『日本思想という問題』, p.325.

사카이 나오키는 절대적 타자를 예로 들면서 자신의 외측에 있는 별개의 주체로 다루고 있는데, 스스로 주체를 이 타자의 일부에 동화시켜 버리는가, 그곳에서 분리하는 교섭을 실시하는가라는 물음을 세우는 점에 라캉의 논의와 동일한 논법을 사용한다. 다만 본 논고의 입장에서 본다면 물어야하는 것은 그 양자택일적인 선택이 아니라 어떻게 절대적 타자, 즉 대문자의 타자로부터 분리와 교섭을 실시하면서 주체를 재확립해가는가라는 점에 있다.

지금 요구되는 것은 데리다의 탈구축을 통속화한 포스트모던처럼 주체를 환상이라고 모든 것을 부정할 수는 없다. 타자와의 공존을 모색하기 위해 오히려 라캉이 말하는 주체화 과정의 문제로서 주체를 어떻게 구축할 것인가, 그 양상을 논해야만 할 것이다.

이전처럼 국민이든 가족이든 개인이든, 강고한 주체의 존재가 전제화 된 시기에는 주체의 환상성을 말하는 것에 일부적인 효과가 있었다. 그렇지만 1980년대 데리다가 큰 전회를 보여주었듯이 주체의 유동화가 전제된 현대사회의 상황에서는 새로운 가치규범 아래에서 타자와 공존가능한 주체화의 과정을 모색하는 것이 급선무가 되었다.

예를 들면 '일본국민'은 픽션이라고 말할 때 나의 주체는 탈구축된다. 그러나 그것은 주체가 아주 존재하지 않을 수는 없다. 그러한 부정적 탈구축은 주체가 강고하게 존재하던 시대였기 때문에 그러한 개인주의나 국가주의가 강고한 주체에 대해 유효한 비판으로 작용했다. 그렇지만 과연 '일본'이라는 존재가 환상이라고 지적하는 것만으로 사람들이 눈뜨는 것은 아니었다.

주체는 언어처럼 상징만으로 이루어지는 것이 아니다. 정동이라는 감정적인 것으로도 구성된다. 그 정동을 언어화의 기능과 연계시키면서 어떻게 변용시켜가는 것이 가능한 것일까. 언어적인 지적뿐만 아니라 주체의 환상이 사라져버린다고 한다면 신체에 각인된 역사는 너무 가벼운 것이 되어버리는 것이 아닌가. 주체는 바람으로 불어서 없앨 수 있는 것이 아니다. '일본인'으로서 각인된 근대의 역사를 수용했을 때 오히려 그러한 주체의 역사성을 극복할 수 있는 것이 아닐까.

지금은 주체가 유동화해서 무엇인가 커다란 주체의 일부에 포착되어 있는 현재, 주체를 어떻게 만들어낼 것인가를 묻고 있는 것이다. 푸코가 말하듯이 권력은 외부에서 올뿐만이 아니라 자기를 구축하는 힘으로서도 작용한다.[80] 이때 주체를 어떻게 만들어야만 하는가가 질문되는 것이다. 인간이 역사적 존재인 이상, 나라는 주체는 몇 겹으로 구축되어 있는 것이다. 그 수수께끼를 풀어내면서 다른 형태로 "존재와는 별개의 요령으로"[81] 주체는 구축되어야만 할 것이다. 그렇지 않으면 죽은 자의 목소리는 한없이 빙의하고 결국 주체는 통합실조증에 빠지게 된다.

사자론死者論의 가능성은, 세속주의에서 배제된 수수께끼 같은 타자라는 이해 불가능한 것이기도 하면서 스스로 주체를 구축하는 원인을 지금 다시 한 번 주체론의 논의 속에 끌어들이는 것, 그리고 아버지의 이름에 의한 질서 재건을 가져오는 과정을 밝혀내는 점에 있을 것이다. 주체화의 과정 자체를 사카이 나오키가 번역론에서 논하듯이 플러스로도 마이너스로도 될 수 있는 양의적인 것이다.

한편으로 타자의 목소리는 이미 성립된 주체가 '능동적'으로 듣는 대

---

80 ミシェル・フーコー, 北山晴一訳, 「真理と権力」, 『ミシェル・フーコー思考集成Ⅵ』, 筑摩書房, 2000.
81 エマニュエル・レヴィナス, 合田正人訳, 『存在の彼方へ』, 講談社, 1999.

상 a, 즉 주체화를 피한 잔재 그것이 상징계의 균열에서 발견되는 여백인 것이다. 선험적으로 주체를 성립시키는가, 주체의 성립 후에 청취가 능해진 타자의 시선과 타자의 목소리는 그 역할이 전혀 다르다.

　피재지에 출몰한다는 유령들은 나를 성립시키는 존재가 아니라 우리들이 잘라내어버린 존재들인 것이다. 그렇기 때문에 그들의 목소리는 말 그대로 목소리 없는 목소리로서 산자들의 귀에서 도망치는 것이다. 무라카미 하루키는 『바람의 소리를 들어라』에서 죽은 자의 목소리를 듣는 것의 어려움에 대해 다음과 같이 논했다.

> 죽은 사람들에 대해 말한다는 것은 매우 어려운 일인데, 젊은 나이에 죽은 여성에 대해 이야기를 할 때 더더욱 어려움이 있다. 죽었기 때문에 그녀들은 영원히 젊다. 그에 반해 살아남은 우리들은 매년, 매월 매일 나이를 먹어간다.[82]

　죽은 자와 어떠한 관계성을 갖는가에 따라 산자가 어떻게 살아야만 하는지, 그 삶의 방식이나 아이덴티티의 모습이 결정된다. 프로이드가 무의식이라는 개념을 대신하여 독일어로 표현한 '에스'란 무엇인가.

　일본어에서 말하는 '그것'이란 어떠한 고유명을 이름 붙이기 어려운 것으로 수수께끼 같은 존재인 채로 주어를 규정하기도 한다. 다가이 모리오프盛央는 명명하기 어려운 것을 명명하지 않으면 안 되고, 침묵의 생각을 듣기 어렵다 하더라도 들으려 하지 않으면 안 된다고 말한다. 그는 그러한 비틀림이 근대라고 논한다.[83] 그렇다면 주체라는 것은 존

82　村上春樹, 『風の歌を聴け』, 講談社, 2004, p.100.
83　互盛央, 『エスの系譜沈黙の西洋思想史』, 講談社, 2010, p.57.

재하지 않는 것이다. '에스'는 들리지 않는 것이다. 혹은 나는 '에스'이다. 이렇게 말하면 인간은 구제받지 못한다. 분명히 한번은 그 픽션성이 폭로되어야 한다. 그러나 그것만으로는 욕망은 없어지지 않는다. 존재를 부정하는 것이 아니라 그 양태의 변용을 촉진해야만 하는 것이다.

피재지의 영령담이 보여주듯이 죽은 자의 목소리를 산 자가 적절히 듣지 못할 때 방황하는 영령의 숫자는 늘어만 간다. 역으로 그들의 목소리를 올바르게 듣고 산자의 주체이며 사회에 그 목소리를 반영할 때 영령은 성불해간다. 이 죽은자의 성불은 동시에 살아남은 자들의 죄악감을 승화시키는 것을 가능케 한다. 이점에서 타자에의 열림을 논하는 사카이 나오키의 논의는 결코 개인으로서 타자에 한정하는 것이 아니라, 수수께끼 같은 타자의 존재까지 확대되어 이해될 가능성을 내포하고 있는 것이다.

> 우리들은 '히키코모리'의 협로에서 아시아인들에 의해 도움을 받듯이 스스로를 열 용기를 갖지 않으면 안 된다. 물론 우리들이 변해가는 것은 동시에 타자를 변용시켜가는 것이기도 하다. 내가 타자에 의해 도움 받는 것은 동시에 타자를 도울 가능성을 열어갈 수 있는 것이다.[84]

그렇다. 산자는 죽은 자로부터 올바르게 목소리를 듣고 그들의 목소리를 회복시키지 않으면 안 된다. 여기서 부정적인 전이론에서 긍정적인 전이론으로 논의를 전개할 필요성이 발생한다. 그러나 단 한번에 죽은 자의 감정에 녹아버린다면 그것은 적절하게 목소리에 귀기울이는

---

84 酒井直樹, 「パックス・アメリカーナの終焉とひきこもり国民主義」, 『思想』1095, 岩波書店, 2015, p.53.

상태가 아니게 된다. 대문자의 타자에 동화되어 개인의 주체성을 상실한 혼란이 발생할 뿐이다. 사실 사카이 나오키는 정동적인 차원이 주체론에서 중요하다고 생각하여 문명론적 전이를 "식민지 피지배자 특유의 강건한 소망"[85]이라며 다음과 같이 설명하고 있다.

> 말의 위치로서 서양 혹은 일본 자체가 구성된 것이라는 자각이 거기에는 결여되어 있다. 지역연구가 그것을 추동하고 있는 서양의 자기확정의 욕망을 대상화할 수 없듯이 '일본인론'은 일본의 자기확정의 욕망을 대상화할 수 없다. 따라서 일본인이 요구하는 것은 그곳에서 논하고 있는 자신이 '일본인'이라는 것을 서양인에 의해 인지되길 원한다, 자기확정을 서양인에 의해 승인받고 싶은 욕망으로 되어버린다. (…중략…) '일본인론' 뿐만 아니라 에토 준 등에 의해 주창된 일본인 아이덴티티론 그 자체가 '문명론적 전이'라는 것이 보이게 된다.[86]

여기서는 미국과 일본의 식민지적 관계가 마이너스적인 전이로서 이해되고 있다. 그곳에는 개인으로서 주체형성의 욕망이 감퇴되어 있는 것이며 어떤 대문자의 타자 일부에 주체를 동화시키고 싶은 욕망이 강하게 보이는 것이다. 그러한 대문자의 타자의 향락 도구로서 식민자의 주체도 피식민자의 주체도 포박된 상태에 있는 것이라고 말할 수 있다. 라캉의 정의에 의하면 향락享樂[87]이란 결코 완전하게 실현할 수 없는 쾌락이며 그렇기 때문에 고통에 가득 찬 쾌락으로서 병적인 상태 쪽으로

---

85 酒井直樹,「レイシズム・スタディーズへの視座」, p.66.

86 酒井直樹,「レイシズム・スタディーズへの視座」, pp.65~66.

87 Bruce Fink, "The Lacanian Subject : Between Language and Jouissance", Princeton : Princeton University Press, 1995.

주체를 갖고 가게 된다.

　전이감정의 향락에 빠진 모델 마이너리티. 그러한 식민지적 욕망을 사카이 나오키는 "너도 일본인이 될 수 있다"라는 목소리에 유도되어 "종주국 국민이 되고 싶다. 종주국 국민으로 인정받고 싶다는 욕망을 계속 가질 수 있는 규제가 기능하고 있는 것"[88]이라고 말하고 있다. 그러나 전이 욕망을 가진 자는 역전 현상도 유발한다. 그것에 보여지는 것은 진리를 가진 자와 갖지 못한 자 사이에서의 일방통행적이며 향락이라는 점에서 공범적인 선교사적 입장의 성립이다.

> 　'원주민'과 '선교사' 사이에는 진리를 가졌는가 그렇지 않은가라는 점에서 절대적인 차이가 존재하고 있다. (…중략…) 그렇기 때문에 선교사적 입장에 있는 한, 선교사는 원주민에 대해서는 듣는 귀를 갖지 않는다. 그대신에 원주민이 선교사에 매료되는, 즉 '짝사랑' 입장에 빠지는 것을 어디까지나 추구하며 그 미혹 작업을 성취하기 위해서만 원주민에게 관심을 갖는다. (…중략…) 세계의 모든 현상 속에서 자기찬미의 징후를 보려는 태도를 나르시시즘이라고 부른다고 한다면, 선교사적 입장은 말 그대로 나르시스틱인 것이다.[89]

　선교사는 원주민이라는 추종자를 필요로 하고 원주민도 또한 선교사라는 진리(=대문자의 타자의 시선)를 필요로 한다. 나는 일본인들을 구원하고 싶다고 필사적으로 기도하고 있던 일본 거주의 미국인 원리주의자들이 생각난다. 그들은 일본인이 자신과 마찬가지로 기독교에 개종하

88　酒井直樹, 「日本人であること」, pp.39~40.
89　酒井直樹, 『日本/映像/米国』, pp.153~155.

지 않는 한, 지옥에 빠진다며 불쌍하게 생각했다. 그리고 그들이 개종하는 것으로 자신들이 진리 쪽에 있다는 것을 확신한다. 실제로 미국에서는 그들 원리주의자는 마이너리티이며 경제적으로도 약자의 입장에 놓여 있다. 그런데 그들이 일본에 오는 순간 서구를 체현하는 서구체현자가 되어 정의가 된다. 그렇지만 그래도 그들이 닫힌 점만 존재한다면 그 올바름의 확신을 유지할 수 없게 된다. 그것을 승인해주는 타자의 존재가 어떻게든 필요하게 되는 것이다.

이러한 마이너스적인 이동/역이동 관계에는 정동만 작동하고 있어 그곳에는 질서를 부여하는 상징 기능—야스마루 요시오가 말하는 전체성[90]을 조감하는 시선—이 결여되어 있다. 하바마스가 말하는 이성적인 대화와는 다른 것이다. 감정치感情値를 띤 비틀린 언어, 언어가 아니라 몸짓이나 손동작을 섞어 발화자 자신도 예측하기 힘든 공공공간이 가로놓여 있다.

사카이 나오키가 말하는 탈중심화가 곤란한 '주체 없는 주체', 즉 아렌트가 말하는 '악의 범용함'[91]이라고 부르는 대문자의 타자 일부에 간단히 말려들어가는 제 주체가 이 사회의 공공 공간을 구성하고 있다. 그 것이 사카이 나오키가 '예측 조화적인 간주관성'이라고 명명한 복수성을 거부한 국민국가의 정체인 것이다.

신체를 탈중심화의 중심으로 인식했던 이토 진사이伊藤仁齋의 사유는 오규 소라이荻生徂徠의 사유에 이미 별 의미를 지니지 않게 되었다. 신체는 바

90　磯前順一,「思想を紡ぎ出す声－はざまに立つ歴史家安丸良夫」,『闘の思考』, pp.85~87.
91　ハンナ・アレント, 大久保和郎訳,『イェルサレムのアイヒマン－悪の陳腐さについての報告』, みすず書房, 1966, p.221.

야흐로 재중심화의 중심이라 간주되며 오규 소라이에게 신체는 무엇보다도 우선 감정 이입의 토포스가 된다. 그리고 이러한 감정이입에 의해 일체감이 보증되는데, 이것을 기본으로 전이의 상호작용으로부터 성립한다. 나는 오규 소라이의 정치사상에서 공감이란 일차적으로 전이이며 인간의 신체는 그것의 통합 장소라고 생각한다. 상호신체성에 의한 예정 조화적인 간주관적 공동성이 실현되는 것은 이 신체라는 장소에서인 것이다.[92]

선험적인 것으로서 본래적으로 주입된 타자의 시선과의 관계성 속에서 구축되는 것이 주체라고 한다면, 긍정적인 전이의 활용은 주체의 구축 과정에서 불가결한 것이 된다. 왜냐하면 플러스 전이란 상호의존적인 향락의 마이너스적인 전이 관계에서 주체가 빠져나와 개인으로서의 긍정적인 신뢰관계를 수립하기 위해서는 불가결한 동기가 되기 때문이다.

그렇다고 한다면 요구되는 사항은 전이의 해소가 아니라 마이너스에서 플러스로의 정동의 변용이다.[93] 전이를 불러일으키는 시선 없이 주체는 성립할 수 없다. 여기서 묻는 것은 전이의 해소가 아니라 전이로부터의 자각 방법이다. 그것은 타자가 즐기는 향락에서 자기를 해방하는 작업, 쾌락과 고통이 서로 뒤섞이는 향락의 단념을 의미하는 것이 된다.

다만 그것은 수수께끼 같은 타자에게 맡겨진 만능감을 현실의 개인에게 전면적으로 투영해서는 안 된다. 사카이 나오키가 비판하듯이 현실 세계는 조화적이며 공정하다는 환상은 세상을 올바르게 인식하기 위한 장애로서 해소될 필요가 있다. 현실 세계는 정의로 일관되지 않으

92　酒井直樹, 『過去の声』, pp.354~355.
93　ジャック・ラカン, 小出浩之他訳, 『セミネールⅦ転移1960~1961』, 岩波書店, 2015.

며 부정이나 폭력이 많은 부조리한 공간이다. 그렇기 때문에 완전하게
는 현실에 존재할 수 없는 이념으로서 윤리가 현실에 비판적으로 개입
하기 위해 필요해지는 것이다.

　그 때문에라도 수수께끼와 같은 타자를 구체적인 개인에게 향락적인
형태로 유착시키는 것이 아니라, 개인으로서의 주체를 확립시키기 위
해 스스로를 구성하는 이 타자를 교섭해갈 필요가 있다. 환상으로서의
세계 유착관계에서 신체를 탈각시켜 새로운 인식을 만들기 위해 복수
성 세계로부터 한번 일부분을 도려내어 그것을 적절하게 명명하고, 신
뢰가 가득한 관계성을 구축하는 것이 요구된다.

　사카이 나오키의 논의는 때로는 전이관계의 존재 자체를 해소하려고
한다. 그러나 전이란 붙잡아둘 수 없는 정동 차원에서 타자에게 선험적
인 지향성이기도 하다. 어떻게든 합리화했다고 하더라도 전이 감정이
완전하게 사라지지는 않는다. 만약 사라졌다고 한다면 그것은 타자와
의 관계 자체가 소멸된 것을 의미하기 때문이다. 여기서 사카이 나오키
의 논의에 타자를 완결한 개체로 받아들이는 '간주간적 관점'의 잔재를
읽어낼 수 있는 것은 틀린 건만은 아닐 것이다.

　여기서 마이너스적인 전이관계는 모방을 통한 주체화의 '거울현상
단계'라고 재해석되고 '일본정신분석'[94]가라타니 고진처럼 언어행위를 개
재시키는 것으로 타자의 시선을 계기로 반성을 주체형성에 가져오는
것이 가능하게 된다. 그점에 대해서도 사카이 나오키는 아래와 같이 논
한다.

94　柄谷行人,『日本精神分析』, 文芸春秋, 2002.

내 안에 존재하는 인종주의나 성별주의에 의해 배제되고 학대되는 사람들의 비판이나 고발에 의해 촉발되지 못했던 자기반성이라는 것은 너무 흔한 것이었기 때문이다. 타자의 비판을 거치지 않은 자기반성은 어느 쪽으로 굴러도 도덕적 나르시시즘Narcissism을 초월할 수 없다.[95]

타자의 존재를 계기로 실행하는 반성은 주체의 욕동欲動 거세단념를 가져온다. 자신이 타자와 동일화가 안 되거나 혹은 타자의 기대에 전부 호응할 수 없다는 능력의 한계를 인식한다. 그 자기만능화 단념이 이미 지녀리Imaginary적인 영역에서 일어나면서 그 속에서 의미를 가져오는 것으로서 상징기능―사카이 나오키는 그것을 '이론'이라고 부른다―이 성립된다. 서양인이 되고 싶은 일본인 혹은 일본인을 흠모하는 서양인, 그 욕망의 단념 속에서 질서를 가져오는 상징기능이 움직이기 시작한다. 거기에 혼성[96]적인 주체가 타자와의 관계성 속에서 성립된다. 이는 스피박이나 호미 바바가 이종혼효적 혹은 이질적인 주체라고 부른 그것이다.

다시 확인하지만 단념이 실행되는 주체는 개인인 경우도 있고 집단일 경우도 있다. 그람시가 말하는 유기적 지식인의 역사적 블록, 이시모다 다다시石母田正의 영웅시대[97]라는 표현은 그러한 수단적 주체형성에서 개인의 역할을 가리키는 것이다.

여기서 말하는 영웅이란 공동체 구성원들의 욕망의 원천인 수수께끼의 타자를 일컫는 말이기도 하다. 공동체에서 개인의 주체가 갖는 강도

---

95 酒井直樹, 『死産される日本語・日本人』, p.vii.
96 酒井直樹, 『日本思想という問題』, p.8.
97 石母田正, 「古代貴族の英雄時代－古事記の一考察」, 『石母田著作集10』, 岩波書店, 1989.

는 결코 한결같지 않은데, 스피박이 말하는 서발턴[98]이라는 개념이 보여주듯이 결코 소멸할 수 없는 약함이나 악이라는 문제를 포함하면서 불균질한 복수성uneven plurality[99]을 구성한다.

그렇다면 타자를 계기로 반성이 가져올 수 있는 인간관계란 무엇인가. 불균질한 개체 공동체에 어떠한 변화를 가져올 수 있다는 말인가. 사카이 나오키는 그것을 '사회적 항쟁'이라고 부르는데, 글로벌 자본주의사회 안에서 이 사회관계는 도대체 어떤 것이 되는가.

여기서 약자는 어떤 존재로 생을 살고 사회의 지배적인 주체를 구성하는 사람들과 어떠한 관계를 만들게 되는가. 게다가 타자라는 존재가 개인에 머무는 것이 아니라 수수께끼의 타자에 의해 지탱된 공간이라고 한다면, 그 공공성은 그러한 타자에 대해 전이관계를 포함하여 어떠한 형태로 복수성을 성립시킬 수 있을까.

5. 불균질한 복수성의 공공 공간

사회적 항쟁은 필자의 논의도 포함하여 지금까지 사카이 나오키의 논의에서도 다루는 예가 적었던 주제이기도 하다. 그러나 주체의 번역론이 타자와의 공존 모습을 모색하는 공공성론이기도 한 이상, 어떠한 사회관계가 구상되고 있는가를 묻지 않으면 그 논의도 화룡점정이 이루어지지 않게 된다.

---

98 ガヤトリ・チャクラヴォルティ・スピヴァク, 「サバルタン・トーク」, 『現代思想』 27-8, 1999, p.81.
99 안토니오 그람시로 거슬러 올라가는 개념인 「불균질함(uneveness)」에 대해서는 해리 하루투니언의 저서에서 시사를 받았다. Harry Harootunian, "Marx after Marx : History and Time in the Expansion of Capitalism", New York : Columbia University Press, 2015.

그것은 사카이 나오키가 생각하는 '정의'는 어떤 형태인가라는 것을 생각하는 힌트가 될 것이다. 사회의 불균질성에 대해 사카이 나오키는 다음과 같이 논한다.

> 글로벌화에 노출된 현실생활에서는 일시동인이 내건 평등한 공동성은 그림의 떡에 지나지 않는다. (…중략…) 공적 세계를 사는 우리들에게 개인주의와 경쟁원리를 거절하는 것은 근대사회에서 은둔을 의미하기 때문이다. 그러나 이 살벌한 현실을 오로지 근대사회의 열악함 때문이라고만 할 수 없다는 점은 재차 확인해둘 필요가 있다. 왜냐하면 인간이 타자로부터 소외되어 있다는 것은 본래 존재해야만 하는 공동성이 박탈되었기 때문이라고만 할 수 없기 때문이다. 개개인의 고립은 오히려 인간의 사회성의 기본조건이기 때문이다. 따라서 현실에 존재하는 사회관계 속에서 (…중략…) 국민공동체의 내부와 외부를 이와 같이 표상하는 것은 공상으로서만 가능한 것이다.[100]

사카이 나오키는 일대일의 주체관계를 전제로 '개개인의 고립' 상태에 근거를 두고 '개인주의와 경쟁원리'를 근대적 인간관계의 기본으로 설정했다. 개체와 개체가 사회적 항쟁에 놓여 있다는 상태는 차이화라고 부르는 운동과 의미가 관통되고 있는 것이다. 사카이 나오키는 사회적 항쟁을 균질성에 도달할 수 없는 운동으로서 다나베 하지메田邊元의 종의 이론을 인용하면서 다음과 같이 정의한다.

---

100 酒井直樹, 「パックス・アメリカーナの終焉とひきこもり国民主義」, p.52.

국민이라고 불릴 수 있는 사회는 균질적인 전체성에 도달하는 것이 불가능하다. 즉 사회는 사회적 항쟁을 반드시 필요로 하기 때문에 균질한 연속성의 총체로서 사회적 전체성이 불가능하다는 것과 국가의 존재는 다나베 하지메에 의하면 동일한 것이었다.[101]

차이화의 움직임은 균질화를 뒤집어버리는 다양성의 사회를 가져오기는 하지만 한편으로는 격차를 낳는 자유경쟁의 원리가 되기도 한다. 그렇다고 한다면 이 사회적 항쟁의 움직임으로부터 어떻게 보편성이 생겨나는 것일까. 사카이 나오키에게 '보편성universality'이란 균질화를 의미하는 '일반성the generality/특수성the particularity'이라는 이분법을 탈구시키는 것이었다.

자유주의 경제 속에서 경쟁원리를 유지하면서도 착취가 일어나지 않는 차이에 근거한 공동성을 어떻게 하면 확실시킬 수 있을까. 그러나 적어도 사회적 항쟁이 없으면 이종혼효적인 주체화가 촉진되지 않는 것도 분명하다.

항쟁사회가 만들어내는 대립(에 의해), 공동체가 상정되어 각인된 대립으로 종種에 귀속하도록 하는 논리가 작동될지도 모른다. 그렇다고 한다면 어느 쪽의 종에도 속하지 못하는 지금까지 전혀 존재하지 않았던 규칙에 의해서만 사회적 항쟁을 넘어설 수밖에 없다. 지금까지 부여되지 않았던 규칙을 만드는 것만이 이 비연속점을 연속화할 수밖에 없다. (…중략…) 질 들뢰즈는 이러한 단독점을 넘는 것으로서 (…중략…) 일반성이

---

101 酒井直樹, 「日本人であること」, pp.24~25.

아니라 보편성을 생각하고 있는 것인데, 임마누엘 칸트Immanuel Kant를 모방하면서 사고를 진행시킨 다나베 하지메는 (…중략…) 원리의 보편성에 의해 이러한 비연속성을 연속화하는 새로운 방향, (…중략…) 류類라고 부르고 단독성과의 관계에서 류類를 규정하려고 했다.[102]

여기서 사카이 나오키가 말한 '비연속성의 연속화'란 포스트콜로니얼 비평가들의 '비공약적인 것의 공약성'으로서 공공 공간과 중첩된다. 그것은 동질성에 빠지지 않고 복수성의 공동성을 모색하는 시도인 것이다.

그러한 공약성을 실현하기 위해 사카이 나오키는 평등이라는 공동성이 가진 양의적 성격에 주목했다.

> 근대 사회투쟁의 역학 중추에 놓인 가치가 평등이다. 우리들이 평등의 이념을 포기할 수 없는 평등에는 그러나 상호 간에 모순되는 두 측면이 있다. (…중략…) 한편으로는 인종주의는 평등에의 요구를 포함하고 있음과 동시에 평등의 이념에 의해 인종주의의 비판이 가능하게 되기 때문이다.[103]

하나는 전원을 균질화시키는 것으로 평등을 설교하는 사회이다. 공약적인 것의 비공약성이라고도 말할 수 있는 공동성인 것이다. 여기서 차이는 모든 동일한 것에서 분파된 바리에이션에 지나지 않는다고 간주되어 동일한 것을 취지로 하는 공동성이 제도화된 평등으로서 내걸리게 된다.[104]

---

102 위의 글, p.23.
103 酒井直樹, 「レイシズム・スタディーズへの視座」, p.34.

다른 하나는 비공약적인 것의 공약성으로서 민주주의이다. 그것은 차이를 근거로 하여 사회성이나 공동성을 만드는 우리들에게 내재하는 능력에 근거를 두고 이념으로서의 평등, 즉 현전하지 않는 정의로서 평등을 현실사회에 제시한다.[105]

제도화된 평등은 모든 개인을 하나의 대문자의 타자로 삼켜버리려는 방식으로 주체를 만드는 방법이다. 내셔널리즘이 바로 전형적인 그것인데, 모든 국민을 균질한 공동성에 회수하는 것은 한계가 있으며 균질한 국민 주체의 외부에는 그들을 착취하면서 이데올로기를 조작하는 지배층이 출현하게 된다.

제도화된 평등은 차이화 운동의 부정인 것인데 사회 전체가 차이화를 완전하게 부정할 수는 없다. 그 때문에 균질한 주체에 의해 구성된 공동체의 외부에 낙차라는 것이 쫓겨난다. 균질성은 반드시 낙차를 잉태한다. 그것이 사카이 나오키가 말하는 사회구상, 데리다나 들뢰즈가 말하는 차이화 운동의 원칙이다.

다른 한편 '이념으로서의 평등'은 '비교불가능성을 일탈하는 잠재성'을 전제로 하는 공약성으로, 개개의 주체는 비교불가능한 단독성을 보존하는 것이라고 간주된다.[106] 여기서 비교불가능한 공존이라는 것이 나타나는데, 그것은 차이화 운동에 의한 경제원리의 활성화이기도 하다. 제도화된 평등의 경우와는 반대로 그것은 사회내부에 발생하는 상위를 시인하는 것이기도 한데, 그 상위를 하나로 묶는 공약적인 장소를 '이념으로서의 평등'으로 공체제 속에 세우려는 것이다. '제도화된 평

---

104 위의 글, p.40.
105 위의 글, p.40.
106 위의 글, p.34.

등'과 '이념으로서의 평등' 관계를 사카이 나오키는 양의적이라고 말했는데 어느 한쪽만을 내세울려는 것은 불가능하다. 그렇게 하려고 해도 항상 또 다른 한쪽이 달라 붙어서 떨어지지 않는 상태를 가리킨다. 본래 프로이드가 말하는 의미의 '양의적ambivalent'란 이처럼 뗄레야 뗄 수 없는 표리일체적인 관계인 것이다. 문제는 이 양의적인 관계에 주체가 개입함으로써 그 비중을 바꾸어가는 일이다.

사카이 나오키의 논의에서는 비공약적인 모든 주체의 단독성이 중시되기 때문에 전이를 매개로 하는 모든 주체 사이의 상호규정성 혹은 의존적 관계는 멀리하게 된다. 그러나 여기서 말하는 타자가 개인이나 대문자의 타자에 한정하지 않고 완전한 분절화가 불가능한 소문자의 타자도 포함하는 것을 고려한다면, 주체의 단독성도 또한 수수께끼의 타자와의 관계 속에서 성립하는 것은 분명하다. 수수께끼의 타자가 완전히 분절될 수 없는 차이의 근원이기도 한 이상, 수수께끼의 타자와 관계성을 맺는 것으로 주체에 다가오는 상태가 천황제처럼 동일 주체 아래에서의 균질화가 아니라는 것은 분명하다.

사카이 나오키를 비롯한 포스트콜로니얼 지식인이 그러하듯이 이러한 사회 항쟁이 전면에 나타나는 사회에서는 각 주체는 끊임없이 차이화의 움직임에 노출된다. 반동으로서 동질화를 갈망하는 욕망이나 향락에 포획될 위험성은 오히려 강화되기 때문에 스스로를 차이화의 운동에 맡겨버리면서 그때 그때 고정화된 의미를 만들어내는 주체의 강도를 높이는 것은 결코 쉬운 일이 아니다. 사카이 나오키는 이러한 단독자로서 주체의 강도가 타자에의 전이를 절단함으로써 실현 가능하게 된다고 생각하고 있는 대목이 있다. 그러나 본장에서는 전이를 개재로 하기 때문에야말로 타자와 깊이 있게 교차하는 차이화의 운동은 보다 다이내믹한 것이 되고, 주체의 강도도 또한 높아져간다고 생각했던 것이다.

주체가 타자의 일부라고만 한다면 그것은 몰개성적인 동질성으로 끝나게 된다. 그렇지만 타자의 주체 일부로서 안정되었을 때야말로 그곳에서 상대적으로 자립한 개체로서의 주체를 타자와의 관계성 속에서 중층적으로 확립하는 것도 가능하게 된다. 아렌트가 말하는 '인간관계의 그물망'[107]이란 아렌트가 생각하는 자기완결된 주체를 전제로 한 상태에서의 상호관계라는 의미가 아니다.

오히려 복수적 기원으로서 수수께끼의 타자에 지탱되어질 때야말로 다양성을 갖춘 제諸 주체가 서로 교섭할 수 있는 장소로서 성립 가능하게 되는 것이다. 다시 확인한다면 기원이란 반드시 균질화된 동일 상태가 아니라 차이화를 무한으로 생성하는 반동운동이기도 한 것이다. 피재지에서 주목받은 경청행위는 이러한 수수께끼의 타자의 목소리를 듣는 행위로서 자신과 타인을 완만하게 동시에 긴밀하게 연결시킨다. 그러한 상황 속에서 신불상을 개재로 한 의식행위도 또한 잃어버린 가족이나 지역공동체를 보완하기 위해 수수께끼의 타자 속에 자신을 다시 자리잡게 하는 행위로서 각 피재지에서 실행되었다. 그때 사회적 항쟁이 가져온 경쟁은 고정된 사회/경제적 낙차로 끝나는 것이 아니라, 서로 보완하는 차이화의 운동으로서 다시 의미 지을 수 있게 된다. 그 때문에라도 전이현상을 사용하여 무리가 발생하지 않는 형태로 정동적 에너지를 변용시켜가는 것이 필요하다. 동북의 피재지에서는 수수께끼의 타자에의 전이 감정 투영을 종교자나 표현자, 혹은 지역주민이 개인 능력의 한계를 넘지 않는 범위 내에서 조금씩 서로 부담해가면서 여러

---

107 アレント, 『人間の条件』, pp.307~308.

형태의 공동체를 서로 지탱해온 것이다.

만약 사회가 그 내부와 외부에 여백[108]을 포함하는 형태에서 현행의 질서를 탈구축하면서 유지될 수 있다면 사카이 나오키가 갈망하듯이 부정을 끊임없이 시정하는 '이념으로서의 평등'도 또 하나의 현전 불가능한 작용으로서 우리들 사회 속에서 비판적 기능을 발휘해가는 일은 없을까. 표상 불가능한 존재인 죽은 자나 신불이야말로 이러한 여백을 그 표상 불가능성을 갖고 있기 때문에 공동체 질서 속에서 배제된 '대상 a'[109]로서 비공약적인 것의 공약성이라는 관계성을 가져올 수 있다.

죽은 자의 목소리나 시선은 우리처럼 산 자들이 코스모폴리탄적으로 부유하는 주체에 깃들지 않고 역사적 시간의 흐름 속에서 생긴 국지적인 주체이기도 한 것을 보여준다. 그 여백을 현재화하는 행위로서 종교나 예술 혹은 학문도 또한 동일본대지진 속에서 주목된다.

그러나 후쿠시마 원전사고의 주변지역처럼 죽은 자의 목소리가 끊임없는 경우도 있다. 그 모습을 보고, 목소리를 듣는 산 자가 존재하지 않으면 영령으로 나타나는 일은 불가능하다. 죽은 자가 산자의 기억에 의해 존재 가능하게 되듯이 산 자의 공동체도 또한 죽은 자를 상기하는 것에 의해 지탱되는 것이다.[110] 죽은 자와의 교류가 끊어질 때 인간은 고립되고 절망에 빠진다. 원전 재해로 인해 지금까지도 사람이 살지 못하는 무인 마을이 존재한다.

오염된 토지 청소 작업으로 검은 비닐만 쌓여 있다. 인간의 목소리가

---

108 데리다의 「여백」에 대해서는 필자의 다음 논고에 상세히 적고 있다. 磯前順一, 「いかにして近世日本を研究するか—近代の「想像/想像」論を超えて」, ピーター・ノスコ他編, 『江戸のなかの日本, 日本のなかの江戸価値観・アイデンティティ・平等の視点から』, 柏書房, 2016.

109 ジャック・ラカン, 小出浩之他訳, 「対象aの五つの形」, 『セミナールXX不安1962~1963』(下巻), 岩波書店, 2017.

110 佐藤弘夫, 『死者の花嫁葬送と追想の列島史』, 幻戯書房, 2015.

없는 침묵 속에서 나 자신도 말할 능력을 잃게 된다. 그렇기 때문에 한센병 환자들의 고통의 역사를 논하는 재일코리언 강신자는 그의 저서 『목소리 ─ 천년 미래에 도달하기』에서 대리 표상행위의 책임을 다음과 같이 논한다.

> 당사자를 대신하여 내가 논하는 당신의 이야기를 지금 여기에 살고 있는 나의 한정된 언어로는 다 말할 수 없다. 그렇지만 말하지 않고 나는 살아갈 수가 없다. 살아 있는 보람이 없다. 다 말할 수 없기 때문에 더 말하지 않을 수 없는 것이다. 그것은 언젠가 반드시 이야기될 것이다. 나를 넘어선 나의 말로. 그렇게 믿고 있다. 나는 여기에 있다. 나는 말한다.[111]

고향을 떠나지 않을 수 없게 되었어도 각자 새로운 장소에서 인간이 계속 살아가는 한 그곳에 다시 희망은 생겨난다. 호미 바바가 말하듯이 이산한다는 것은 새로운 장소에서 새로 모인다는 것을 의미한다. 현실 인간을 넘어선 죽은 자나 신불의 존재를 생각할 때 새로운 장소에서 혹은 이전의 장소에 다시 고향을 발견하는 것은 가능하다. 결국 사카이 나오키가 말하는 번역론이란, 새로운 '인간관계의 그물망'을 인간을 넘어선 존재 아래에서 만들어내는 것, 공생을 위한 '희망'의 기법인 것이다. 그것은 곤란을 물리치는 것이 아니라 말 그대로 곤란과 절망 한가운데에 있기 때문에 희망이 피어나는 것이다.[112]

---

111 姜信子, 『声千年先に届くほどに』, ぷねうま舎, 2015, p.213.
112 酒井直樹, 『希望と憲法 日本憲法の発話主体と応答』, 以文社, 2009; 磯前順一 / ガヤトリ・チャクラヴォルティ・スピヴァク, 「か弱くも確かな信念, そしてひそやかな祈り」, 『現代思想』 39-8, 2011; 金哲, 田島哲夫訳, 『抵抗と絶望 植民地朝鮮の記憶を問う』, 大月書店, 2015.

제3장

국민국가를 넘어서

헤겔의 망령과 야스마루 요시오의 민중사의 아포리아Aporia

1. 전체성의 시각과 헤겔주의 수용의 문제

야스마루 요시오安丸良夫는 2006년 페리스여학원대학Ferris University에서 개최된 니노미야 히로유키二宮宏之의 역사학을 둘러싼 토론 중에서 역사학은 전체성이라는 시좌와 문제의식을 방기해서는 안 된다고 강조했다.[1] 내러티브론, 표상론, 텍스트론, 탈구축 등이 포함된 넓은 의미의 포스트구조주의의 영향에 의해 과거를 총체적/구조적으로 해석하려는 시도가 쇠퇴해가는 것을 우려한 야스마루 요시오는 전체성이 없는 역사를 '현대라는 세계의 전체성에 대한' 책임을 가지려 하지 않는 역사가의 윤리적/정치적 책임의 결여의 표출이라고 주장했다.

바꾸어 말하면 야스마루 요시오에게 과거를 그 전체성에서 사고하는 것은 역사가가 '지금'이라는 시대에 어떻게 마주하려고 하는가라는 '역

---

[1] 安丸良夫, 成田龍一, 山之內靖, 工藤光一, 岩崎稔, 「歴史家二宮宏之の思想と仕事」, 『Quadrante(クヴァドランテ)』第9号, 東京外国語大学, 2007, pp.7~38.

사가의 주체'성, 혹은 위치성positionality과 불가분의 관계에 있다고 주장한 것이다.[2]

더 나아가 그는 『현대일본사상론』에서 "역사적 전체성은 연구를 이끄는 방법적 공준으로 그것은 직접적인 사료를 결여하고 있는 모든 차원을 시야에 넣고 자신이 아직 잘 알지 못하는 듯한 문제군問題群에도 관여하기 위한 장치로서 역사학적 상상력이라고 말해도 좋을 것"이라고 논하고 있다.[3]

전체성은 누구나 공통의 이해로서 수용할 객관적인 역사적 진실이 아니라 역사를 될 수 있는 한, 총체적으로 파악하려는 의사意思와 거기서 작동하는 상상력을 촉진하기 위한 방법적 공준을 말하는 것이다. 따라서 역사적 전체성은 역사가에 의해 조정措定되어야 하는 것이며 주제 설정과의 관계 속에서 항상 새로 짜여져가는 것이라고 보았다.

여기서 중요한 것은 야스마루 요시오의 전체성이 연구를 이끌어가는 방법적 공준, 즉 과거를 이해하기 위한 설정된 인식상의 틀이라는 것과 동시에 객관적 실체라기보다는 상상력의 산물이라는 점에 있다.

즉 전체성이란 역사를 총체적으로 파악하기 위한 상상되고 창조되어야 할 방법적 개념이었다. 야스마루는 말한다. 전체라는 것은 아무도 알 수 없는 것이다. 오히려 전체사라는 것은 전체를 알지 못하는 자신이 알고 있는 아주 작은 것으로, 게다가 매우 괴이하며 불확실한 지식에 불과하다는 것이다. 그리고 전체사라는 것은 실체적인 개념이 아니라 방법 개념인 것이라고 결론을 내리고 있다.[4]

---

2 위의 글, pp.23~24.
3 安丸良夫, 『現代日本思想論』, 岩波書店, 2012, p.152.
4 安丸良夫, 成田龍一, 山之内靖, 工藤光一, 岩崎稔, 「歴史家二宮宏之の思想と仕事」, p.24.

야스마루는 이처럼 전체성을 객관적으로 인지할 수 있는 실체적 총체가 아니라 역사가가 윤리적/정치적/방법론적 요청에 의해 만들어내는 하나의 세계상이라고 받아들이고 있었다. 그것은 구성주의나 포스트구조주의, 특히 헤이든 화이트Hayden White로 대표되는 언어론적 전회의 개입에 배려를 보여주는 것이면서 마르크스주의 이론에 중심적인 위치를 차지하는 전체성을 둘러싼 논의를 심화시키려는 입장이었다.

마르크스주의 이론에서 전체성을 둘러싼 논의는 마틴 제이의 저작에서도 상세하게 논의되고 있는데, 이것을 필자 나름대로 간략화 하여 말하면, 역사의 전체성은 그 실태성에 있어서 인지가능하다는 게오르크 루카치Georg Lukacs의 입장(프랑크프루트학파The Frankfurt school에 계승되었다)과 복수의 구조가 한없이 복잡하게 모순하면서 교차하고 서로 중복되는 관계성의 총체양상블라고 한 루이 알튀세르의 입장으로 요약된다고 볼 수 있다.[5]

야스마루의 입장에서 보면 일견 세계의 전체성은 보편적인 법칙과 그것에 따르는 인간의 본질헤겔의 절대정신이나 초기 마르크스의 소외론에 의해 구성되어 있는 것으로, 그것을 객관적으로 인지하는 것은 가능하다는 전자의 입장보다는 그러한 전자의 보편주의와 본질주의의 철저한 비판을 통해 유물사관의 재생을 기도한 알튀세르의 입장에 공진共振하는 것이 있는 듯이 보인다. 그러나 본장에서 밝혀내듯이 야스마루의 입장은 마르크스주의 휴머니즘의 인식론적 전제가 되었던 헤겔주의를 래디컬하게 탈구축한 알튀세르의 그것과 대극을 이루고 있다. 특히 야스마루의 민중 역사적 주체를 둘러싼 논의가 마루야마 마사오丸山眞男의 사상사를

---

5   マーティン ジェイ(Martin Jay), 荒川 幾男訳, 『マルクス主義と全体性－ルカーチから
     ハーバーマスへの概念の冒険』, 国文社, 1993.

경유하여 만들어진 것을 생각한다면, 마루야마가 역사의 보편적 원리로서 전면적으로 받아들인 헤겔이 말하는 세계사의 개시, 즉 역사를 절대정신의 자기 외화外化와 자기 회복의 과정 — 자유의 커다란 보폭 — 이라고 본 소외론이 야스마루의 주체성을 둘러싼 서술을 규정하고 있었음을 알 수 있다.

야스마루가 구축한 역사상은 "정신이 본래의 자신자유을 점차 정확하게 알아가는 과정혹은 그 좌절의 과정을 서술하는 것"이라는 암묵의 이해 위에 성립하고 있으며 그 정신의 자기 개시혹은 그것으로부터의 일탈이나 좌절의 이야기를 민중으로 시점을 이행하는 것으로 보다 확대하여 복수화하는 것을 목표로 삼고 있었다.[6]

본 장의 결론부터 먼저 말하면 야스마루가 '통속도덕通俗道德'이라고 부른 민중의 혁신적 에너지의 동력을 절대정신의 자기 개시의 한 형태로 보는 것은 충분히 가능하다고 생각된다. 빈곤, 병, 착취에 의해 궁지에 몰리면서도 강인한 자의식을 근거에 두고 스스로의 엄중한 물리적·정신적 단련 — 근면, 검약, 겸양 — 을 부과하여 자기 붕괴와 몰락의 위기를 극복해간 민중적 실천은 자발적이고 적극적인 자기형성의 계기로 기능했고, 때로는 사람들을 항의, 투쟁으로 내모는 힘을 동반했다고 야스마루는 주장한다.[7]

통속도덕을 둘러싼 논의가 마루야마류의 주체 역사와는 다른 새로운 주체의 이해를 목표로 한 점, 즉 전근대의 민중이 스스로의 일상적 실천과 가치를 통해 길러왔다는 또 하나의 주체성 형태를 해명하려고 한 것은 누구나 인정하는 바이다.

---

6   ヘーゲル(Hegel), 長谷川宏訳, 『歴史哲学講義(上)』, 岩波文庫, 1994, p.39.
7   安丸良夫, 『日本の近代化と民衆思想』, 平凡社, 1999, p.111·183.

그러나 그 해석과 이야기를 규정한 것이 인간은 자유의 실현을 향해 역사를 움직이는 주체라고 보는 헤겔적인 인식론을 전제로 했다는 논리는 지금까지 논의되지 않았다. 야스마루가 스스로의 민중사를 "역사를 움직이는 근원적인 활력은 민중 자신"이라고 주장했을 때 정신의 자기 개시, 자유의 커다란 보폭의 계기의 장을 서민의 일상이나 투쟁에서 도출하여 특유의 이론과 실천 형태의 해명을 목표로 삼았던 것은 분명하다.[8]

본장에서는 야스마루 역사학의 인식론적 전제가 된 헤겔주의가 어떠한 문제를 내포하고 있었는지를 고찰한다.

그것은 전체성 탐구에 담겨진 정치성과 윤리성을 지켜내면서 동시에 그것에 의해 방법론적 가능성을 재고하려는 야스마루의 기도企圖에 공감하면서도 야스마루의 해석적 시좌를 형태화한 이론적 문제점을 배우는 동시에 버리는 것을 통해 새로운 역사학의 가능성을 사고할 수 있는 길을 열어보고자 한다.

2. 민중사, 헤겔의 망령은 배회한다

야스마루 요시오는 마루야마 마사오의 역사학을 '문제사'로 정의하고, 그것은 일본사회의 기저를 관통하는 전통=원형과 그것에 대항하는 비판적 주체의 형성이라는 단일한 문제로 집약된 '문제사'라고 하며 이 이항대립적인 긴장, 그리고 전자의 우위에 의한 후자의 압복壓伏이

---

8   安丸良夫, 『日本の近代化と民衆思想』, 平凡社, 1999, p.458; 安丸良夫, 『〈方法〉としての思想史』, 校倉書房, 1996, pp.234~236.

나 굴절이라는 비극적인 이야기라고 지적하고 있다.[9]

야스마루 자신의 역사학은 전통＝원형과 비판적 주체에 대립을 그 기조로 한 것은 아니지만 역사적 제諸모순에서 생겨난 곤란과 자기해방의 운동이라는 이항대립의 구도를 그 해석상의 기본적 틀로 삼고 있었다는 점에서 마루야마의 그것과 유사하다. 더 나아가 자기해방을 구하는 민중 에너지는 근대천황제 성립에 동반된 좌절과 굴절의 경험이라는 이야기방식도 마루야마의 그것과 매우 닮아있다.

마루야마가 절대주의적인 권력체제에 대한 비판적 주체의 출현과 그것이 돈좌頓挫해가는 이야기를 짜내는 것이라고 했다면, 야스마루는 근세의 과혹한 현실에서 태어난 자기규율과 자기단련이라는 민중적 주체가 근대사회의 생성과정에서 지배이데올로기천황제를 삼켜버리는 패배의 이야기를 썼다고 말할 수 있다.

실제 야스마루는 자신의 민중사상사가 마루야마의 사상사 해석을 규정하고 있던 이야기의 구조와 생각지도 않게 닮아 있음을 알게 되었다고 적고 있다. (특히 천황제 문제를 일본인의 정신구조로 파악하고 민중의식에 그 심부深部 구조를 찾으려고 했던 것 등이 바로 그것이다)[10]

다카시 후지타니Takashi Fujitani가 지적한 것처럼 야스마루의 역사학은 민중의 주체성을 부각시키며 역사적 전체성에서 그 적극적인 역할을 그려냄으로써 일본과 아시아 더 나아가 '비서양'이라는 영역이 디스포티즘ディスポティズム, despotism 속에서 비굴하고 종속적인 정신을 배양하여 역사 진보의 궤도(헤겔이 말하는 자유를 향한 정신의 여로)로부터 떨어져 나온 오리엔탈리즘을 깨부수는 힘을 갖고 있다는 것은 주리의 사실이다.[11]

---

9   安丸良夫,『現代日本思想論』, 岩波書店, 2012, p.197.
10 위의 책, pp.160〜161

더 나아가 헤겔주의[베버주의]를 기능주의적/공리주의적 해석에 의해 속류화俗流化하고 일본의 근대화를 긍정적으로 받아들인 에드윈 라이샤워Edwin Oldfather Reischauer나 로버트 벨라Robert Neely Bellah 등과 같은 근대화 논자의 역사관에 대해 야스마루는 스스로 일본근대사를 보는 방법을 다음과 같이 대치시켜보았다.

> 나는 독립과 근대화 일반은 존재하지 않는다고 주장했다. 따라서 일본의 독립과 근대화가 어떠한 제諸모순과의 대결이었으며 어떠한 새로운 모순의 형성이었는가라는 문제를 물었다. (소수 엘리트의) 유능함이나 실용성만이 아니라 갖가지 어리석음이나 비합리 그리고 종교, 도덕도 그러한 제 모순 속에서 생겨나고 역사의 발전을 규정했으며 특유한 형태로 일본의 독립과 근대화를 추진하고 또한 왜곡한 것을 주장하지 않으면 안 된다. 유능함이나 실학 일반은 일본 근대화와 독립 일반으로 슬쩍 바꿔치기하여 근대화와 독립 일반은 좋은 것이라 했다. 따라서 거기에 포함된 제 모순의 분석은 회피되어버린다.[12]

또한 이러한 미국의 근대화론자들을 추종하면서 일본의 근대화를 '창의創意와 노력'의 선물이라고 평가한 일본의 근대화론자를 향해 근대화론은 사회의 자본주의화가 낳은 폭력과 비참함에는 눈을 감고있는 것이라고 비판의 창끝을 겨누었다. 근대화를 전면적으로 긍정하는 역사인식은 엘리트 중심사회를 정당화하고, 전체를 위한 것이라면 개인

11　タカシ・フジタニ、「解説－オリエンタリズム批判としての民衆史と安丸良夫」、『日本の近代化と民衆思想』、平凡社、1999, pp.469~489.
12　安丸良夫、『〈方法〉としての思想史』、校倉書房、1996, p.229.

(특히 무력한 민중)의 희생은 어쩔 수 없는 것이라고 결론을 유도하고 있다며 날카롭게 지적하고 있다.

그리고 일본의 자본주의 발전의 전면적 긍정, 침략전쟁의 긍정, 민중투쟁의 역할 부정, 사회체제와 계급대립의 문제에 대한 무시, 민중 억압의 변호 등 이러한 근대화론자의 입장에서는 필연적으로 생겨나는 '자연적 귀결corollary'이라고 결론짓고 있다.[13]

이 「일본의 근대화에 대한 제국주의적 역사관」이라는 제목의 논문은 1962년에 집필된 것으로 아마 근대화론에 대한 비판으로서는 가장 이른 시기에 날카로운 통찰력을 가지고 집필한 작품의 하나이다. 그리고 그것은 '야스마루역사학'의 정치적·학문적 입장을 확실하게 보여주는 것이며 그 이후에 다산되는 그의 역사연구의 방향성을 예고하는 것이기도 하다.

그러나 야스마루의 근대화론자에 대한 날카로운 비판이 마루야마류의 근대주의 인식론적 전제—보편적 역사는 인간의 자유와 해방을 향해 움직인다—로 향하는 것은 아니었다. 이 보편적 세계사의 관점을 전제로 하고 있는 이상, 야스마루의 역사학도 '일본은 후진적이다', '일본의 근대는 미숙하다'라는 판단을 재생산하고 있는 것이었다.

민중 도덕은 건전한 비판정신과 합리적 사고양식의 결함으로서 논해지는 경우가 많은데, 마루야마 학파나 강좌파 마르크스주의의 중심적 테제였던 봉건적 유제遺制에 의한 일본 근대의 불완전함, 좌절이 논해지고 동시에 그렇기 때문에 특수한 성격이라는 시좌를 그대로 계승하고 있었던 것이다. 야스마루는 일본의 종교사를 부감俯瞰하면서 다음과

---

13 위의 책, p.232.

같이 논했다.

　　근대사회 성립기의 민중투쟁은 적어도 그것이 대규모적인 농민전쟁형
태가 되는 경우에는 종교적 형태를 취하는 것은 세계사적 통례인데, 이러
한 점에서는 소규모로 특정 종교사상과 연결되지 않는 봉기잇키, 一揆나 약탈
소동을 반복한 일본의 경우가 세계사적으로 보아 특수한 성격을 띤 것이
라고 생각된다. 일본의 경우에도 자신의 종교적 권위를 내세우며 모든 규
제의 권위를 비판하는 방향은 맹아적이면서도 이들 이단(기리스탄, 불수
포시不受布施, 몰래하는 염불) 속에서 존재했다고 여겨진다. 부처가 된 자신
의 마음이 궁극의 건기建機가 되는 것으로 규제의 교설도 교단도 예의도 모
두 부정된다. 그리고 만약 이러한 자기 종교적 권위를 혁신하는 교파가 이
곳저곳에서 발전해가면 그곳에는 격렬한 종교적 정쟁이 일어나고 그 결과
한 시대의 정신적, 이데올로기적 권위는 근본부터 동요되는 것이다. 그러
나 일본의 경우 이러한 동향은 매우 미성숙하고 맹아적인 채로 끝나고 말
았다. 그리고 종교적 이단의 미성숙이라는 이 성질은 근대일본의 이데올
로기사적 특질을 근본부터 규정한 것이었다고 생각된다. 왜냐하면 격렬한
종교전쟁을 통해서야말로 근대시민사회에 특유의 언론, 집회, 결사, 사상
과 신조 등의 자유권이 성립되어가기 때문이다.[14]

　미성숙하고 맹아적이라고 말해질 정도로 헤겔적 문명사관을 반영한
것은 없을 정도이다. 절대정신이 자기실현을 이룬 장소로서 서양사특히
독일사를 보편적 이념 혹은 기준으로 한 헤겔의 문명사관은 그 이념에 의

14　安丸良夫,『日本の近代化と民衆思想』, 平凡社, 1999, pp.131~132.

해 '비서양'의 발전단계를 차별화하는 기능을 하게 되었다.

'서양'이야말로 보편적 역사의 가장 순수한 내재성을 체현한 것으로, 비서양은 그 내재성을 불완전하게 형상화한 것을 보여주는 외재성이라는 현상에 지나지 않는다. 미성숙, 맹아적이라는 견해는 말 그대로 이 내재성이 외재성에 대해 갖는 절대적 입장, 그 중심성을 반영하고 있는 것이다. 민중사상과 실천에 초점을 맞추는 것으로 오리엔탈리즘, 엘리트주의, 이성주의에 의한 역사서술을 극복하고자 했던 야스마루의 민중사가 실은 넘어서야 할 역사인식을 무의식 속에서 재생산해버린 것이다. 근대일본은 야스마루의 해석에서도 근대시민사회를 정상적인 형태로 키울 수 없는 '진정한' 자유의 실현에 실패한 사회를 의미하는 것이 되어버렸다.

더 나아가 이러한 일본의 미성숙함은 비판적 가능성을 잠재적으로 갖고 있던 통속 도덕이 근대에는 허위의식으로 변질된 원인이었고, 민중으로부터 사회를 그 전체성에서 파악하는 힘을 빼앗아버린 원인이기도 했다.

> 비판이론이 발전할 수 있는 가능성은 다수 있었지만, 그것들은 근대 일본 사회구성 속에서는 특수하게 소외된 소수자의 입장에서만 잉태되는 것이었다. 따라서 전체적으로 볼 경우 지금까지 기술한 것 같은 허위의식의 지배 아래에서 빈부를 낳는 객관적 장치는 끊임없이 보이지 않게 되고 현실의 경제적·사회적 질서는 도덕적 인격적인 질서라고 의식되어간다. 그 결과 경제적·사회적인 계층성은 실은 도덕적·인격적인 계층성에 근거를 갖고 있는 듯한 전도된 환상이 보편화되어간다.[15]

그리고 "이러한 경향은 근세에 시작되었고 근대가 되면서 더욱 주류를 이루게 되었다. 빈부와 행복이나 불행은 통속 도덕적 자기규율의 유무와 관련되어 있는 듯한 외견이 생겨나고, 그것이 점차 보편화되어갔다. 통속 도덕의 유효성은 그것을 엄격하게 실천하면 자기 자신은 여하튼간에 상승 가능하다는 점에 있었다. 이 상승 가능성은, 고작 촌방村方의 소지주가 자작농 상층에 불과하다고 해도 그 상승에 의해 빈부의 서열은 끊임없이 도덕적 서열이 되어간다. 상승하려는 광범위한 사람들의 인간적인 모든 것을 건 노력이 끊임없이 통속 도덕적 질서원리의 그 물망에 걸려 그 안에 갇혀버리게 된다. 그 결과 빈부를 낳는 객관적 장치는 보이지 않게 되어가고, 가난하고 불행한 인간은 부와 행복 차원에서 패배하게 됨과 동시에 도덕적 차원에서도 패배하게 되어 무력감과 체념, 그리고 시니시즘cynicism이 사회 저변부에 쌓여가게 된다"[16]고 논했다.

야스마루의 역사 해석, 특히 혁신적 주체형성을 둘러싼 해석 부분이 마루야마뿐만 아니라, 루카치와 그 후계자들인 프랑크프루트학파The Frankfurt school 사람들로부터 많은 영향을 받고 있음을 지적해둘 필요가 있다. 알튀세르가 1950년대, 1960년대에 루카치파의 소외론을 중심으로 전개하고 있던 서구 마르크스주의의 양상에 대해 발표한 '최대 망령의 하나가 헤겔의 망령이다'라는 경고는 동시대적인 그리고 그 이후의 일본역사학에도 그대로 적용될 수 있을 것이다.[17]

---

15 위의 책, p.113.
16 위의 책, pp.108~109.
17 ルイ・アルチュセール(Louis Althusser), 河野健二, 西川長夫, 田村俶訳, 『マルクスのために』, 平凡社, 1994, p.190. 야스마루는 프랑크푸르트학파의 영향 중에서도 특히 루카치가 『역사와 계급의식(歴史と階級意識)』에서 전개한 소외론과 혁명론에 크게 영향을 받았다고 술회했다. 安丸良夫, 『〈方法〉としての思想史』, 校倉書房, 1996, p.10.

루카치는 상품형태가 사회관계를 지배하고 인간관계가 상품관계로 오인되어 인간이 그러한 오인 자체를 바꿀 수 없는 제2의 자연으로 인지하며 살아가는 사태를 '물상화物象化현상'이라고 불렀는데, 그에게 이 물상화현상은 자본주의사회의 전체성이라는 것이 된다. 부르주아도 프롤레타리아도 모두 이 물상화 현상을 살아가는 것이 되는데, 부르주아는 스스로의 삶이나 영혼이 상품화되어버렸다는 현실을 각성하지 못한다.

그것은 스스로가 타자의 노동을 상품화하고 착취하는 입장에 있기 때문이며 그들의 최대 목적은 물상화된 세계에 노동자를 유보시킴으로써 자본의 축적을 확보하고 촉진하게 되기 때문이다. 그 한편으로 프롤레타리아는 노동력을 상품으로 파는 존재로서 객체화되어 삶이나 영혼을 가진 주체로서 본래의 자기로부터 소외된다. 자본주의사회에서의 자기 소외현황, 즉 객체와 주체의 분열이 심화됨에 따라 프롤레타리아는 그러한 모순을 낳는 상품사회의 전체성을 객관적으로 파악하게 되고, 삶이나 영혼의 탈환을 위한 혁명운동으로 비약해가게 된다.[18]

이러한 루카치의 객체와 주체의 변증법과 그것을 근본부터 지탱하는 휴머니즘삶이나 영혼을 가진 본래의 자신은 야스마루 요시오의 민중사의 역사적 주체형성의 해석에 결정적인 중요한 역할을 맡는다.[19]

야스마루는 객체-주체의 변증법을 통해 민중이 소외된 삶의 탈환을 위한 혁신적인 주체를 확립해가는 과정을 하나의 이념형으로 생각하고 있었다. 단편적이고 개인적인 자기의 일상적 욕구로부터 사회적 의식으로 각성해가는 과정, 즉 전구조적인 모순에 의식을 비약시켜가는 과정을 막부幕府말기부터 메이지기明治期에 걸쳐 민중사상과 운동 속에서

---

18 ジェルジ(G), ルカーチ, 平井俊彦訳, 『歴史と階級意識』, 未来社, 2018.
19 이에 대해서는 필자가 1997년 야스마루 요시오와 시카고에서 만났을 때 확인한 내용이다.

도출하려고 했던 것이다. 그 하나의 예가 미크로 신앙, 후지코富士講, 마루야마교丸山教를 혁신적 의식의 발전적 계보로서 그리려고 한 『「세상 고치기」의 논리와 계보』였다.[20]

미크로 신앙은 인간의 욕구가 충분히 만족되는 평온 무사의 이상 세계의 도래를 주창한 것이다. 그것은 민중이 살아가는 현실이 많은 곤란으로 가득하고 그곳으로부터 해방되고자 하는 소망의 표현이기도 했다. 그 소망은 또한 미크로의 세상이 되기 이전에 재해나 천재지변이 일어나 세상이 근본적으로 바뀐다는 종말관과 연결된다. 이 대이변에 대한 두려움이나 예감은 근세 봉건사회의 모순의 격화와 위기의식을 직감적으로 표현한 것이기도 했다. 그러나 미크로의 가르침은 이들 모순과 대치하기 위한 구체적인 기술을 가르쳐주지 않고 환상적인 비합리적인 레벨에 그치는 것들이었다. 근세후기에 들어서면 미크로 신앙은 후지코와 연결되면서 커다란 변화를 일으킨다.

후지코는 현세의 행복을 주술적인 권위나 운명이 좌우하는 것이 아니라, 일상에서 사람들의 성실한 생활태도와 관련되어 있다는 사고방식을 미크로 신앙에서 가져왔다. 근면, 검약, 성실함이라는 통속 도덕의 가르침은 생활태도의 근본적인 변혁 논리와 실천을 민중에게 철저하게 주입시키게 된다. 생활태도를 엄격하게 지킨다는 것은 강인한 자기규율과 자기통제를 요구하는 것이며 그것을 실천하기 위해서는 강고한 자의식을 필요로 했다.

그러나 그것은 한편으로는 빈곤이나 착취, 억압을 낳는 봉건제의 구조적 모순에 주의를 기울이지 못하고 모든 것은 자기 마음과 실천의 방

---

20 安丸良夫, 『日本の近代化と民衆思想』, 제3장 참조.

법 문제로 처리되어버렸다. 그러한 의미에서 통속 도덕은 반체제 비판이나 변혁사상의 계기가 되지는 못했다. 후지코의 현세 목표를 위해 스스로를 알고 스스로를 규율하고 스스로를 통제해가지 않으면 안 된다는 가르침은 마루야마교에 의해 더욱더 비약되어갔다.

자기단련에 실패하면 반드시 가족이 몰락의 길을 가게 된다고 설파한 마루야마교는 스스로 마음을 단련하는 것과 올바른 마음을 갖는 것이 모든 것이라고 보았다. 이 유심론은 메이지기에 들어와서 사회변동이 일어나는 가운데 사람들이 고통을 받는 것은 사악한 마음 때문이며 올바른 마음을 확립하는 것이 급선무라는 세계관을 낳았다.

구체적으로는 서구화주의나 문명개화는 마음의 병의 원인이라고 간주되고 그것을 상천하고 촉진하는 자는 천황이라 하더라도 비판의 대상이 되었다. 메이지중기 경부터 근대화, 서구화, 군비확장을 둘러싼 메이지정부와의 대립이 깊어지게 된다.

야스마루의 '세상고치기바로세우기'의 계보학은 봉건제 착취라는 객관으로부터 자기의식의 형성이라는 주관으로, 그리고 그 의식이 사회 전체의 파악이라는 객관으로 행하는 객관－주관－객관의 변증법 이론으로 구성되어 있음을 알 수 있을 것이다. 앞서 살펴본 것처럼 야스마루는 그 이론이 구체적인 역사의 내부에서 원활하게 관철된다고 생각하지 않았고, 민중의 정신의 미숙함으로부터 오는 좌절, 불완전함에 주의를 기울이면서 주의 깊게 논지를 펼쳤다.

그러나 야스마루의 역사 해석을 지탱하고 있던 이념화된 이론은 이러한 미숙하고 모순을 내포한 통속 도덕이 농민 잇키의 리더나 데구치 나오出口なお와 같은 새로운 신앙의 카리스마적 리더를 통해 사회의 전면적 비판으로 비약하는 것이 있을 수 있다는 것을 골자로 하고 있었

다. 주관과 객관, 주체와 전체가 변증법적으로 통합되는 양기揚棄의 계기야말로 역사의 진보를 인정할 수 있는 것이다.

> 일상적 욕구의 주체인 민중은 매일 매일 그 욕구를 사회와 역사의 전체 속에서 응시하는 것을 통해 근원적이고 전구조적 모순 속에 스스로를 발견해가지 않으면 안 되는 존재이다. 일상적 욕구의 차원에서만 민중을 취하는 것은 일상성의 틈새에서 끊임없이 현재화하고 있는 근원적인 모순에 눈을 감아버리도록 사상적으로 무장해제하도록 설득하는 것이다.[21]

마르크스주의의 구조적 전체성을 둘러싼 분석에 마루야마류의 주관/주체의 퍼스펙티브를 가져오려고 한 야스마루에게 마르크스주의 휴머니즘의 기초를 구축한 루카치의 이론은 정곡을 찌르는 것임에 틀림이 없다.

야스마루는 유물론 문제는 주관적 가치 세계가 그려내지 않고 있다고 생각하고 있었으며, 한편으로는 근대주의자들의 사상사는 인간의 사유구조의 독자성을 주장한 나머지 사회/경제 구조적 분석에 빈약하다고 말하고 있다.[22]

따라서 야스마루의 역사학은 이 두 개의 입장을 상호보완적으로 통합하는 것, 즉 마르크스주의의 전체성이라는 퍼스펙티브와 근대주의 이론의 주체성 그것을 융합한 분석 방법을 확립하는 것을 목표로 하고 있다고 말할 수 있다.

그렇기 때문에 야스마루는 항상 사회경제 구조적 변화와 인간의 사

---

21 安丸良夫, 『〈方法〉としての思想史』, 校倉書房, 1996, p.256.
22 위의 책, pp.246~248.

상과 행동의 관계성에 주의를 기울이면서 역사분석, 묘사를 실시했다. 루카치의 소외론에 기초한 혁명적 주체형성 이론은 객체와 주체, 객관과 주관, 전체성과 주체성을 통합하여 생각하는 시점을 제공하는 것이었다.

이상의 야스마루 요시오의 이론적 틀에 관한 나의 해독이 맞다고 한다면, 루카치가 그려낸 변증법이 내포하고 있던 문제를 야스마루는 그대로 내포해버린 것이라고 말할 수 있다.

루카치 스스로가 후에 인정하듯이 상품형태에 의한 청저한 일상생활의 식민지화라는 자본주의사회를 둘러싼 전체성 이미지는 그 사회의 역사적 현실이 다양한 구조에 의해 중층적으로 구성되고, 상품형태가 완전하게 침투되지 못하는 불균등의 모순에 가득 찬 전개를 보이고 있는 현실에 눈을 돌릴 때 너무나도 획일적/균질적임을 알 수 있을 것이다.

더 나아가 중요한 문제는 루카치의 소외론이 인간의 삶이나 영혼, 즉 인간성을 규정하는 본질헤겔적으로 말하면 정신이라는 휴머니스틱한 형이상학을 전제로 하여 성립된다는 점이다.

3. '인식론적 보수주의'라는 자기 교착膠着

야스마루 요시오의 민중사의 기저에 존재하는 휴머니즘은 왜 문제가 되는 것일까. 그것은 다음과 같이 요약될 수 있다. ① 인간의 본질이라는 형이상학을 받아들이는 것으로 특정한 개념을 소여所與의 물건으로 실체화해버려 그것을 이론적/역사적인 사고의 대상에서 제외해버리는 것, ② 실체화된 개념은 국민국가과 국민/민족이라는 것이다. 잘 알려진 것처럼 야스마루의 민중사는 근대 국민국가 혹은 막번체제를 역사적 사고에서 전체성으로 취해왔고, 일본민족 혹은 일본국민을 역사상의 주체로 상정해왔다.

여기서 그려지는 민중이라는 주체는 일본국민이나 민족을 민초의 시점에서 다시 이야기하는 것이었다. 야스마루는 니시카와 나가오西川長夫나 사카이 나오키酒井直樹가 전개한 국민국가 비판에 대한 반론으로서 역사가 자신이 그러한 전체나 주체라는 제도에 구속되어 있다는 이유에서 '인식론적 보수주의'를 제창했다.

야스마루에 의하면 즉 "역사연구는 존재하고 있는 구조에 의지하면서 분석을 진행해간다는 의미에서 인식론적으로 상황적 혹은 보수적인 학문이라고 필자는 생각한다. 사회사/민중사/젠더사/계급투쟁사 등이 발전해도 국경을 사이에 둔 경계적 지역이나 그 이외에 연구대상을 찾는다 해도 우리들의 사고 틀이 국민국가의 외부로 쉽게 나아갈 수 있는 것이 아니다"라고 논했다.[23]

그리고 아래와 같은 결론에 다다른다. "어떤 한 구조를 조정措定하지 않으면 우리들은 분석대상 그 자체를 잃게 되고 역사연구는 존재의 장을 잃게 된다고 생각한다. 그리고 근대세계가 국민국가를 구조의 단위로 자기 인식론적인 모습을 자각해가지 않으면 안 된다고 생각하는 점에 우리들의 입장성이 있는 것은 아닌가. 그러한 입장은 인식론적 보수주의라고 불릴 수 있다고 해도 우리들은 구조와 갈등, 대항을 내포한 것으로 취할 수 있기 때문에 말할 것도 없이 이데올로기적 보수주의는 아니다"라고 했다.[24]

---

23 安丸良夫, 『現代日本思想論』, 岩波書店, 2012, p.193.
24 위의 책, p.194.

국민국가 속에 '대항/갈등/모순'의 계기를 도출하고, 분석과 기술을 중심에 두는 것을 통해 스스로 역사학을 이데올로기적인 보수주의의 입장에서 떼어내려고 한다. 분명히 야스마루는 모순, 긴장, 대항, 갈등을 역사의 추진력이라고 간주하는 것에서 국민의 자기동일성이나 국민국가의 통일성이 용이하게 유지되지 않는다는 점을 묘사하는 것에 성공하고 있다.

그러나 그 프로세스의 묘사에서 소여의 주체로서 모습을 나타내는 민중이 일본국민이며 분석적인 틀로서 나타나는 것은 국민국가라는 기구이다. 그러한 대립이나 갈등, 모순 분석을 통해 그려지는 주체성은 복잡하게 서로 중첩되는 물리적, 이데올로기적 권력관계와 그 중층적인 결정 작용에 의해 보이게 되는 프로세스로서의 현실이 아니라 하나의 민족의 내적 원리, 즉 가장 추상적인 이데올로기의 단일성 반영에 불과하다는 점이다.[25]

민중사가 일본민족이라는 문화적 아이덴티티의 범주를 완전하게 탈구축하지 못하고, 그것을 재생산한 결과가 된 것도 이러한 이데올로기적 단일성의 해석학적 순환논리에 포섭되어 그 순환을 끊을 수 없었기 때문이다.

이 해석학적 순환에 의해 생겨난 코로라리의 예로서 1970 · 1980년대에 언론계를 진감시키고 현재까지도 매스미디어에서 힘을 발휘하고 있는 나르시시즘 언설, 일본인론의 이데올로기성을 문제화하지 못했던 것을 들 수 있다. 야스마루는 도야 겐로土居健郎의 『아마에의 구조「甘え」の構造』, 나카네 치에中根千枝의 『다테사회의 인간관계タテ社会の人間関係』, 이사야 벤다산

---

25 ルイ・アルチュセール(Louis Althusser), 河野健二, 西川長夫, 田村俶訳, 『マルクスのために』, 平凡社, 1994, p.169.

ISAIAH BEN-DASAN의 『일본인과 유대인』을 평가하면서 정신병리학이나 비교문화론, 사회인류학을 근거로 하여 일본인의 정신의 모습을 한 번에 그 전체성을 도려내보이는 것으로 그 독특한 분석력이 그 책의 생명이 되고 있다. 일본인의 정신의 양상을 내재적으로 붙잡아 보이겠다는 것에 성공했다고 적극적으로 평가한다.[26]

그리고 이들 저서가 많은 독자의 지지를 얻고 있는 이유로서 ① 독자의 주변에서 일어나는 경험에 대한 새로운 통찰을 부여한 점, ② 오랫동안 집적해온 경험적 데이터와 독자적 이론적 통찰을 통해 알기 쉬운 형태로 기술이 이루어지고 있다는 점, ③ 일본인이나 일본사회에 대해 보다 깊은 인식을 얻고 싶다는 욕구에 대응하고 있다는 점을 들고 있다. 또한 야스마루는 역사학을 이러한 문제 설정에 대해 독자의 방법으로 대응해가지 않으면 안 된다고 마무리하고 있다.[27]

국민국가가 낳는 질서, 규범, 공감성으로부터 일탈, 저항에 눈을 돌리면서 일본 국내에서의 갖가지 갈등, 모순, 항쟁을 그리는 것을 목표로 한 야스마루의 민중사는 민족의 본질을 믿어 의심치 않는 문화주의자와 일선을 긋고 있는 듯이 보인다.

야스마루 자신도 그것을 의식하여 만년에는 문화주의에 접근한 마루야마 마사오에게 비판의 창을 겨누었다. "일본이라는 것이 단일의 문화공동체로 전제되어버려 시대/지역/사회층에 의한 이질성은 문화유형론적인 동질성 속에 끼워져 부수적으로 처리되어버린다"라는 마루야마에 대한 비판은 마루야마가 부정적인 의미에서 일본인론에 가담해간 사태를 아주 정확하게 표현해냈다.[28]

---

26 安丸良夫, 『〈方法〉としての思想史』, 校倉書房, 1996, p.167.
27 위의 책, pp.149~150.

그러나 일본인이나 일본사회를 그 본질에서 이해하고 싶은 욕구를 문제시하는 것이 아니라, 역으로 그러한 욕구에 역사학도 적극적으로 호응해가지 않으면 안 된다는 야스마루의 입장에서 국민/민족의 본질이라는 나르시시즘과 이데올로기를 효과적으로 비판하는 것은 불가능했다. 갈등, 대항, 모순은 민족이라는 이데올로기의 단일성을 복수화하고 민족의 동질성을 문제화하는데, 이데올로기 그 자체를 역사화할 수는 없다.

야스마루가 국민국가와 국민/민족을 역사학의 인식론적 전제로 하여 그것을 분석의 기본적 틀로서 빌려온 것은 그것들의 생성과 재생산 프로세스나 매커니즘, 즉 그것들이 어떤 권력과 지식의 재편을 통해 생겨나고 유지되어왔는가라는 물음을 선결적으로 봉쇄해버린다. 국민국가나 국민, 또는 그것들의 자명성, 실재성이라는 픽션은 근대에 잉태된 것일 뿐만 아니라, 다양한 권력과 지의 재편을 통해 항상 '살아있는 현실로써 부정하기 어려운 삶'의 현실로 재생산되지 않으면 안 된다.

알튀세르가 '국가이데올로기 장치'라고 부른 법제도나 의무교육 등 주체형성 매커니즘은 말 그대로 재생산 프로세스에서 결정적인 역할을 연출하고 있는 것이며 경찰 매스미디어나 국민적 의례경축일이나 레저 등도 또한 우리들의 일상생활에서 사회규범, 사회질서, 공감성의 유지 등을 통해 그 재생산에 일익을 담당하고 있다.

야스마루의 인식론적 보수주의 — 국민국가와 국민/민족을 역사학의 기존 틀, '존재의 단위로서' 차정僭定하는 것 — 는 이러한 생성과 재생산 프로세스를 불문에 붙이는 격이 된다. 그것은 또한 마르크스가 물신

---

28 安丸良夫, 『現代日本思想論』, 岩波書店, 2012, p.175.

화현상이라고 부른 자본주의사회 이데올로기 효과(부르주아 경제학자가 상품의 가치를 상품이 본래 자신이 갖고 있는 자연적 성질이라고 생각하는 것으로 가치를 낳고 있는 생산의 사회관계를 덮어 감추게 된다)와 마찬가지의 효과를 낳고 있다는 것을 의미한다. 즉 주체를 소여의 것이라고 생각함으로써 그 생산과 재생산의 사회관계성을 보이지 않게 해버리는 것이다.

국민국가나 국민을 근대인의 존재 단위로 승인하는 것에서 시작하는 것은 그 변경이나 외부를 소여의 것으로 보는 시선을 동시에 낳게 된다. 야스마루는 "국민국가에는 변경과 외부가 존재하며 그 내부에도 다원적으로 구성되어 있는 것을 국민국가론이나 사회사연구가 가르쳐주고 있다. 최근에는 디아스포라적인 사람들이 증가하여 국민국가를 상대화하는 시점이 점차 풍부하고 현실적인 것이 되고 있음을 알지 못하는 것은 아니다. 그러나 억압이나 배제 혹은 편성 등의 갖가지 측면도 국민국가라는 구조를 일단은 차정借定했을 때에 그것과의 관계성 속에서 겨우 보이게 되는 것이라고 생각한다"[29]고 말했다. 이 시점에서 본다면 중심과 주변은 움직일 수 없는 현실로서 생각해야만 하는 것으로 어떻게 해서 중심과 변경이라는 '관계성'이 만들어지고 유지되었으며 자명화되어 갔는지를 사고하는 것은 처음부터 상정되지 않는다.

일본 본토, 일본민족/국민은 역사의 이야기 속에서 중심적인 지위가 부여되고 아이누인, 대만의 선주민, 기타 마이너리티들은 '이미' 변경인들로 인식되어버린다. 근래의 역사학, 문학, 사회학이 보여주듯이 일본인이라는 카테고리의 탄생은 아이누인이나 류큐인이라는 카테고리의 생산 없이는 이해되지 못하고, 말 그대로 중심은 변경이라는 예외상

---

29 安丸良夫, 『現代日本思想論』, 岩波書店, 2012, p.193.

황조르조 아감벤을 만들어내는 것으로 존재 가능하게 된다.[30]

미셸 푸코는 이러한 '사건과 그 연속에 가득 찬 세계에 선결적으로 부동의 형태/원형'을 빌려오는借定 역사학을 '형이상학'이라고 불렀다.[31]

또한 알튀세르는 그것을 '경험론적─관념론적인 세계관'이라고 하면서 다음과 같이 분석했다.

> 인간의 본질이 보편적인 속성이기 위해서는 절대적인 기지旣知의 조건으로서 구체적인 주체가 실재하지 않으면 안 된다. 이것에는 주체의 경험론이 포함되어 있다. 이 경험론의 입장에서 각 개인이 인간 일반이기 위해서는 각 개인이 사실에 있어서가 아니더라도 적어도 권리에 있어서 인간의 본질 모두를 소여하고 있지 않으면 안 된다. 이것에는 본질 관념론이 포함되어 있다. 그리하여 주체의 경험론은 본질 관념론을 포함하고 있으며 그 반대도 성립될 수 있다.[32]

더 나아가 '마르크스 유물론은 주체의 경험론(과 그것을 뒤집은 형태의 초월적 주체)과 개념의 관념론(과 그것을 뒤집은 형태의 개념의 경험론)을 배제하기 때문'이라고 보고, 인간이나 그 역사를 인식하기 위해서는 '이론면에서 반휴머니즘 속에 인간세계 그 자체의 인식긍정적인 것과 그 실천적 변혁에

---

30 근대 역사는 말 그대로 이처럼 예외 상황에서 생겨났고 그 자연화를 추진해온 역사라고 말할 수 있을 것이다. 현대 일본의 후쿠시마(福島)나 오키나와(沖縄) 상황은 그 역사가 지속되고 있음을 여실히 말해주는 것이다. 국민국가나 민족을 소여 조건으로 하지 않고, 그것들의 생성과 지속을 가능케 하는 역사적 조건을 고찰하기 위해서는 예외 상황을 중심으로 생산 관계성을 계보학적으로 소급해가는 것이 중요하다고 필자는 생각한다.

31 Michel Foucault, *Language, Counter-Memory and Practice*, Ithaca : Cornell University Press, 1977, p.142.

32 ルイ・アルチュセール(Louis Althusser), 河野健二, 西川長夫, 田村俶訳, 『マルクスのために』, 平凡社, 1994, p.405.

관한 절대적인부정적인 가능 조건을 보는 것'이 결정적으로 중요하다고 하고 있다. 즉 "인간에 대해 철학적이론적인 신화를 불태워 재로 돌아가게 한다는 절대적 조건에서만 인간에 대해 어떤 무엇인가를 인식할 수 있게 된다"고 말한다.[33]

이 인용문은 알튀세르에게 반휴머니스트라는 오명을 불어올 수 있는데, 주의해서 읽어야 할 점은 반휴머니즘을 이론면에 두고 한정하고 있는 것이며 인간이나 그 역사를 알기 위해 필요한 이론적 방법이라는 점에 있다. 인간에 대해 어떤 무엇인가를 인식하기 위해 인간이라는 주체를 비역사적인 존재로서 소여의 조건으로 가동시키지 않으면 안 된다는 것이다. 일본, 일본인, 일본민족은 이미 경험적으로 존재하는 것이 아닌가라는 경험론과 그 경험론적 인식을 가능하게 하는 일본, 일본인, 일본민족이라는 본질은 부정하기 어려운 것이라는 관념론 둘 다가 불문에 붙여지게 되어 주체는 역사적 사고로부터 배제된다.

그러한 경험론적－관념론적으로 가동된 주체를 다시 한 번 '사건과 그 연속으로 가득 찬 세계', 즉 역사 레벨로 끌어내림으로써 그 자명성으로부터 해방되고 그 우연성, 우발성을 회복할 수 있는 것이 아닐까라고 알튀세르는 말하고 있는 것이다.

바꾸어 말하자면 비판적인 역사가의 사명은 그러한 '형이상학'을 우선 역사가 자신의 '존재 피구속성'으로 받아들이는 것이 아니라, '존재 피구속성'을 가능하게 하고 있는 역사적 조건을 풀어헤치는 것이다. 자명시된 국민국가라는 제도와 그 구속성, 또는 국민/민족이라는 주체와 그 구속성은 어떤 권력의 형태, 그것들의 관계성과 담론적 퍼포먼스를

---

33 위의 책, pp.406·408.

통해 구축되고 재생산되어왔는가. 주체의 형이상학이 흔들림없는 전제가 될 때 어떠한 힘지배, 종속, 차별, 배제, 횡령이 그 중층적 결정에 기능하기 시작하고 인간에 대한 어떤 것을 인식하는 것을 방해해 버리는가. 야스마루의 휴머니스트적 유물사관은 이들 물음에 대해 '인식론적 보수주의'를 가지고 대답하려고 하는데, 그것은 그의 역사적 방법의 아포리아가 낳은 자가당착이라고 말할 수 있다.

인식론적으로는 보수적이며 해석적으로는 혁신적이라는 입장은 존재 피구속성을 가능하게 하는 역사적 조건을 풀어낼 수 없다. 한편 루이 알튀세르가 제창하는 "이론적 반휴머니즘은 휴머니즘의 역사적 실재를 말살하는 것이 아니다".[34]

오히려 인간, 국민, 민족이라는 주체의 역사적 조건을 이해하는 것을 목표로 그것을 위해 그들 주체로부터 경험론적—관념론적인 세계관을 벗겨내지 않으면 안 된다고 말하고 있다. 휴머니스트적인 유물론은 아이러니컬하게도 인간, 민족, 민중이라는 주체의 역사적 이해를 불가능하게 해버린다.

주체를 범주화한 인지불가능성으로서 인지 양식으로 취할 필요가 있다. 범주화란 말 혹은 기호를 통해 중층적무수하게 다양한으로 결정되는 표상 불가능한 사회적 존재를 표상, 인지하는 행위를 가리키는 것이라고 생각한다. 표상행위는 그 환원주의, 즉 겹겹으로 겹쳐진 사회관계가 다양한 모순을 내포하면서 복잡하게 중첩되는 존재로서 인간(그람시와 알튀세르가 인간을 가리켜 사회관계의 앙상블이라고 부른 것)을 본질이나 동일성 이론에 종속시켜 바꿔 읽는 폭력을 내포하고 있다고 볼 수 있다.

---

34 위의 책, p.409.

알튀세르가 '경험적－관념적인 세계관'이라고 정의한 주체라는 표상의 폭력행위는 에티엔 발리바르Etienne Balibar의 민족, 국민, 인종, 계급, 성 그리고 민중이라는 범주를 표상과 그 제도가 가져오는 폭력작용으로 다시 받아들이지 않으면 안 된다는 중요한 통찰로 이어져간다.[35]

야스마루 역사학의 아포리아를 극복하기 위해서는 국민국가와 국민, 민족의 출현혹은 재생산을 식민지사나 인종차별사, 성차별사, 계급착취사와의 관계성 속에서 중요한 것이다. 그것은 자기－타자, 중심－주변, 내부－외부라는 이항구조라고 설정되고 제도화되어가는 프로세스를 풀어내는 것이며 그 프로세스로부터 떨어져나와 일탈하거나 침묵하게 만들고 혹은 말살된 자들의 사회성으로부터 국민국가, 제국, 식민지주의, 자본 이론에 수렴되지 않는 삶의 양식의 가능성을 메시아적벤야민으로 탐구해내는 작업을 의미하고 있다.

국민국가나 국민, 민족의 형성이 거의 예외없이 이러한 이항의 인식적, 물리적인 구조를 매개로 하여 이루어졌다면 말 그대로 그 탄생 가능성의 역사적 조건을 거슬러 올라가 그 프로세스에서 생겨나면서도 망각되어간 다양한 모순과 균열의 제상을 해명하는 것, 즉 탈구축하는 것이 진정한 의미에서 래디컬한 역사서술 작업이라고 말할 수 있는 것이 아닐까.

야스마루가 휴머니즘의 주체를 둘러싸고 본질주의를 암묵의 이해로 받아들여 민중으로부터 역사의 주체를 일으켜 세우고 국민이나 민족이라는 가공의 이야기를 재생산할 때 헤겔의 망령은 역사학의 무의식으

35　エティエンヌ・バリバール(Etienne Balibar), イマニュエル・ウォーラーステイン(Immanuel Wallerstein), 若森章孝・岡田光正・須田文明・奥西達也訳, 『人種・国民・階級 : 「民族」という曖昧なアイデンティティ』, 唯学書房, 2014.

로서 계속 배회할 것이다. 그것을 어떻게 극복할 것인가는 전체성과 주체성을 둘러싼 역사학의 재구축이라는 야스마루의 미완의 프로젝트를 그 아포리아의 가능성의 중심에 두고 배우면서 버리는 것에 있다고 여겨진다.

4. 야스마루로부터 무엇을 계승할 것인가

과거를 둘러싼 해석은 항상 현대의 문맥 속에서 정치적인 의미를 갖고 미래에 대한 예기 또는 희망으로 인도된다는 것을 야스마루는 깊게 이해하고 있다. 그렇기 때문에 그는 역사해석의 방법에 신경을 썼고 이론화 또는 개념화 작업을 텍스트해석에 필요불가결한 본질적인 문제로서 진지하게 받아들였다고 생각한다.

마르크스주의의 일본근대를 둘러싼 논쟁, 마루야마학파의 일본사상의 사유구조 연구, 그리고 근대화론에 잠복해 있는 제국주의 역사관, 더 나아가 아날학파나 포스트구조주의, 문화연구를 포함한 해석 방법을 둘러싼 그의 지치지 않는 관심은 과거를 해석하는 자가 가져야할 가치적/윤리적 책임을 강하게 자각하고 있었다는 증거이다.

그의 전체성과 주체성에의 구애는 과거를 해석하는 것을 통해 왜 우리들이 놓여있는 역사 상황을 이해하고 미래에의 책임을 탐구하기 위해 불가결한가를 가르쳐주고 있는 것이다. 그것은 야스마루가 역사가로서 포지셔널리티위치의 강한 자각에서 잉태된 것이었다.

'민중이야말로 역사를 움직이는 힘'이라고 말하는 시점은 진보와 자유의 서양에 대한 정체와 종속의 동양이라는 도식을 다른 색으로 바꾸어 근대주의자의 엘리트 중심의 역사관으로의 개입이었다는 것은 틀림없다. 그러나 한편으로 그것은 세계사를 자유로 향하게 하는 정신의 여로로 하는 헤겔적인 역사관을 전도하는 것에는 성공했지만, 그 역사관 그 자체를 래디컬하게 재정의하는 것에는 성공하지 못했다. 이름도 없는 사람들을 그러한 역사의 중심무대에 등장시켜 영웅이나 엘리트로부터 자립한 독자의 역사적 추진력으로서 주체화하려는 시좌는 국민사를 탈구축하는 것에는 성공하지 못했을 뿐만 아니라, 민중이라는 이름 하에 새로운 국민/민족의 정신사를 첨삭하는 것을 의미하고 있었다.

필자가 이 소논고에서 말하고자 했던 것은 야스마루가 역사학을 통해본 가능성과 책임, 또는 그가 마주한 근대화를 둘러싼 문제설정의 방식에 공감하면서 동시에 그곳에서 생겨난 아포리아로부터 새로운 역사학의 방법을 창조해갈 필요가 있다는 점이다.

반복해서 말하지만 야스마루가 인식론적 보수주의와 이데올로기적 반보수주의라는 근본적으로 서로 받아들일 수 없는 입장을 통합함으로써 스스로 해석방법의 모순을 극복하려고 한 무리함이 갖는 의미를 깊고 무겁게 받아들이고, 그가 걸어온 지적 궤도를 쫓아가는 것이 아니라 그 아포리아의 가능성의 중심에서 새로운 해석방법을 도출해 가는 것이 야스마루가 목표로 했던 역사학에 정면에서 응답해가는 것이 아닐까 생각한다.

제4장

메이지유신을 내파하는 헤테로글로시아
아이누의 경험과 언어

────────

1. 국민국가의 틀과 역사, 그리고 주체의 패러독스

> 사적 유물론에서 중요한 점은 위기의 순간에 사적 탐구의 주체에 생각
> 지도 않게 나타나는 그러한 이미지를 확보하는 것이다.
>
> ─발터 벤야민 『역사 개념에 대해서』

퍼즐puzzle은 그림 형태가 세분화되면 될수록 난이도는 증가하고 하
나하나의 조각piece들은 색도 형상도 구분하기 어렵게 된다. 그것이 그
림의 어느 부분에 해당하는지를 찾아내어 그 전체상을 재현하는 것은
퍼즐 놀이의 묘미이기도 하다. 아마도 역사가는 자신들의 작업을 퍼즐
놀이에 비유하여 생각할지도 모른다. 그러나 국민국가를 역사해석의
전제적前提的인 틀로 하는 실증주의는 사실史實 집적을 통해 그 틀을 재
현·재생산해왔다는 의미에서 퍼즐 놀이와 매우 닮아 있다.

사실을 인과율에 따라 연쇄적으로 결부시키면서 국민이나 국가의 이

야기를 그리는 것은 근대역사학이 반복해온 지적 작업이 아니었을까. 실증주의에서 사실이란 퍼즐의 한 조각과 같은 것이며 역사해석이란 국민국가라는 전체상을 재구축할 무수한 조각들을 조합해 가는 작업이라고 말할 수 있을 것이다. 그리고 그 작업을 이끌어왔던 방법론이란 발터 벤야민Walter Benjamin이 역사주의라고 부르고 비판한 그것, 즉 '사건의 연쇄를 로사리오rosario처럼 손가락으로 만지작거리면서 역사의 갖가지 계기의 인과관계를 확립하는 것이다.[1]

예를 들면 일본사라는 분야는 '일본'이라는 인식 대상을 출발점으로 하여 그곳에서 펼쳐진 사건들을 인과율에 따라 이어가면서 일본이라는 국가 혹은 그곳에 사는 국민이 걸어온 도정을 그리는 것으로 시종일관해왔다. 이러한 점에서 황국사관皇国史観도 계급사관도 또한 근대주의적 해석도 근대화론도 별 차이가 없다.

역사해석에서 국민국가는 출발점이기도 하며 종착점이기도 하다. 그것은 역사가가 사전에 그려내는 전체적 이미지이며 인식의 대상영역이고 결론인 것이다. 역사가는 이 해석학적 순환hermeneutic circle 속에 자리를 잡고 퍼즐 조각과 전체상의 사이를 왕래하면서 사건의 연쇄를 만들어간다. 여러 가지 방법을 구사하면서 전통적인 실증주의의 타파를 목표로 하는 민중사조차도 이 해석적 순환의 함정에서 자유롭지 못했다. 민중사를 이론적으로 탐구한 야스마루 요시오는 역사가란 우선 '국민국가라는 형태의 구조를 차정假定하지 않으면 분석대상의 그 자체를 잃어버리게 되고, 역사연구는 존재의 장소를 잃게 된다'고 말했다.

그리고 구래의 실증주의와의 차이는 "근대세계가 국민국가를 구조의

---

1   ヴァルター・ベンヤミン, 鹿島徹訳, 『歴史の概念について』, 未来社, pp.69~70.

단위로 하는 자기 인식론적인 모습을 자각화해가는 수밖에 없다고 생각하는 것"에 있는데, 그러한 입장은 인식론적 보수주의라고 부를 수 있다고 보았다.[2] 또한 역사가 자신도 국민국가라는 존재의 피구속성을 받아들이는 것에서 시작하지 않으면 안 된다고 한 다음, 우리들 민중사가民衆史家는 구조를 갈등과 대항을 내포한 것으로 채택하기 때문에 말할 것도 없이 이데올로기적 보수주의는 아니라고 변명했다.[3]

근대의 역사는 국민국가라는 틀 속에서 전개해왔으며 역사가도 또한 그 내부에서 살아왔기 때문에 그 서술도 자연스럽게 국민국가라는 틀에 구속받지 않을 수 없게 된다. 즉 야스마루가 말하는 인식론적 보수주의＝이데올로기적 보수주의는 아니라는 입장은 갈등이나 대항을 역사의 원동력으로 받아들이는 것으로 국민국가라는 전체상을 다시 그려내도 그 전체상을 가능케 하고 있는 인식론적 전제나 해석적 수속을 재문再問할 수는 없게 된다.

이 논리에 따른다면 역사가의 직무는 일본이나 일본인이라는 주체를 이미 존재하는 것으로 조정措定하거나 소급적으로 그것을 나중에 추인하면서 실정화實定化해가게 된다.[4] 역사학은 주체를 이미 그곳에 있다는 것으로 하여 체현할 수 있는지의 조건을 정리하는 것, 「전이의 착각轉移の錯覺」(근대의 상상물인 국민적 주체를 과거로 전이시켜 그것이 마치 먼 옛날부터 연면히 계속되어온 것 같은 착각)을 영속시키기 위한 장치가 된다.

그것은 주체형성에 얽혀 있는 권력이나 폭력의 문제를 불가시화한다는 의미에서 말 그대로 민족주의 이데올로기의 진짜 목적과 합치해버

---

2   安丸良夫, 『現代日本思想論』, 岩波書店, 2004, p.194.
3   위의 책 참조.
4   ジジェックの「過去」と「遡及」をめぐる議論に多くを得ている. ジジェック, 『イデオロギーの崇高な対象』, 河出文庫, pp.107～112.

리게 된다. 그리하여 역사서술의 무의식이라고도 말할 수 있는 인식의 대상영역과 그 영역을 가능케 하고 있는 인식론적 전제는 불문에 붙이고 있으며 해석적 순환이 깨지는 경우는 거의 없다.

역사를 해석하고 서술하는 것은 퍼즐처럼 조각나 있는 조각들을 조합하여 기성의 인식대상을 재현하거나 새로 그려내는 것은 아닐 것이다. 그것은 눈앞에 움직일 수 없는 것으로 나타난(혹은 그렇게 생각하는 것) 현실이 어떻게 해서 생겨나고 제도화되어왔는가를 풀어내는 작업이기도 하다. 또한 이 현실의 해체 개시는 그것이 생성되는 과정에서 일탈하고 배제되며 격투를 벌이고 침묵을 강요당하기도 하며 때로는 유기되어간 사람들의 삶이나 말로부터 국민국가를 비롯해 제국, 식민지주의, 자본의 논리에 통합될 수 없는 삶의 양식메시아적벤야민을 찾아내는 것이다.

에르네스트 르낭Ernest Renan 이 '통일은 언제나 난폭하게 이루어 진다' 고 말했듯이 국민국가나 국민, 민족이 예외 없이 배제나 차별, 횡탈橫奪이나 지배구조를 매개로 형성되고 유지되어왔다고 한다면, 말 그대로 그 형성과 유지 가능성의 역사적 조건에 거슬러 올라가 폭력의 구조와 작용을 또한 그곳에서 발신하면서 묵살된 다양한 언어를 확보해가는 것이 역사가에게 요구된다.

적어도 벤야민의 사적유물론史的唯物論은 그러한 역사가에 의한 개입의 필요성을 시사하고 있다. 사적유물론은 역사의 연속체—진보의 시간 축에 따라 사실史實을 가산하여 만든 이미지—를 폭파하여 그 연속체로부터 배제되고 억압되어온 과거의 탈회奪回를 목표로 한다. 그것은 '균질하고 공허한 시간'을 근거로 상정된 진보사관을 근원적으로 비판하고 억압된 사람들의 전통, 그녀/그들이 산 '지금의 시간에 가득한 시간'을 되찾으려고 한다.[5] 현 세계를 진보의 당연한 과정으로 정당화하는 자들은 죽은 자들까지도 동원하면서 그것을 근거 지으려고 한다.

그러나 사적유물론자는 "적이 승리를 거둘 때는 죽은 자도 또한 무사하지 못하다는 것을 알고 있다"[6]고 본다. 그리고 지나간 것을 사적 탐구에 의해 이것이라고 확실하게 취하는 것은 그것이 실제로 있었던 것 그대로 인식하는 것이 아니라, 위기의 순간에 번뜩이는 상기를 나의 것으로 하는 것도 알고 있다.[7] 사적 유물론자는 피억압자의 전승을 지배하에 두려는 체제 추종주의의 손으로부터 전승을 새로이 되빼앗는 것이고 위기의 순간에 사적 탐구의 주체에 생각지도 못하게 나타나는 그러한 과거의 이미지를 확보하도록 해야 한다.[8]

현 정권의 한 각료가 메이지유신 150주년에 대해 '일본에 커다란 전환점이다. 메이지 정신에서 배워 일본의 강함을 재인식하여 차세대에 남기는 것은 매우 중요하다'고 말했다. 풍요로운 지금 시간에 가득 찬 과거를 일본이라는 균질하고 공허한 역사의 연속체 속에 봉쇄하여 근대화를 성공시킨 일본의 정신과 강함을 강조하려는 국가이데올로기적 기획에 우리들은 어떻게 저항할 수 있을까. 현 체제는 애국심과 내셔널리즘의 환기와 고양을 위해 죽은 자들까지도 동원하고 지금을 사는 사람들에게 민족적 축승祝勝의 퍼레이드에 참가하도록 부르고 있다.

그리고 근대화라는 문명화의 기록이 실은 야만의 기록이기도 했다는 것을 망각시키려고 한다. 메이지유신이라는 역사를 '일본 근대화의 성공'이나 '일본인의 강함'으로 말하려는 기획은 벤야민이 말하는 위기 도래의 징후가 아닐까. 그렇기 때문에 메이지유신 150주년에 생각지

---

5 ベンヤミン, 『歴史の概念について』, p.62.
6 위의 책, p.50.
7 위의 책, pp.49~50.
8 위의 책, pp.49~50.

도 않게 나타난 그러한 과거의 이미지를 확보하는 것이 요구된다.

그러나 150년을 축하하는 것으로 일본·일본인이라는 주체를 적극적으로 구성·재구성하는 시도는 아이러니컬하게도 항상 자기 내파의 가능성을 포함하고 있다. 모든 통일이나 자기동일성이 갖가지 폭력에 의해 잉태된 것이라고 한다면 일본/일본인이라는 주체도 또한 폭력이나 그 상흔을 스스로 존재 가능성의 조건으로 내재화한다. 바꾸어 말하자면 일본/일본인이라는 주체 그것이 트라우마=상를 그 구성요인으로 내포하고 있다는 것이 된다.

무구하고 무상無傷의 정합성을 가진 주체 등은 역사상 존재하지 않는 판타지fantasy라는 것을 재확인해둘 필요가 있다. 그 판타지에 들어붙으면 붙을수록 주체의 이름에 행사된 폭력은 상기되고 그 희생이 된 사람들의 분노와 슬픔이 기억으로 되살아나고, 그녀/그들의 신체에 깊게 각인된 상처가 격렬하게 쑤시기 시작할 것이다.

그리고 그 기억과 신체는 자기동일성을 가능케 하는 나르시시즘의 모노로그monologue, 폐쇄된 담론적 회로를 부술 수 있을 것이다. 주체의 패러독스란 자기동일성의 철저화가 자기파탄 그 자체라는 것이다.

주체를 생성하고 지속시키기 위해 반복해온 원–폭력과 그것에 의해 무수의 찢김과 상흔이 주체를 안쪽부터 폭파시킨다. 일본·일본인이라는 주체의 자기동일성은 그 원초부터 이미 무리한 것이며 일본인으로서 파탄해 있었던 것이다. 애국주의를 선동하는 사람들은 말 그대로 그것이 원–파탄해 있기 때문에 여러 가지 공감이야기라는 판타지를 만들어내려고 한다.

원–폭력과 원–파탄이라는 사태, 지젝의 말을 빌려 표현하자면 '외상의 핵'이라는 사태가 낳는 부끄러움과 죄를 회피하여 불가시화시키기 위해 공감의 모체가 된 민족이나 국민성이라는 판타지를 필요로 하게 된 것이다.[9] 이 국민성이라는 공감의 모체가 생산되는 현장은 의무교육이며 매스컴이고, 여론이며 소셜 미디어 그리고 갖가지 국민적 의례인 것이다.

그렇기 때문에 애국주의자들은 이러한 이데올로기의 생성현장을 독점하는 것으로 공감이야기를 자꾸 흘려보내고 포스트콜로니얼 상황이 환기되는 되찾을 수 없는 폭력의 상흔과 기억의 은멸을 꾀하는 것이다. 일본인이 그렇게 잔인한 행위를 할 리가 없다거나 그러한 잔인한 역사를 아이들에게 가르쳐서는 안 된다. 혹은 애국심을 기르기 위해서는 자학사관을 초극해야 한다. 그리고 일본인 중에 전범戰犯은 없다는 등의 부끄러운 담론은 모두 이러한 원-파탄인 것이며 존재하지 않는 판타지로서 일본인의 자기동일성에 대한 욕망의 표현에 지나지 않는 것이다.

그렇다면 일본인이라는 패러독스를 극복하려고 일본인이라는 이름 아래 시행한 잔학행위를 파헤치고 고발하면 되는가 하면 또 그렇지도 않은 것이다. 중요한 것은 일본인이라는 자기완결적인 주체를 상정하는 것 자체가 이미 원-폭력을 끌어안고 있다는 것, 그리고 그 상정想定의 생성과 유지가 어떻게 역사를 낳아 왔는가라는 것을 해명하는 것에 있다.

물론 이 주체와 역사를 둘러싼 문제는 일본이나 일본인에게만 한정된 것은 아니다. 원-폭력은 선주민 학살이나 흑인 노예를 건국을 계기로 끌어안고 있는 미합중국에도 존재하며 노예무역이나 식민지지배를 그 탄생과 전개의 결정적 요인으로 한 대영제국도 마찬가지인 것이다.

---

9 ジジェック,『イデオロギーの崇高な対象』, pp.335~336.

미국에서도 영국에서도 자국의 이름을 걸고 행한 제노사이드를 부정하고 식민지배를 세계의 문명화 과정의 중요한 계기로서 정당화 하는 연구자나 논객은 끊이지 않고 있다. 더욱이 미국의 건국을 둘러싼 역사에 관해서는 가능한 한 불합리한 진실을 은폐하고 뒤틀어서 해석하려는 노력은 적지 않다.

이러한 현상은 주체의 무리라는 부정성否定性을 부정하고 싶은 욕구의 표출이며 아이러니컬하게도 죄악감 없는 주체는 없다는 것을 보여주게 된다.[10]

본래 역사적 존재인 인간은 무수하게 존재하는 구조들이나 사건들이 서로 모순되면서 중층적으로 교차하면서 생겨나는 '사회적 관계의 앙상블' 속에서 살게 되는 것이다.[11] 인간은 자기동일성에 수렴되지 않는 존재이며 사회관계의 앙상블인 인간의 복잡한 중층성을 국민, 민족, 인종, 국사, 천황이라는 기호에 의해 표상하는 것은 불가능한 일이다.

그러한 기로가 만들어내는 표상 질서와 산 경험과의 사이에는 항상 균열과 노이즈가 존재한다. 따라서 주체의 자기동일성은 역사적·물질적인 존재로서의 인간에 합치하는 것이 아니라 형이상학이 요구하는 이론적 전제의 차정借定에 지나지 않는다. 주체의 형이상학은 인간이 얽혀 있는 무한의 복잡한 국면을 국민이나 민족의 이야기로 바꿔 쓰려고 한다.

'살고 있는 현실'의 표상 불가능성을 주체의 이야기로 기호화하고 그러한 의식을 개인에게 심으려는 행위는 주체의 원—폭력, 원—파탄의

---

10 위의 책, p.335.
11 Antonio Gramsci, Prison Notebooks, (International Publishers Co); Louis Althusser, For Marx (Verso), ルイ・アルチュセール, 河野健二, 西川長夫, 田村俶訳, 『マルクスのために』, 平凡社.

사태를 은폐할 뿐만 아니라, 폭력과 파탄 그 자체라는 것을 강조하고 싶다. '일본은 멋지다', '일본인이라는 것에 자긍심을 갖고'라는 애국적 발화는 폭력의 은폐와 은폐의 폭력, 즉 폭력을 은폐하는 폭력이라는 이중의 폭력행위로 그 내부에서부터 이미 파탄나고 있는 것이다.

바꾸어 말하자면 주체의 형이상학의 논리적 전제는 역사라는 헤테로글로시아heteroglossia(언어의 다양성과 복수의 목소리가 서로 부딪치고 중첩되면서 의미의 통합을 실현시키지 않는 상태)의 장소에서 언제나 이미 자기파탄하고 있는 것이다.[12] 그 헤테로글로시아를 확보하여 사상화해가는 것이 역사가에게 요구되고 있다.

국민국가라는 우리檻에 수감되어온 것이 근대적 역사의식이라고 한다면, 근대 이후에 목표로 해야 할 지知는 그러한 우리를 내파해온 헤테로글로시아를 확보하면서 지금까지 불가시화되어온 '원-폭력'의 역사적 구조를 해명해가는 작업이 아닐까. 헤테로글로시아의 탐구는 다종다양한 일본인의 이야기를 축적하면서 일본사라는 우리를 강화해가는 것이 아니라, 그곳으로부터 해방되지 않으면 안 되는 것이다.

헤테로글로시아로부터 상기된 과거는 지배적 담론이나 지식을 상대화하고 사건의 연쇄를 파괴하는 액센트에 가득 차 있다. 일본의 근대화란 어떤 권력과 지배구조를 낳고 아이누인들은 어떻게 저항해온 것일까. 근대에 사라져가는 민족이라는 호칭을 강요당한 사람들로부터 어떠한 말들이 자아내어왔던 것일까.

---

12 헤테로글로시아는 지배적인 언어를 포함한 다중다양한 언어가 대화를 통해 길항하는 상태를 설명하기 위해 바흐친이 사용한 것으로 '언어권위적인 언어'가 갖는 이데올로기 효과에 대한 상대화와, 그곳으로부터 해방의 가능성을 시사하는 의미에서 필자는 사용한다. .M. M. Bakhtin, "Discourse in the Novel" in The Dialogic Imagination : Four Essays (University of Texas Press).

2. 교통 공사 논쟁交通公社論爭으로 본 메이지기의 아이누

메이지정부가 아이누에게 다가가서 아이누를 일본인으로 끌어들이려고 한 것은 대지를 빼앗기 위한 수법에 지나지 않았다. 일본교통공사 아이누 차별을 규탄하는 모임.

1981년 홋카이도에 살고 있던 아이누인들이 중심이 되어 '일본교통공사의 아이누 차별을 규탄하는 모임'을 발족했다. 이 모임은 교통공사가 일본의 영자신문에서 최대의 발행부수를 자랑하는 'The Japan Times'에 게재한 홋카이도 투어 광고에 대한 항의로서 결성되었다. 이 광고는 홋카이도 관광의 매력을 다음과 같이 적고 있었다.

> 홋카이도의 멋진 4일간. 매력 넘치는 투어는 삿포로札幌에서의 시내관광, 숨을 막히게 하는 삿포로의 전경을 만끽하는 모이와モイワ산, 도야호洞爺湖의 낭만 넘치는 드라이브와 유명한 노보리베쓰登別온천, 곰 목장, 시라오이白老에 있는 진짜 아이누 집락集落 방문, 그리고 그 유명한 털 많은 아이누의 고대로부터 전해져오는 풍습과 문화 견학이 포함되어 있는 미혹적인 여행.[13]

이 광고에서 일견 천진난만하고 순진한 기술은 메이지시대가 되면서부터 개척 식민지 하에 놓인 아이누인들이 지속적으로 경험해온 인종차별을 가장 노골적인 형태를 표현하고 있다. 아이누인들은 교통공사

---

[13] 計良智子, 計良光範, 河野本道, 田中美智子, 成田得平編,『近代化のなかのアイヌ差別の構造』, 明石書店, 1998, pp.312~313.

가 자신들의 신체적 특징을 '그 유명한 털 많은'이라고 표현한 것이라든가 시라오이의 시설을 진짜正真正銘 아이누 집락アイヌ集落'이라고 표기한 것이 인종차별과 무지를 드러낸 것이라고 보았다.[14] 당초 교통공사는 광고에서 사용되고 있는 표현이 왜 차별용어인가를 이해하지 못했고 규탄 모임에서 그 설명을 요구해왔다.

그러나 최종적으로 교통공사는 일본의 근대화가 아이누 본래의 생활양식을 잃게 하고, 강제적으로 농민화를 꾀하고 획일적인 일본어를 교육시킴으로써 아이누로부터 언어를 빼앗고, 문화 계승을 곤란하게 한 것, 그 때문에 아이누민족이 많은 고생苦境을 당했다는 것과 동시에 아이누 차별이 조장되었다는 사실을 알지 못했다고 반성하며 사죄했다.[15]

교통공사가 이와 같은 역사인식을 획득하게 된 것에는 규탄 모임의 주장이 결정적인 역할을 했다. 광고의 소개말에 포함된 뿌리 깊은 인종차별은 일본이 메이지기 이후 한 세기 이상에 걸쳐 선주민으로부터 토지나 생활수단을 빼앗고, 차별을 반복해온 사실을 망각하고 있었기 때문이라고 주장했다. 제6회 규탄대회에서는 교통공사의 책임자들을 향해 다음과 같이 주장했다.

> 메이지32년까지(홋카이도 구토인보호법 시행) 30년 간, 아이누가 방치된 문제, 이것을 절대 잊지 말기를 바란다. 메이지시기가 되면 지권조례地券条例 등 일련의 토지에 관한 법률을 정부가 만들고, 우선 홋카이도를 '무주無主의 땅'이라며 국유화를 단행했다. 국유화되어버리자 원래 그곳에서 생활하고 있던 특히 마쓰마에번松前藩 시대의 몇 대에 걸쳐 산 주민들이나

---

14 위의 책, p.340.
15 위의 책, p.330.

혹은 이미 홋카이도 각지에 들어가 있던 와인和人들에 대해서는 그곳 토지 소유권을 등록시키는 일을 하는 것이었다. 그리고 우선 생활 당면 구제를 실시하고 이번에는 둔전병屯田兵이 되고, 일반개척민에 대해서는 대략 10만평을 조건으로 개간한 토지를 준다는 토지 분할작업을 진행했다. 더 나아가 법인조직에 대해서는 신청만 있으면 거의 무제한으로 토지를 주었다고 한다. 이러한 작업을 30년 간 지속했다. 그 사이 아이누에 대해서는 방치하고 있었다. 홋카이도 구토인보호법이라는 법률이 만들어지고 30년 간 전부 빼앗겨버렸기 때문에 남은 토지를 너희들은 농업을 하지 않는다. 하고 싶은 자들은 1만 5천평 이내로 줄 것이다. (…중략…) 그 이전까지 아이누가 살고 있던 강가 일대의 땅, 그리고 좋은 자연환경에 은혜를 입은 인간이 사는 것에 적당한 토지는 30년에 걸쳐 내몰린 끝에의 일이었다.[16]

이 논쟁을 통해 분명하게 밝혀진 것은 일본의 근대화를 둘러싼 일반적인 역사인식 그 자체가 아이누인들에 대한 폭력으로 작용하고 있었다는 점이다. 다시 말해서 근대화에 대한 이해가 식민지지배에 의한 수탈과 배제의 과정을 무시한 것이었기 때문에 선주민들은 아직도 인종적인 편견에 노출되어 있다다. 르낭의 말을 빌리자면, '역사적 탐구는 모든 정치구성체의 가장 유익한 결과를 가져온다고 여겨지는 정치구성체의 기원에서조차 생기한 폭력적인 사건을 다시 드러내는 것을 사명으로 하고 있는데, 그러한 탐구가 충분하게 이루어지지 않아왔다는 것이 인종차별적 무의식을 조장한 결과가 되었다.[17]

---

16 위의 책, pp.190~191.
17 Ernest Renan, On the Nation, Ernest Renan, On the Nation in Geoff Eley and Ronald G Suny eds., Becoming National (Oxford : Oxford University Press, 1996), p.45: エルネスト・ルナン, 『国民とは何か』, インスクリプト, 1997 참조.

규탄대회에서 나왔던 논의들이 명확하게 보여주듯이 부국강병과 식산흥업殖産興業을 목표로 하던 메이지정부는 아이누가 아이누모시리ｱｲﾇﾓｼﾘ(인간의 정숙한 대지)라고 부른 생활장소를 '무주無主의 땅' 혹은 처녀지라고 바꾸어 써서 그것을 천황의 이름 하에 국유화하고, 와인和人의 식민자들에게 나누어주었다. 그후 30년 간 아이누인을 방치하게 된다. 그 결과 빈곤과 질병, 생활난으로 인해 아이누의 인구는 정체된다. 이렇게 해서 생겨난 것이 '사라져가는 민족'이라는 호칭이다.

'사라져가는 민족'이란 아이누를 포함해 전 세계의 선주민들에게 근대에 들어서 붙여진 이름이다. 그것은 그들이 개척이나 이민정책을 통해 생활의 근거지였던 대지를 약탈당하고, 수렵이나 채집생활을 부정당하면서 빈곤이나 질병 그리고 차별 폭력에 내맡겨져간 역사적 과정을 '진보 법칙'으로서 자연화하는 담론이었다. 개간이나 경작을 영위하는 자들만이 토지를 소유할 권리가 있다고 간주하는 근대의 사적소유권의 기원이라고 말할 수 있는 'terra nullius'라는 발상(존 로크가 이 이론을 체계화했다)이 전 세계 선주민의 자연과 대지와의 관련성을 부정하고, 그들의 선주성先住性을 송두리째 빼앗아갔던 것은 잘 알려진 사실이다.

아이누도 또한 수렵·채집에 바탕을 둔 생활을 영위하고 있었기 때문에 아이누모시리로서 관계를 구축해온 대지를 '아무도 소유하지 않는 토지=아무도 살지 않는 공백의 토지=처녀지'라는 말 바꾸기 작업을 통해 빼앗겨버렸다. 사적소유권과 그것에 대한 욕구는 역사 진보의 원동력이라는 자유주의적자본주의적 전제가 아이누사회는 점점 역사로부터 모습이 지워질 운명에 있다는 인식을 만들어냈다. 규탄 모임은 교통공사에 대해 "왜 홋카이도에 처녀지라는 이름이 붙어 있는가. 당신들이 제멋대로 처녀지로 삼고 있는 것이다. 아무리 작은 강도 아무리 작은

산도 다 이름이 있다. 처녀지는 어디에도 없다"고 주장했다. 그리고 "메이지정부가 아이누에게 가해온 것은 아이누를 일본인으로 끌어들이려고한 것은 이 대지를 빼앗기 위한 방법이었다"고 지적했다.[18]

규탄대회에서의 주장은 인종주의가 국민국가와 자본주의의 형성 속에서 결정적으로 중요한 역할을 담당했다는 시좌를 제시했다. 교통공사가 아이누코탄アイヌコタン을 형용하는 데 사용한 말·진정한 혹은 미혹적인, 고대의·은 어떠한 권력작용을 통해 아이누의 인종화가 시행되었는가를 시사해준다. 그것은 역사적으로 서로 다른 존재비자본주의적인 존재를 인종적 차이 쪽에 기호화하고, 그 기호를 국가주권의 영역 결정과 자본주의 생산의 사회관계를 만들어내기 위한 계기로서 코드화(문명에서 뒤떨어져 절멸絕滅 직전에 있기 때문에 보호를 필요로 하는 사람들)하는 권력의 모습이다.

바꾸어 말하자면 역사적 차이의 인종화, 선주민으로부터 생활수단에서 빼놓을 수 없는 것·대지, 바다, 강, 숲·을 수탈하고 그것을 자본 축적과 제국일본을 형성하는 데 이용하게 되었다. 그 결과 아이누는 앞서 언급한 형용구가 보여주듯이 사회적 죽음=보여주기 위한 것, 박물 표본적 존재로 휘말려 들어가게 되었다.

더 나아가 규탄대회가 간접적으로 시사하고 있었던 것은 인종주의절대적 지배와 차별, 국민국가주권의 확립과 영토화, 자본주의자본의 축적는 우리들이 근대라고 부르는 특정의 역사적 상황에서 상호작용적으로 또는 동시 병행적으로 나타난 현상이라는 점이다. 메이지정부에 의한 홋카이도 영유는 동시에 개척의 시작이기도 했다. 1869년에 에조섬蝦夷島에서 홋카이도

---

18 成田得平他編, 『近代化のなかのアイヌ差別の構造』, 明石書店, 1985, pp.124·146.

로 개칭하고 아이누모시라의 일본 영유화 선언을 의미했다.

일본과 러시아에 의한 오호쓰쿠 연안해의 재영토화가 시행된다. 치도리千島列島 열도는 1854년 러일화친조약에 의해 남북으로 나뉘고 1867년 러일가假조약에서는 남사할린(가라후토樺太를 러일 잡거지역으로 정했는데, 1875년에는 이 두 영역을 대상으로 북치도리北千島와 남사할린南サハリン) 교환을 내용으로 하는 가라후토치도리樺太千島 교환조약이 체결된다.

이 조약에서는 관계지역 주민에게 1년 이내 국적 선택의 자유를 인정하고 있었다. 그러나 메이지정부는 남사할린과 북치도리의 아이누 일부를 홋카이도로 강제연행했다. 다시 말해서 조약위반을 자행했다. 남사할린에서는 일부 아이누주민을 홋카이도 소야宗谷, 동시에 이시카리石狩 지방의 쓰이시카리対雁(현재의 에베쓰시江別市)로 연행되었다. 그리하여 가라후토의 아이누는 정책적 난민이 되었는데, 결국 빈곤과 전염병 때문에 고통을 겪는 운명에 처하게 된다.

또한 치도리열도의 최북단 시무슈占守 섬의 아이누주민은 캄챠카반도로 이주를 희망했음에도 불구하고 메이지정부는 해군군함을 파견하여 그들을 시코탄色丹 섬으로 강제연행했다. 이 모든 경우가 일본 측의 가라후토 치도리 교환조약의 명백한 위반행위를 의미하고 있었지만, 아이누인은 정부의 일방적이고 강제적인 정책에 대해 구제를 호소할 방도도 없이 그것에 복종하지 않을 수 없었다. 이런 일련의 사건으로부터 메이지국가가 스스로 주권영역을 결정해가는 과정에서 아이누사회의 강제적 해체를 진행시켰고, 아이누인의 국민화를 추진해갔던 것을 알 수 있다.

이와 병행하여 시행된 것은 홋카이도 도내의 아이누인의 강제이주였다. 1870년 이후 메이지정부가 아이누의 생업을 '야만'적이며 '구벽旧

壁'적인 불법행위로 지정했기 때문에 그들의 빈곤상황은 매우 심해져 갔다. 이 사태에 대해 수수방관하고 있던 삿포로현札幌県이나 네무로현根室県이 1880년대에 이르러 권농勧農 정책을 수행한다. 이는 농업예정지에 아이누인들을 강제이주시킨 정책인데, 농업을 생업으로 하지 않는 그녀/그들은 더욱 곤궁에 빠진다. 구래의 수렵이나 어업을 부정하고, 사유재산제를 도입하고 농업을 절대적 기준으로 하는 개척식민지 정책은 식산흥업을 위한 자본의 축적을 목표로 하는 메이지정부가 강행한 본원적 축적과정 그것이었고, 한층 아이누인을 절멸絶滅의 위기로 몰아갔다.

이리하여 세 개의 요소, 즉 인종주의, 국민국가, 자본주의는 밀접하게 서로 관련을 맺으면서 제국일본과 '아이누 민족문제'를 동시에 잉태해낸다. 홋카이도 우타리ウタリ협회가 지적한 것처럼 "아이누 민족문제는 일본 근대국가 성립과정에서 일어난 부끄러운 역사적 소산물"이었다.[19] 부언하지만 그중에서도 인종화 폴리틱스는 비자본주의적인 세계를 자본주의 내부로 포섭하기 위한 결정적인 요인으로 기능했다.

이러한 비자본주의사회의 자본주의에 의한 포섭과정을 개빈 워커 Gavin Walker는 '조우 가능한 특정한 차이의 등가等価'라고 불렀다. 그는 이것을 다음과 같이 논한다.

마르크스가 논의한 대로 이 둘의 마주보기는 실은 둘이 만나는 것이 가능하다는 전제 하에 성립되고 있다. 자본주의사회에서는 이 둘이 조우하는 순간이란 차이를 어떠한 형태로든 관계성을 갖는 것이 가능한 단위에 밀어넣고, 통합하고 이어가는 프로세스로서 본원적 축적을 의미하고 있다.[20]

19 「アイヌ民族に関する法律(案)」, 貝澤正, 『アイヌ わが人生』, p.110.
20 Gavin Walker, *The Sublime Perversion of Capital : Marxist Theory and Politics of History in*

다시 말해서 아이누와 와인和人의 근대적 만남과 그 관계성의 가능성은 인종적 차이라는 단위에 밀어넣는 것에 의해 생겨난 것이라는 말이 된다. 인종이라는 단위를 축으로 둘은 만나게 되었고 연결되었다. 한 특정한 관계성을 구축한 것이다.

이 프로세스야말로 본원적 축적이며 그것을 가능케 한 것이 노동력을 둘러싼 권력의 모습이었다.

3. 개척 수인囚人 노동자의 형성과 죽음의 정치

그렇다면 개척 식민지정책이 자본축적 사이클, 즉 홋카이도에서 노동시장의 창출과 자본투하 촉진에 필요한 사회적/경제적 조건을 갖추기 위해 인종주의는 어떠한 역할을 했던 것일까.

메이지정부의 개척주의는 어느 특정 아이누 상像, 특히 그들의 노동형태를 둘러싼 이미지를 만들어냈다. 아이누는 개척을 위해 착취되고 사용하면 버려지는 노동력으로서가 아니라, 그러한 노동력에 부적절하고 불필요한 존재라고 이해하게 된다.

아이누가 열등인종으로 간주되는 배경에는 와인和人이 개척사업에 보다 어울린다는 우등인종으로 상정해가는 과정이었다. 와인의 진보성과 아이누의 후퇴성. 와인의 증식과 아이누의 사멸이라는 이항대립 구조는 홋카이도에서 개척 식민지지배 이데올로기의 핵심부였다고 말할 수 있다. 메이지정부가 1870년대부터 추진한 본주本州로부터의 식민정책

Modern Japan, Duke University Press, p.79.

은 아이누가 개척을 진행하는 데에는 전혀 도움이 되지 않는 무지무능한 존재라는 논리를 낳았다.

메이지정부는 1870년부터 1880년대 중반까지 구사족旧士族이나 빈농자들을 중심으로 이민의 커다란 흐름을 만들어냈다. 그러나 겨울의 엄동의 날씨나 자본의 부족 또는 도로나 병원, 학교, 철도 등의 근대사회에는 불가결한 인프라가 전혀 정비되어 있지 않은 상황이 홋카이도로의 이민정책을 늦추게 만들었다. 지지부진하게 진척되지 않는 홋카이도 개척을 강제적으로 추진하려는 메이지정부는 새로운 정책을 입안해낸다.

1886년부터 러일전쟁에 걸쳐 도로, 다리, 항만, 철도 건설 및 탄광개발을 위해 수인囚人 노동자들의 동원을 실시한다. 이 시기는 새롭게 홋카이도 도청이 설치되고[1886], 초대장으로 이와무라 미치토시岩村通俊가 홋카이도 전지역의 군구장群区長에게 '지금 이후부터는 빈민을 키우지 않고 부민富民을 키워야 한다'라고 연설했듯이 홋카이도 개척사업을 화족華族, 정상政商, 지주 등 내지 자본에 내맡기게 된다. 홋카이도에의 본격적인 자본투하가 시작된 것이다.

1886년 6월에 공포된 '홋카이도 토지매매(국가나 공공 단체의 재산을 민간에게 팔아넘기는 것) 규칙'은 자본가들의 투자를 촉진하기 위한 국유 미개간지 처분 면적의 상한을 더 올린 대규모적인 자본투자에 대해서는 예외를 인정하는 정책이었다.

수인노동자들은 말하자면 중죄인重罪人으로 구성되었고, 그중에는 무숙인無宿人, 1873년의 지조개정地租改正이나 1881년의 마쓰카타 디플레이션松方, Deflation정책에 의해 토지를 잃고 범죄의 길로 들어선 빈농들, 그리고 서남전쟁西南戦争을 계기로 격증한 흔히 말하는 반정부분자 등

국사범国事犯 등이 포함되어 있었다. 그들은 자본주의 산업혁명을 추진하는데 필요한 인프라 건설을 위해 메이지정부에 의해 착취된 반노예적인 노동력을 형성하고 있었다.

반노예적 노동자란 국가로부터 최저한의 임금을 받으면서도 매일 10시간 이상의 과도한 노동시간과 과혹한 노동조건(예를 들면 1881년부터 도주의 우려가 있는 무기도형수無期徒刑囚, 중죄重罪, 경죄輕罪를 범한 수인은 쇳덩이라는 계구戒具로 묶인 채로 일했다)을 강요당하고 영양실조, 과로, 병에 의해 죽을 때까지 일을 하는 사람들을 가리킨다. 수인노동자의 연령은 20세부터 50세까지로 30대가 4,000명부터 7,000명으로 수인의 과반수를 차지하고 있었다. 30~50%가 채광과 토목사업에 종사하고 20~30%가 농경 혹은 개간에 종사했다.

그들의 사망률은 2.5%에서 15%로 노동의 내용이나 조건, 또는 각 감옥 상태에 따라 큰 폭으로 달랐는데 당시 같은 나이의 연령층 남성 사망률이 1.2%였다는 것을 고려하면 꽤 높았음을 알 수 있다. 1887년 소라치空知감옥에서는 재감자在監者 1,966명 중 사망자는 265명으로 13.5%, 구시로釧路감옥에서는 970명 중 83명으로 10.5%, 또한 1891년 아바시리網走감옥에서는 1,200명 중 188명으로 15.7%라는 놀랄만한 사망률을 기록하고 있다. 사망의 주요 원인은 전염병, 피부병, 호흡기 질환, 소화기 질환 등으로 그들이 과혹한 노동조건, 비위생적인 환경과 빈약한 식생활에 고통을 받았다는 것을 알 수 있다.[21]

이러한 극단적인 착취상황이 의미하는 것은 개척노동이 최종적으로 죽을 운명에 있는 사람들, 즉 쓰고 버림을 당할 소모품화된 사람들로

---

21 田中修, 『日本資本主義と北海道』, 北海道大学出版, 1986, pp.108~109.

이루어졌다는 점이다. 이 반노예적 상황은 인클로저enclosure 운동에 의해 창출된 자유적 노동자, 즉 생산수단이었던 토지에서 쫓겨나고 자본가들에 자신의 노동력을 상품으로 팔기 위해 자본의 움직임과 함께 이동하고 부유하지 않을 수 없는 빈농들과 다른 존재들이었다.

　수인들은 자신의 노동력을 상품으로 판 것이 아니다. 또한 자본의 움직임과 연동하면서 자유롭게 이동하고 부유한 것도 아니다. 특정한 장소에 구속되어 죽을 때까지 사역을 한 부자유적인 노동자였던 것이다. 홋카이도의 개척사업은 러일전쟁 때까지 이 수인노동자들에 의해 유지되었다.

　러일전쟁을 경계로 본주本州나 도내道內 농촌으로부터 임금노동자가 생겨나고 형식상으로는 수인에 의한 강제노동은 모습을 감추었는데, 과잉적인 착취상황은 탄광노동자特히 조선인 노동자로 대표되는 흔히 말하는 '문어항아리'(항아리 속으로 들어간 문어처럼 그 속에서 탈출할 수 없는 상황을 의미)로 이어져갔다. 이 노동형태의 전환은 재벌독점자본을 중심으로 한 대공업의 합병과 중공업 이식이 홋카이도에도 시작되고, 메이지 초기에 이식된 지장자본地場資本에 의한 중소식품 공업과 발맞추어 노동시장이 형성되었다는 것을 의미했다.

　수인들에 의한 강제노동은 이 노동시장 형성의 전사前史로서 메이지정부가 식민지였던 홋카이도 경영에 가장 구려苦慮한 개척 노동력 부족을 해소하기 위한 강제적인 정책이었다.

　식민지개척을 위한 노동력으로 수인을 동원하는 방식이 잘 알려진 것처럼 대영제국의 오스트리아와 미국의 동부, 프랑스의 기아나Guiana, 알제리Algérie와 누벨칼레도니Nouvelle-Calédonie, 제정러시아의 시베리아, 사할린에도 있었던(프랑스와 영국도 수인의 도망을 방지하기 위해 한쪽 발에 쇳덩이를 채우는 것을 의무로 했다) 것이다.

메이지정부의 홋카이도 개척정책은 말 그대로 19세기적 현상이라고 말할 수 있는 수인노동의 역사적 문맥 속에서 살펴 보아야 할 것이다. 그것은 마르크스가 '자본은 머리부터 발끝까지 모든 땀구멍과 땀구멍에서 피를, 기름을 짜면서 생겨나는 것'이라고 형용한 세계적 규모에서 전개된 본원적 축적과정을 상징하고 있는 것이다.[22]

개척을 위한 노동력으로서 수인을 동원하는 것을 제안한 슈치간(집치감集治監, 메이지기 설치된 수인 수용시설이다. 감옥의 일정이라고 볼 수 있다. 도쿄, 미야기, 후쿠오카, 홋카이도에 설치되었다)의 초대 형무소장인 쓰키가다 기요시月形潔는 1885년 홋카이도 시찰 중에 가네코 겐타로金子堅太郎에게 수인노동의 이점을 다음과 같이 설명했다.

> 정부가 도형徒刑・유형流刑에 처한 수도囚徒를 홋카이도에 이동시킨 것은 천년무용千年無用의 땅을 개간하고 만대부진万代不尽의 당원富源을 통해 국익을 만들고 이를 통해 수도囚徒에게 생업에 종사하게 할 취지이다. 그리고 개척식민에 가장 긴요한 도로 교통의 편리함을 위해 수도囚徒를 사역하여 도로 없는 곳에 도로를 열고 다리 없는 곳에 다리를 놓아 만산満山 가시荊棘를 제거하여 황폐한 땅을 개간시켜야 한다고 설파한다.[23]

이토 히로부미伊藤博文의 명령을 받고 홋카이도 개척사업을 시찰하고 있던 가네코는 쓰키가다의 보고를 근거로 『홋카이도 3개의 현三県 순시복명서巡視復命書』를 준비했는데, 그 속에서 도로개간사업에 수인을 사

---

22 Karl Marx, *Capital* Volume 1, Vintage, 926. カール・マルクス, 『資本論』第1巻, 岩波書店.
23 田中修, 『日本資本主義と北海道』, 北海道大学出版, 1986, p.104.

역하는 이점을 다음과 같이 논했다.

개간을 착수하는데 노선 중 혹은 수십 리의 미림을 벌채하지 않을 수 없다. 곤난한 역할을 하게 하는데 통상의 인부를 활용하면 그 역役에 견디는 것은 하나는 금전의 비율이 매우 높은 상황이 있기 때문에 삿포로札幌 및 네무로현根室県 아래에 있는 슈치칸集治監의 수도囚徒에게 그것에 종사하게 하려고 한다. 그들은 원래 폭려暴戾, 난폭하게 사람을 괴롭힘의 악도惡徒라면 그 고역에 견디지 못하여 폐사斃死, 쓰러져 죽음하는 것도 심상尋常의 인부가 처자를 남기고 뼈를 산에 묻는 참담한 상황과는 달리 (…중략…) 수도에게 필요의 공사에 복종시키고, 만약 이에 견디지 못하고 폐사하면 인원을 감소하는 것을 감옥비용 지출의 곤란함을 고하는 오늘날에는 어쩔 수 없는 정략政略이다. 또한 심상의 인부를 사역하는 것과 수도囚徒를 사역하는 것의 임금을 비교하자면 홋카이도에서 심상의 인부는 대체적으로 하루 임금 40전 정도에서 내려가지 않고, 수도는 하루 임금이 불과 18전이다. 그렇다면 수도를 사역할 때 이 개간비용 중 인부의 임금에 과반수 이상의 감액을 볼 수 있다. 실로 일거양득이 아닐 수 없다.[24]

수인노동을 둘러싼 가네코의 논점은 다음 세 가지로 정리할 수 있다. ① 수인은 죄를 지은 인간이기 때문에 구역苦役에 의해 개죽음을 당해도 어쩔 수 없다. ② 그들의 죽음은 그것을 슬퍼할 것이 아니기 때문에 참상은 아니고, 그렇기는커녕 수도의 인원을 줄여 감옥비용 절감에 도움이 된다. ③ 수인의 임금은 일반 인부의 임금의 반이하이기 때문에 개

---

24 위의 책, pp.104~105.

간비용의 절감에 도움이 된다. 이 세 가지 논점을 규정하고 있는 이유는 철저한 경제적 효율주의와 인명人命의 종속이었다.

수인은 죄를 범하고 있다는 이유에서 살아가는 것에 가치가 없는 인간으로 자리매김되어 그러한 인간들을 감옥에서 수용하는 일은 쓸데없는 경비를 사용하는 것이라고 보았다. 그렇다면 그들이 죽을 때까지 사역하는 것은 감옥 운영과 홋카이도 개척에 드는 비용 삭감에 도움이 된다는 것이다. 가네코는 이것을 일거양득이라고 보았다.

이러한 철저한 경제효율주의의 입장은 가네코가 하버드대학의 법률학원에서 사회다윈주의 에드먼드 버크Edmund Burke의 보수주의를 배운 것에 기인하고 있었다. 그는 귀국 후 일본 법률학원(현재의 니혼대학日本大學)의 초대학장으로 취임했고 그후 도쿄제국대학에서 행정법을 가르쳤다. 그는 1942년 사망할 때까지 일본의 학술, 관료, 정치세계에서 보수주의와 제국주의를 계속 제창한 인물이었다.

예를 들면 1881년에 자유민권운동이 성행하던 중에 민권파에 커다란 영향을 준 장 자크 루소Jean Jacques Rousseau의 『민약론民約論』에 대항하기 위해 에드먼드 버크의 논문을 모은 『정치론략政治論略』을 번역 출판한다. 에드먼드 버크가 보여준 프랑스혁명에 대한 적의敵意에 공명하면서 일본의 국체를 위협하는 과격한 정치사상은 배제하지 않으면 안 된다고 논했다. 『정치론략』은 버크의 『프랑스혁명 성찰』과 『신新휘그당Whig Party 당원에서 구舊휘그당 당원에의 호소』의 발췌에서 이루어졌으며 단순한 초역이 아니라, "논지의 확대를 교묘하게 보충하여 구성했다. 당시 일본의 현실적 요청에 호응하여 편술編述"되었다.[25]

25　松村正義, 『金子堅太郎』, ミネルヴァ書房, 2014, p.46.

『정치론략』은 황실이나 원로, 지식인들 사이에 널리 읽혀 가네코는 보수이론의 첨병이 되었다. 우승열패와 국익의 논리에 철저했던 가네코는 국가를 약체화시키는 열세적인 인간은 유능한 인간에게 복종해야만 하고, 필요하다면 그들의 희생도 감수해야만 한다는 입장을 관철시켰다.

말 그대로 가네코의 사고방식은 아칠 무벰베Achille Mbembe가 노예제도, 즉 쓰고 버림받는 노동력을 가리켜 니그로 폴리틱스Negro politics죽음의 정치라고 부른 것에 호응하고 있다.[26] 니그로 폭리틱스는 삶生의 가능성이 죽음의 논리에 완전히 복종하고 있는 상태를 말한다. 다시 말해서 삶生이 죽음의 압도적인 힘에 의해 일상생활에서 부여되어 있는 최저한의 의의를 하회下回하는 단순하게 존재하는 것이 되어버리는 사태를 가리킨다.

무벰베는 이를 '산 지옥상태death-in-life/living death'라고 표현한다. 홋카이도 수인들의 삶은 혹사된 이후 버려질 노동력으로서만 인정되었다. 1902년메이지35 『아바시리감옥 연혁사網走監獄沿革史』는 아사히카와旭川와 아바시리 사이의 기타미北見 신도로 공사에 혹사된 수인들의 상황을 "도주하는 자는 참살하고, 병에 걸린 수인은 쓰러져 죽어도 그 시체는 비바람에 방치되었다"라고 기술하고 있다.[27] 말 그대로 가네코가 그

---

26 무벰베의 니그로 폴리틱스 논의는 주권과 통치성이 각각 가져오는 죽음의 형태를 너무 많이 다루고 있어서 본래 보디 폴리틱스와의 관계에서 이해되어야 할 죽음의 정치가 명확하게 논의되지 못한 그의 논의에서 그래도 구체성을 갖고 유효한 것은 노예제를 "노예의 생활은 살면서도 죽은 상태"라고 정의하고 있는 부분이다. 본 논고에서는 이 특정한 의미에서 네크로 폴리틱스라는 말을 사용하고 있다. Achille Mbembe, "Necropolitics" in *Public Culture* 15 (1), Durham : Duke University Press, 2003, p.11~40.
27 重松一義,『史料 北海道監獄の歷史』, 信山社, p.48.

려낸 것처럼 수인들은 최대한으로 사역을 당한 후 야산에 유기되었던 것이다.

4. 박물관화되는 삶과 아이누의 배제적 포섭

그렇다면 아이누인들이 경험한 수탈과 기민棄民 및 보호라는 프로세스는 이러한 수인노동을 둘러싼 니그로 폴리틱스와 어떠한 관계가 있는 것일까. 분명히 노동시장의 마진에서 토목 인부이나 일용직 노동자로서 살아간 아이누인이 없었던 것은 아니다. 그러나 개척 식민지정책에서 아이누의 삶을 규정하고 있던 논리는 수인노동의 그것과는 다른 죽음의 정치학이었다.

그러나 개척 식민지정책에서 아이누의 삶을 규정하고 있던 논리는 수인 노동의 그것과는 다른 죽음의 정치였다. 수인노동자가 본원적 축적에 필요한 일회용 노동력이었다고 한다면 아이누는 그 축적 과정에는 전혀 무용한 존재로 간주되었다.

아이누가 구경거리가 되거나 학술연구의 대상으로서 물상화物象化되어가는 과정은 이 문맥에서 이해된다. 물상화는 죽을 때까지 사역을 당한 수인과는 달리, 이미 죽은 자들선사시대의유물로서 사는 것을 아이누에게 요구한 것이다. 이것을 '삶의 박물관화'라고 부르기도 한다.

삶의 박물관화는 지그문트 바우만Zygmunt Bauman이 말하는 '사회적 죽음'의 한 형태라고 생각된다. 바우만의 논의는 홀로코스트, 노예제도, 아파르트 헤이트Apartheid의 분석에 응용되어왔는데, 전 세계의 선주민들이 '절멸絶滅'로 내쫓긴 사태를 생각하는데 유효한 이론이다. 개척식민지주의에 의해 토지로부터 쫓겨나고, 경우에 따라서는 살육당한 선주민들은 말 그대로 완전한 인간으로서가 아니라 진부한 구경거리, 골동품, 박물관표본으로서 사는 것을 강요당하게 되었다.

그것은 소멸, 사멸한 것이 우연히 살아남은 상태, 즉 이미 멸망한 것으로 사는 것을 의미하고 있다. 죽음이 사는 의미를 완전히 포섭해버린 상태가 삶의 박물관화인 것이라고 말할 수 있다.

'보호'라는 시점은 선주민을 구제하는 것 이외에 절멸 인종을 보존한다는 의미도 포함하고 있었다. 교통공사 규탄대회의 한 멤버는 '구토인보호법'을 '말하자면 절명絶命에 있는 아이누를 어떤 형태라도 좋으니 어떻게든 멈추게 하지 않으면 안 되는 것이 이 법률이라고 지적했다.[28] 분명히 '못 본체 한다든가', '형태만이라도 좋으니 멈추게 한다'는 시점이 없으면 구제나 보존이라는 발상은 생겨나지 않는다.

그렇기 때문에 치리 유키에知里幸惠, 치리 마시호知里真志保, 가이자와 다다시貝澤正와 같은 아이누 지식인이나 활동가, 또는 규탄대회의 아이누 해방을 목표로 하는 단체는 보호라는 말에 굴욕과 기만을 본다. 보호라는 말의 이면에 감춰진 죽일 것인가, 살릴 것인가라는 시점은 1909년 히다카日高지방을 순시하던 작가 이와노 호우메이岩野泡鳴의 수기에 그로테스크하게 확실히 표현되어 있다.

> 아이누는 살아있는 동물이기 때문에 토지를 주고 생활할 수 있도록 해주는 것은 당연한데 어차피 멸망에 처한 열등인종이 아닌가. 이들을 교육한다 해도 무엇에 도움이 되는가. 가령 한 사람의 몫을 할 수 있는 남녀가

28　成田得平他編, 『近代化のなかのアイヌ差別の構造』, p.191.

조금이라도 있다고 하더라도 혼혈아가 일본인들 사이에 생기는 것은 좋은 일이 아니다. 내 생각에는 살아있는 생물로서 길러서 죽이는 것 정도의 보호를 해주면 된다. 그 대신에 아이누인종의 남길만한 것이 없어지기 전에 보존해두는 것이다. 남길만한 것은 썩은 곰 가죽이나 그릇이라는 것이 아니다. 동인종同人種이 갖고 있던 언어와 문예이다. 그리스, 로마는 망했어도 그 문예는 영구히 남아있다.[29]

여기서 전개되고 있는 죽음의 정치논리가 수인노동에게 향했던 그것과는 본질적으로 다르다는 것을 알 수 있다. 아이누에게 수인노동자가 죽을 때까지 일을 시키는 착취exploitation의 논리는 적합하지 않다. 왜냐하면 '멸망에 처한 열등인종' 아이누는 '길러서 죽인다'는 제거除去, elimination의 대상이었기 때문이다.

제거와 착취의 차이는 인종주의의 유무에서 온 것이다. 미셸 푸코는 인종주의를 '살아야 하는 것'우등, 우생과 '죽어야 하는 것'열등, 열생을 분별하여 후자의 살육을 규범화하는 작용이라고 규정하고 있는데, 메이지기의 위정자들도 또한 인위적인 배제의 논리를 자연도태의 논리로 치환하면서 아이누의 절멸은 피할 수 없는 운동이라고 한 것이다.[30] 이와노의 '키워서 죽인다'라는 말은 인종주의가 가진 논리를 가장 순화시킨 것이라고 말할 수 있다.

일본인의 순혈성을 지키기 위해 열등인종인 아이누를 보호하면서 동시에 죽인다는 의미이다. 아이누와의 인종적 혼합은 일본사회의 퇴화를 초래하기 때문에 그들을 절멸시키면서 문화나 언어만 보존해주는

---

29 佐藤喜一, 『北海道文学史稿』, p.69.
30 Michel Foucault, *Society must be defended*, New York : Picador, 2008, p.256.

것이었다. 그리하여 인종주의는 주권자가 보유하고 생살生殺 박탈권에
적극적인 의미를 부여하고 있다.

그럼 차별과 조르조 아감벤의 논리를 살펴보기로 한다.[31] 여기서 근
대 시기 아이누의 예외화例外化 혹은 배제적 포섭은 자본주의가 낳은 가
장 기본적인 물상화현상이라는 것을 확인해두고 싶다. 바꾸어 말하면
삶의 박물관화는 일본제국 속에서의 외부성外部性, 즉 제국신민이기도
하면서 자본이 지배하는 세계에서는 살아 갈 수 없는 '무능'하고 '불쌍
한' 타자를 생산해내는 것이었다. 그것은 자본주의가 본원적 축적과정
에서 동원한 여러 신체와 노동력으로부터 아이누를 배제하면서 포섭해
가는 과정이었던 것이다.

이 배제적 포섭을 통해 만들어낸 아이누의 타자화는 자본주의의 도
래와 지배가 역사적 필연이라는 인식을 만들어냈다. 아이누사회는 '근
대문명=자본주의'가 먼 옛날에 극복한 과거로 간주되고 역사의 진보
를 비춰주는 거울 역할을 담당하게 되었던 것이다. 19세기 말부터 전
후에 걸쳐 세계 각지에서 실시된 소수민족 박람회는 선주민족들을 선
사시대의 생존자로서 '전시'했다. 예를 들면 1904년 미합중국 루이지
애나주State of Louisiana 박람회에서는 미국이나 필리핀의 선주민 등과
함께 6명의 아이누도 참가했고 '인류의 원시적 단계를 보여주는 산증
인'으로 진열되었다.

박람회는 이 전시의 의의에 대해 그들을 보면서 "야만이나 미개상태
에서 문명에 이르는 실제 인간의 진화"를 잘 알 수 있는 것이라고 설명
하고 있었다.[32] 미국 측 주최자는 아이누의 '전시'에 관해서도 "옛날 인

---

31 ジョルジュ・アガンベン, 高桑和己訳, 『ホモ・サケル』, 以文社, 2007 참조.
32 宮武公夫, 『海を渡ったアイヌ—先住民展示と二つの博覧会』, 岩波書店, p.58.

습을 고집하는 아이누가 진보적인 일본인에 비해 발달하지 못하고 있다"는 것을 보여주는 예로서 가장 적합하다고 생각하고 있었다.[33] 한편 일본 측 인류학자들은 일본이 "오늘날 놀랄만큼 진보를 달성하고 있는 것도 모르고", "아이누를 우리 일본인과 비교하여 동일인종이라고 간주하는 것"은 너무하다고 생각할 정도였다.[34] 여하튼 아이누는 역사의 진보와 대극을 이루는 선사시대의 유물로서 야만·미개의 상징이 되었다.

사회적 죽음을 살 것을 강요당한 아이누인들은 차별에서 오는 인종적 열등감을 내면화하면서 '탈아이누화'를 꾀하려고 했다. "아이누라는 것 자체가 불행이다. 일본 내부에 존재하지 말아야 할 열등한 존재로, 사라져갈 자들, 문화적으로 뒤떨어진 미개한 존재, 자신들은 저주받은 존재이기 때문에 피를 지우고 싶다"는 강박관념에 휩싸이게 되었다.[35]

특히 젊은 남성들은 이러한 굴욕상태로부터 탈피하기 위해 적극적인 삶을 획득하기 위해 천황의 병사가 되어갔다. 1896년 아이누인 중 한 사람이 최초로 징집되었고 그후 1910년까지 현역 징집은 136명, 보충 징집은 382명이었다. 1911년 보고서에서 고노 쓰네키치河野常吉는 이들 중 63명이 러일전쟁에 출정는데 전사자가 3명, 병으로 죽은 자가 3명, 병사를 그만둔 자가 2명이 나왔다며 그 희생자를 지적하고 아이누가 제국신민으로서 의무를 다했다고 칭송했다.

에모리 스스무榎森進는 『아이누민족의 역사』 속에서 아이누에게 러일전쟁은 가장 특별한 의미가 있었다고 보며 주의를 기울이면서 "러일전

---

33 위의 책, p.60.

34 위의 책, p.62.

35 計良智子, 河野本道他, 『近代化のなかのアイヌ差別の構造』, 明石書店, 1998, p.147; 일본인과 결혼하여 인종적 차별과 오명으로부터 탈출하려고 한 아이누 여성들은 적지 않았다고 한다. 그러나 '이인종간(異人種間)'의 결혼에 관해 정리된 데이터는 남아 있지 않다.

쟁이라는 대외침략전쟁은 아이누의 공민정신, 천황제국가에의 충성심을 기르는데 헤아릴 수 없을 정도의 커다란 역할을 했다"[36]고 지적했다. 그러나 군에 입대 후 일본인들에 의한 구경저리가 된 아이누는 적지 않았다.[37]

러일전쟁에서 활약이 인정되어 서훈敍勳을 받은 기타카제 이소키치北風磯吉가 아이누의 영웅이 된 이야기는 잘 알려져 있다. 봉천奉天전쟁에서 척후병으로서 러시아군에 포위된 것에서 아군을 구한 기타카제 이소키치北風磯吉가 긴시金鵄훈장을 받았다. 기타카제의 영웅담은 신문이나 잡지 특히 어린이들 잡지에서 크게 다루어지고 홋카이도 초등학교에서도 교원들이 학생들에게 읽을 것을 추천했다.[38] 이러한 영웅담은 청년이나 어린이들에게 애국심, 제국에 대한 충성심을 선동할 목적으로 쓰인 것으로, 기타카제의 용기와 자기희생적 정신은 일본 병사의 그것에 필적할만한 것 아니 이상이었다고 강조하고 있었다.

특히 어린이들을 위한 이야기 속에는 기타카제가 효행이 지극했고, 근면한 청년이었다는 것, 그리고 여러 가지 곤란함에 처했어도 항상 향상심을 잃지 않고 매일매일 노력해온 것이 병사로서 활약하는 것으로 연결되었다고 이야기의 구조를 성립시켰다. 기타카제의 수훈은 와인和人에게 인정받은 것, 게다가 그들과 대등한 지위를 획득하는 것으로서 아이누 사람들에게 감동과 희망을 주었다.[39] 전장戰場에서 돌아온 기타카제는 아이누어린이들이 배우는 초등학교나 고향마을의 신사에 기부

---

36 榎森進, 『アイヌ民族の歴史』, 草風館, 2007, p.457.
37 小川正人, 「近代北海道のアイヌと徴兵・軍隊」, 山本和重編, 『地域の中の軍隊1』, 吉川弘文館, 2015, pp.179~181.
38 「勇敢なる旧土人」, 『北海タイムス』, 1905.8.4.
39 小川正人, 「近代北海道のアイヌと徴兵・軍隊」, 『地域の中の軍隊1』, p.185; 北原貴代, 「皇軍兵士中村輝夫と北風磯吉」, 『アヌタリアイヌわれら人間』15号, アヌタリアイヌ刊行会, 1975.

금을 헌사하기도 하고, 강연을 위해 방문한 초등학교에 문방구를 기부하기도 하면서 "정 많고 온화하고 성실하며 침착하고 용기있는" 말 그대로 '보다 인간적인 인간'을 체현하면서 사람들에게 전승되었다.[40]

기타카제의 인생이나 그의 영웅담은 동화를 촉진하고 또한 그 동화에 의해 촉진된 욕망의 '틀 안에서'라는 패러독스에서 성립되고 있었다는 것을 가르쳐준다. 그것은 인종차별에 의해 비참한 인생을 살아야 하는 자들이 그 차별을 지탱하고 있는 제국적 내셔널리즘에 적극적으로 참여해가는 것으로 그 차별을 극복하려는 패러독스인 것이다. 그리고 그것은 피지배자의 위치에 놓인 자들이 자신들의 삶의 부정성否定性을 낳는 이데올로기에 일체화一体化하는 것으로 그 부정성을 부정하려는 패러독스이기도 했다.

이 동화 변증법부정의 부정은 빈곤이나 질병, 멸망해가는 민족이라는 죽음 선언을 체념적으로 받아들이기보다는 명예로운 죽음, 제국신민으로서의 죽음을 선택하고 싶다는 충동에 의한 것이었다. 예를 들면 1934년 8월 24일자 『오타루신문小樽新聞』의 독자란에 다음과 같은 기사가 실려 있다.

우리들은 오늘날 비상시를 인식하는 것에 있어서 일반 사람들에 뒤떨어지는 자가 아니다. 따라서 직접 호국의 임무를 맡은 황국 장교의 고생을 생각하여 이를 위문하고자하는 성의는 누구에게도 지지 않는다. 그러나 그것에는 후진 민족을 구경거리로 삼는 것처럼 비인도적인 방법에 의한 것이 아니라 다른 많은 방법이 있을 것이다. 나는 동족同族의 한 사람으로서 묵시할 수 없어 이 말을 전하는 것이다.

---

40   杉山四郎, 『新版アイヌ民族の碑を訪ねて―権利回復への道程をたどる』, 中西出版, 2005, p.264.

애국적 사상과 성의를 갖고 구경거리로 다루는 것이 갖는 비인도성을 고발하지 않으면 안 된다는 것이었다. 국가에 대한 애국적 헌신은 아이누인들, 특히 아이누남자들이 사회적 죽음과 차별을 극복하고 평등을 손에 얻기위한 아주 적은 기회의 회로로서 침투해갔다. 가이자와 다다시貝澤正는 만년1911에 자신의 인생을 뒤돌아보며 교육과 사회적 차별에 의해 열등감을 철저하게 주입당한 아이누는 "천황을 위해 목숨을 내던지는 것에 전혀 저항감이 없었다. 폐하를 위해 죽는 것이 진짜였을 것이다. 아이누라는 것을 감추고 일본인을 따라서 우월감을 갖고 싶었던 것은 아니었을까"라고 술회했다.[41]

'멸망해가는 민족, 사려져가는 민족'에게 동화정책이란 '버릴 수 없는' 변증법부정의 부정의 함정에 걸려들게 되는 것, 즉 일본인·일본제국에의 영원한 종속을 통해 주체성을 획득하는 것을 의미하고 있었다. 즉 그러한 주체성의 획득은 자기파괴와 영원의 종속이 그 가능성의 조건인 이상 결코 실현될 수 없는 환상일 뿐이었다. 기타하라 기요北原貴代는 1972년 4월 20일 발간의『보다 인간적인 인간~우리들 인간』에서 이와 같은 동화가 갖는 절대적 모순과 기만을 날카롭게 지적했다.

아무리 아이누병사가 용기 있게 싸웠다고 해도 그들의 노력이 얼마나 아이누가 놓인 위치를 바꿀 수 있을까. 짓밟힌 채로 그것을 제거할 수 없는 것은 아이누의 노력이 부족했기 때문이라며 스스로의 책임을 뒷전으로 한 질타격려이며 형편이 좋을 때만 평등하다고 주장하는 견본일 뿐이다.[42]

---

41 貝澤正,『アイヌ わが人生』, pp.249~250.
42 北原貴代,「皇軍兵士中村輝夫と北風磯吉」,『アヌタリアイヌ ─ われら人間』第15号, 1975.4.20.

그리고 기타하라北原보다 40년 이전에 아이누인으로서 아이누 갱생운동을 견인한 호우란法枕은 동포들을 향한 인종주의적 시선에 분노하며 다음과 같이 적었다.

우리들은 국민으로서 또는 아이누인은 멸망해가는 민족이기도 하다. 약육강식 혹은 생존경쟁, 인류계의 비호적자非好適者는 호적자好適者에 압박당하는 것은 천지자연의 조리라며 우언우상愚言愚想의 인간 폐성吠聲, 소리만 듣고 따라서 짖는다는 의미에 짖어대지 말고, 인심갱생心更生에 각성해야 한다. 우리들도 서로 함께 살아가지 않으면 안 된다. 고등인종, 열등민족의 인습에서 벗어나 진정으로 사람답게 박애 공존주의에 입각하지 않으면 안 된다.[43]

5. 선주권先住権이라는 지평

일본사도 홋카이도사北海道史도 지배자의 형편에 의해 만들어진 역사이다.
— 가이자와 다다시

1980년대 가야노 시게루萱野茂와 함께 홋카이도의 니부타니 댐二風谷ダム 건설 반대운동(니부타니 지역은 아이누인에게 성지로 간주된다)을 리드한 가이자와 다다시는 아이누와 일본인의 역사를 되돌아보며 다음과 같이 논했다.

홋카이도의 오랜 역사 속에서 대자연과의 투쟁을 이겨낸 아이누인들이

---

43   法枕, 『アイヌの同化と先蹤』, 北海小群更生団, pp.75·81~82.

다. 홋카이도의 대지를 지켜낸 것은 아이누인들이다. 무지몽매하고 비문명적인 민족(일본인에 의해 지배를 받은지 300년이다. 아이누인의 비극은 이것으로 인해 생겨났다. 아이누가 갖고 있던 모든 것은 수탈되고 아이누는 말살되어버렸다. 노옹老翁들이 문자를 알고 문명에 다가가려고 학교를 지었지만, 이 학교교육은 아이누에게 비굴감을 심어주고 일본인화를 강요했다. 무지와 빈곤의 낙인을 찍고 가장 밑바닥으로 내몰았다. 아이누는 '구토인보호법旧土人保護法'이라는 악법에 의해 은폐되어 모든 것을 빼앗겨버린 것이다. 일본사도 홋카이도사도 모두 지배자의 형편에 의해 날조된 역사이다.[44]

메이지유신으로부터 150년이 지났다. 이 150년의 의미를 생각하는 것은 가이자와가 '일본사도 홋카이도사도 모두 지배자의 형편에 의해 날조된 역사'라고 말한 것에 어떻게 마주할 것인가의 문제로 연결된다.

아이누에게 아이누모시리 약탈은 끝난 것이 아니다. 아이누의 선주권이 인정되고 있지 않은 현 상태에서 아이누모시리는 아직도 식민지 상태에 있는 것이다. 더 나아가 아이누에게로 향한 인종차별이나 편견, 상대적인 빈곤과 불평등 문제도 해소된 것은 아니다.

그러한 의미에서 포스트콜로니얼이란 식민지 이후를 의미하는 것이 아니라 근대화 · 식민지지배가 가져온 되돌릴 수 없는 폭력과 구조적 불평등, 부정不正이 아직도 지속되고 있음을 가리키고 있다.

가이자와 다다시가 홋카이도를 방문했을 때 민박집을 경영하는 아이누 활동가의 친구가 말해준 것을 상기한다. '안이한 박물관 구상이나

---

44 貝澤正, 『アイヌ わが人生』, 1972.5, pp.6~7; 『近代民衆の記録 5 アイヌ』月報, 新人物往来社, 所収.

일본의 다문화주의를 선전하는 것으로 도움이 될 수는 있지만, 절실한 문제는 그것이 아니다. 그것은 재산수탈, 어장공유재산의 박탈, 거기서 생기는 보상문제, 차별학교에서의 이지메, 결혼문제, 빈곤문제, 의료복지 문제, 환경파괴 진행, 관광 아이누ᅳ아이누의 상품화, 아이누 예술 등에 관한 소유권, 지적 소유권 내지 그것에 준하는 문제 등을 도대체 어떻게 할 것인가의 문제이다. 우리들의 생활기반을 어떻게 되찾고 인간답게 행복하게 살 수 있을까라는 것'이라고 했다.

1984년에 홋카이도 우타리협회ウタリ協會가 정리한 「아이누민족에 관한 법안」에는 「아이누 민족문제는 일본 근대국가의 성립과정에서 생겨난 부끄러운 역사적 소산이며 일본국 헌법에 의해 보장된 기본적 인권에 관계되는 중요한 과제를 내포하고 있다」는 문헌이 있다.

그러나 이 법안을 수용하여 1997년 국회에서 성립된 「아이누문화 진흥법振興法」은 아이누문화의 계승자 육성이나 연구조사, 국민에의 계발 등 문화정책 추진을 보장하는 것에 머물고, 아이누인들이 요구하고 있는 선주권은 부인했다.

그리고 2008년에 국회에서 가결된 「아이누를 선주민족으로」라는 결의안은 아이누의 선주성을 인정한다는 의미에서는 획기적인 제일보였는데, 선주권 문제, 즉 재산이나 토지, 빈곤과 교육문제 등 생활기반에 관한 정책은 구체화되지 못했다.

실제로 그 의결안은 '우리나라가 근대화라는 과정에서 다수의 아이누인들이 법적으로는 평등하게 국민이면서도 차별을 받고, 빈궁에 처한 역사적 사실을 우리들은 엄숙하게 받아들이지 않으면 안 된다'라고 하면서 원안原案에 있었던 중요한 문장을 삭제했다. 삭제된 부분은 '아이누인들이 노동력으로서 구속拘束, 수탈되었기 때문에 그 사회나 문화

파괴가 진행되고, 또한 모든 동화정책에 의해 전통적인 생활이 제한, 금지되어 받은 타격은 크다'라는 문구였다.

결의안 내용의 '차별받고 빈궁에 처해진'이라는 역사인식과 '노동력으로서 구속, 수탈되었기 때문에 그 사회나 문화 파괴가 진행되고'라는 인식 사이에는 본질적인 차이가 존재한다. '차별'은 편견 혹은 그것에 근거한 행위의 문제이고 '구속·수탈'은 직접적인 폭력과 '생활기반'의 물리적 파괴를 의미한다.

전자는 아이누문화의 진흥을 통해 편견을 없애는 것에 역점을 둔 것이고, 후자는 구체적인 보상, 시정을 요구하는 것이다. 일본정부가 지지하는 선주민족에 관한 「국제연합선언」은 전문前文에서 선주민족을 둘러싼 문제를 다음과 같이 정의한다.

선주민족은 식민지화와 대지, 영토 및 자원수탈을 통해 역사적 부정의不正義에 고통 받아온 것, 그것에 의해 스스로 필요와 관심에 따라 발전할 권리행사를 방해 받아온 것을 우려한다. 선주민족의 정치적, 경제적 및 사회적 구조와 문화, 전통, 역사, 철학에 유래하는 본래의 권리, 특히 대지, 영토 및 자원에 대한 권리를 존중하고 촉진하는 것이 긴급하게 필요하다는 것을 인정한다.[45]

국회 결의안에서 삭제된 '구속·수탈'이라는 말은 이상과 같은 국제연합의 인식과 합치하는 것이며 실제 아이누의 근대 경험을 명확하게 표현해주고 있는 것이다. '차별'이라는 말에 의해서만 아이누의 근대사

---

45 ユネスコ, https://en.unesco.org/indigenous-peoples/undrip

를 표상하는 것은 가이자와가 말하는 '지배자의 형편에 의해 날조된 역사'를 유지해가게 된다.

메이지유신으로 시작한 아이누인들의 수탈과 빈곤, 차별과 배제를 편견과 문화진흥의 문제로 한정하는 한, 진정한 의미에서의 '탈식민지화'는 있을 수 없다. 다민족·다문화주의는 사회적·경제적 문제를 보이지 않게 하는 의미에서 동화정책의 연장이고, 그것은 또한 메이지유신으로 시작된 제국일본이 아직도 지속되고 있다는 증거이기도 하다. '억압'된 과거는 스스로의 해방과 동시에 현재와 미래를 사는 자들의 해방을 요구하고 있다.

제5장

글로벌 히스토리와 형식적 포섭의
새로운 지평

---

1. 논점으로서 '형식적 포섭의 독해 작업'

해리 하루투니언Harry Harootunian의 저서인 『마르크스 이후의 마르크
스Marx After Marx』는 헤겔Hegel, Georg Wilhelm Friedrich이 구상한 보편적 역
사 혹은 보편사universal history를 대신하여 칼 마르크스가 제시한 글로벌
히스토리의 사정射程의 넓음과 깊음을 재평가하고, 그 현대적 의의를
탐구하고 있다. 그것은 동시에 구미歐米 제국諸国에서 이루어져 온 마르
크스주의 연구를 말하자면 '서양 마르크스주의'—페리 앤더슨Perry
Anderson이 서구 맑시즘Western Marxism이라고 부른 것을 가리킴—를 특
권화해온 것, 다시 말해서 마르크스가 『자본론 제1권』의 제1편에서 전
개한 상품형태와 그 물신숭배物神崇拜, fetishism를 자본주의사회의 보편적
지배형태라고 단정해온 것에 대한 이의신청이기도 하다.

서양 마르크스주의는 게오르크 루카치Georg Lukacs가 『역사와 역사의
식歷史と階級意識』 속에서 마르크스라는 상품형태를 자본주의사회 특유의

제5장 | 글로벌 히스토리와 형식적 포섭의 새로운 지평   191

물상화현상reification으로 보고 그것이 근대 사회관계를 질에서 양으로, 구체성에서 추상성으로, 사용가치에서 교환가치로 종속시켜 인간의 삶을 그 근원부터 균질적이며 무기질적인 것으로 바꾸어버린다는 주장을 시작으로, 테오도어 아도르노Theodor Adorno나 막스 호르크하이머Max Horkheimer로 대표되는 프랑크푸르트학파의 근대 및 계몽주의 비판으로 계승되어갔다.[1]

하루투니언은 이러한 사회관계의 상품화라는 균질화·비인간화 과정소외론에 대해 루이 알튀세르나 사미르 아민Samir Amin이 마르크스, 레닌, 안토니오 그람시Antonio Gramsci, 모택동을 모방하여 이론화한 '불균등 발전uneven development'이라는 개념을 채용하면서 자본주의는 자기 증식을 위해 세계를 균질화하는 것이 아니라 이종혼합적異種混合的인 차이heterogeneous difference를 떠안는다고 주장한다.

이 논거로서 하루투니언은 마르크스가 비자본주의사회 — 봉건적 농촌사회나 '변경' — 가 자본주의적 생산양식에 흡수되어가는 과정을 분석하기 위해 사용한 개념, 실질적 포섭real subsumption과 형식적 포섭 formal subsumption에 초점을 맞춘다. 실질적 포섭은 서양 마르크스주의가 주장한 것처럼 자본주의사회가 상품형태에 의한 사회의 물상화현상을 관철시키는 사태를 가리키는 한편, 형식적 포섭은 그것이 과거의 여러 가지 잔여殘余나 유제遺制를 떠안고 있기 때문에 완전한 균질적 세계를 실현할 수 없는 상태를 의미하고 있다. 하루투니언에게 중요한 분석적 개념은 형식적 포섭이다. 『마르크스 이후의 마르크스』는 이 개념이 개시하는 역사 이해 가능성에 초점을 맞추어 마르크스에서 출발해 로자 룩셈부르크Rosa Luxemburg, 안토니오 그람시, 호세 마르티José Carlos

---

1   Perry Anderson, *Considerations on Western Marxism*, London : Verso, 1976.

Mariátegui, 그리고 야마다 모이타로山田盛太郎나 우노 고조宇野弘蔵를 독해해가면서 계보학적으로 분절화해간다.

이 형식적 포섭의 독해작업은 세계를 뒤덮으려는 자본주의가 역사적, 문화적, 사회적으로 이질적인 공동체와 조우했을 때 그 이종성異種性을 어떻게 자기증식의 시스템으로 포섭해갈까, 그 과정을 어떤 사회적 변용·편성을 일으키는가, 또한 어떻게 스스로 불완전성, 모순, 막다른 곳을 극복하려고 하는가라는 물음의 탐구이다. 따라서 이 책의 제목인 『마르크스 이후의 마르크스』는 마르크스주의 해석을 지배해 온 상품형태의 분석적 시점실질적 포섭을 대신한 새로운 시점―형식적 포섭이 제시하는 역사이해―의 탐구를 의미하고 있는 것이다.

여기서는 본서의 상세한 검토가 지면상 어렵기 때문에 하루투니언의 형식적 포섭 해석을 통해 보이는 새로운 글로벌 히스토리의 가능성이라는 두 가지에 초점을 맞춰 논하도록 하겠다. 말하자면 봉건제 유제遺制구사회의 잔존물는 비서양사회의 후진성이나 근대의 뒤틀림을 보여주는 것이 아니다. 이것은 서양사회도 포함한 자본주의의 세계적 전개가 낳은 일반적인 형태인 것이다.

왜냐하면 로자 룩셈부르크가 논한 것처럼, 자본의 확대 재생산운동은 자본―임금노동 두 범주의 관계성으로는 실현되지 못하고 항상 그 〈외부外部〉, 즉 비자본주의적 환경이나 사회층non-capitalistic strata에 의존하고 있기 때문이다. 그러나 자본이 어떠한 또는 어떤 유제를 포섭하는가는 그것이 비자본주의적 사회층과 조우하는 타이밍이나 정치적·경제적·이데올로기적 상황에 따라 다르다. 그것에 자본주의와 비자본주의사회의 조우遭遇 역사성, 역사적 차이를 볼 수 있는 것이며 근대사회의 형성을 복잡한 이종혼합성heterogeneity 생산으로 이해할 수 있는 근거를 도출할 수 있다.

두 번째는 하루투니언이 깊게 다루는 것은 아니지만 자본주의의 비자본주의사회, 특히 선주민사회의 '자연경제' 혹은 '생존유지경제'에 대한 강탈이나 수탈, 또는 그것에 사는 선주민의 예속화와 살육을 형식적 포섭 구성요소로서 이해했을 때 원—포섭, 즉 본원적 축적 모멘트를 어떻게 다시 생각해야 하는가라는 문제이다. 이것은 그의 룩셈부르크와 그람시, 호세 마르티의 독해가 시사하는 논점이며, 말하자면 개발도상국Global South을 둘러싼 연구에서 도출된 새로운 문제계열이기도 하다. 즉 흑인사 연구, 남미 식민지사, 북미 및 오스트레일리아의 선주민사, 노예무역사, 팔래스티나 점령 연구 등에서 많이 논의되기 시작하고 있는 인종화의 정치, 자본주의와의 관계성을 둘러싼 문제계열이다. 이 문제들은 로자 룩셈부르크의 이론으로 돌아가면서 인종적 자본주의 racial capitalism라는 분석적 시점에 착목하는 것으로 형식적 포섭이 개시하는 새로운 역사적 이해의 전망에 대해 생각해보았으면 한다.

2. 글로벌 히스토리에 관한 두 가지 논점

첫 번째 논점부터 시작해보기로 하자. 본 저서는 세계를 뒤덮으려고 하는 자본주의가 비자본주의적 생산형태, 사회관계, 관습, 시간성과 조우했을 때 그것들을 어떻게 포섭하는가라는 물음을 세워 다음과 같이 주장한다. 즉 자본주의의 증식과 확장은 비근대적인 사회조직이나 공동체를 완전하게 파괴한 뒤에 포섭하는 것이 아니라, 이용할 수 있는 전통적인 요소는 적극적으로 보존하고 동원하면서 다시 만들어가는 것을 목표로 한다. 그렇기 때문에 이 포섭과정은 자본이 자기확장 과정에서 어떠한 역사적·사회적·경제적·이데올로기적 차이와 조우하는가라는 문제와 관련하게 된다. 그것은 상품형태에 의해 세계가 균질화되는 과정에서도 보편적 역사적 법칙에 지배되고 있는 것이 아니며 또한 헤겔이 말하는 국민정신이 자기실현을 위한 자유를 획득해가는 여로도 아니다.

그렇기는커녕 자본에 의한 포섭과정은 과거와 현재의 융합이 낳은 중층적인 시간성과 이종혼합성에 가득 차 있기 때문에 다양하게 살아온 시간=역사를 낳아왔다고 하루투니언은 주장한다.[2] 바꾸어 말하자면 자본은 자기증식과 확장을 위해 지극히 구체적이고 이질적인 소여의 역사적 상황과 조우하게 되고, 그것을 포섭하는 것으로 비균질적이고 불균등한 세계를 낳아온 것이다.

그리하여 근대세계는 자본의 운동을 통해 다양한 이질성이 각인된 글로벌 세계가 동시에 글로벌한 자본운동의 일부가 되고, 글로벌적 운동은 로컬적 세계에서 현재화하는 상황을 만들어왔다. 이러한 관점에서서 하루투니언은 "마르크스가 헤겔의 보편적인 역사를 대신하여 진정한 세계사—글로벌히스토리—의 전망을 제시했을 때 '특정 장소에 뿌리를 내린 존재local being'를 '보편적 존재universal being'로 전환하는 것, 즉 그것은 특정한 것을 보편화하고, 보편화한 것을 특정화하는 것의 중요성을 강조하고 있는 것"[3]이라고 주장했다. 그에게 이 전환이야말로 자본 운동이 낳은 글로벌 히스토리의 가능성의 조건인 것이다.

---

2   Harry Harootunian, *Marx After Marx : History and Time in the Expansion of Capitalism*, New York : Columbia University Press, 2017, pp.26~27.

3   위의 책, p.237.

예를 들면 흔히 말하는 비서양사회의 후진성은 불완전한 근대의 상징인 것처럼 논의되어온 '봉건제 유제'는 그러한 로컬과 글로벌의 변증법이 낳은 세계적 현상에 지나지 않으며 로컬한 역사적 상황에 의해 발현 형태는 달라지는 것으로, 자본주의 발상의 땅이라는 유럽조차 끌어안고 온 일반적인 현상이다.

본서는 이 문맥에서 야마다 모리타로山田盛太郎를 평가하면서도 일본의 봉건제 유제를 특수한 '형태型'로서 비역사적으로 이론화한 것을 비판하는 한편, 농업문제를 논하면서 "자본주의는 발생, 발전, 확립에 장애가 되지 않는 한, 구旧 사회의 잔존물들도 허용한다. 그뿐만이 아니다. 때로는 반대로 모든 잔존물의 온존조차 요구하게 된다"[4]고 논한 우노 고조를 형식적 포섭론을 심화시킨 이론가로서 높게 평가하고 있다.

두 번째 초점으로 옮겨보도록 하자. 하루투니언의 글로벌 히스토리는 자본주의가 비자본주의세계에 대해 파괴적인 폭력을 행사하고 불균등한 관계성이 가장 그로테스크한 형태로 나타나는 현상을 시야에 넣고 있다. 본 저서는 로자 룩셈부르크가 『자본축적론』속에서 "자본축적은 자본주의적 생산방법의 배타적 또는 절대적 지배라는 전제 하에서는 설명되지 못하는 것으로, 그것은 오히려 비자본주의적 환경없이는 생각할 수 없다"라고 주장하면서 전개한 '자연경제와의 투쟁' 혹은 '자연경제에 대한 절멸전絶滅戰'의 논의를 확장시키면서 자본주의에서의 불합리한 생산형태나 사회관계를 향한 용서없는 폭력을 형식적 포섭문제로 논하고 있다.[5]

자연경제와의 투쟁이란 비자본주의사회에 생활의 근원이며 생산수

---

4   위의 책, p.192.
5   ローザ・ルクセンブルグ, 長谷部文雄訳, 『資本蓄積論』(下卷), 岩波書店, 1934, pp.59~60.

단 그 자체였던 대지를 자연자원의 획득이나 농업개척을 위해 선주민으로부터 강탈하는 것, 그리고 필요하다면 그들의 노동력을 철저하게 착취하는 지배방식을 의미하고 있다. 하루투니언에 의하면, 룩셈부르크는 "자본이 유럽 이외의 사회를 통합하려고 할 때 자기 발전에 장애가 되는 것을 근절시키는 정책을 반드시 동반한다"는 것을 누구보다도 정확하게 이해하고 있다.[6]

본 저서는 룩셈부르크의 이론에 의거하면서 봉건사회가 자본주의사회에 이행할 때 빈농의 프롤레타리아화—생산수단의 수탈과 노동력의 상품화—를 촉진한 것과는 대조적으로, 자연경제와의 투쟁은 선주민을 프롤레타리아화하는 것은 거의 없었다고 주장한다. 즉 생활수단이나 생산수단의 강탈을 통해 선주민을 상품교환의 순환구조 속으로 통합하고, 전통적인 생산형태를 상품생산으로 변용시키는 적은 없었다. 자연경제와의 투쟁은 비자본주의적 생산형태의 근절을 목표로 하는 투쟁이었으며 그렇기 때문에 그 형태에 의거해온 사람들은 몇 번이나 제노사이드 경험을 해온 것이라고 한다. 분명히 자본주의와 만나는 것으로 많은 비자본주의사회는 괴멸상태에 내몰리게 되었다. 말하자면 본원적 축적에서 경제외적 강제를 가리켜 마르크스가 '잔인한 힘brute force'이라고 부른 폭력적인 수탈, 강탈 혹은 패트릭 울프Patrick Wolfe가 백인 이민에 의한 약탈과 점령을 가리켜 이주식민지주의settler colonialism라고 부른 '배제의 논리'는 북미나 오스트레일리아를 비롯해 세계각지에서 근대사회의 맹아기에 몇 번이나 반복되어온 피투성이의 현상을 설명하고 있다.[7]

6　Harry Harootunian, *Marx After Marx*, p.100.

7　Karl Marx defined brute force as the employment of the "power of the state, the concentrated and organized force of society, to hasten, as in a hothouse, the process of transformation of the feudal mode of production into the capitalist

하루투니언의 '프롤레타리아화'와 구별하여 자연경제와의 투쟁에 독자적인 이론을 도출한 시점은 룩셈부르크의 다음과 같은 통찰에 근거하고 있었다.

> 자본주의적 축적은 전체로서 구체적인 역사적 과정으로서 두 개의 다른 방향을 갖고 있다. 제1의 축적은 잉여가치의 생산장소에서, 즉 공장에서 광산에서 (…중략…) 수행된다. 축적은 이 방면에서만 관찰한다면 하나의 준[*] 경제학적인 과정이며 그 가장 중요한 단계는 자본가와 임금노동자 사이에서 연출되는 것인데, 한편으로 축적의 다른 일면은 자본과 비자본주의적 생산형태 사이에서 수행된다. 그 무대는 세계극장이다. (…중략…) 여기서는 전혀 감출 것이 없는 공공연한 폭력, 사기, 압박, 약탈이 이루어진다.[8]

그리고 이 자본축적 두 방면은 자본 그 자체의 재생산 조건에 의해 상호 연결되어 있는 것으로 그것들이 하나가 되어 비로소 자본의 역사적 생산이 생기게 된다.[9]

룩셈부르크는 아민이 기술한 것처럼 자본주의의 '외부', 즉 비자본주의적 생산형태에의 의존성에 주목하는 것을 통해 "중심부와 주변부의 관계가 자본주의적 생산양식의 내부 기능에 고유의 경제 매커니즘이

---

mode, and to shorten the transition", *Capital*, vol.1, London : Vintage, 1976, pp.915~916; Patrick Wolfe, "Settler Colonialism and Logic of Elimination", *Journal of Genocide Research*, vol.8, London : Taylor&Francis, 2006, pp.387~409.

8　ローザ・ルクセンブルグ, 『資本蓄積論』(下巻), pp.196~197.
9　위의 책, pp.196~197.

아니라, 동同생산양식과 여러 가지 사회구성체와의 관계이기 때문에 '원축原蓄' 매커니즘을 유지하고 있다"는 것을 꿰뚫고 있었다.[10] 바꾸어 말하자면 '중심=자본'에 의한 노동의 착취노동력의상품화와 주변=외부의 파멸적 포섭선주자의 강탈과 배제이라는 두 회로circuit는 하나의 원환円環, loop 이 되어 자본주의 창출에서 재생산까지 계속되는 본원적 축적 구조를 구성하고 있다.[11]

이 이론적 입장은 자본이 하나의 생산양식 아래 세계를 균질화해간 다는 환상을 깨부수고 포섭이 중층성을 유지하면서 자본의 확장 재생 산을 실현해간다는 것을 아주 훌륭하게 설명하고 있다. 그러나 자본의 외부인 자연경제에의 투쟁은 왜 '전혀 감출 것이 없는 공공연한 폭력, 사기, 압박, 약탈이 이루어지는 사태'를 동반하는 것일까. 『마르크스 이후의 마르크스』는 이 물음에 직접 대답하지는 않는다. 또한 룩셈부 르크의 축적론을 포함한 마르크스주의 일반도 정면에서 응답하지는 않 았다. 이 공공연하게 행사되는 잔인성을 본원적 축적이나 형식적 포섭 의 구성요인으로 보았을 때 자본주의는 단순한 상품화라는 물상화현상 에 그치는 것이 아니라, 생리적 폭력을 스스로의 존재로서 끌어안고 있 는 것이다.

---

10 アミール・サミン, 原田金一郎訳, 「国際貿易と資本の国際的な流れ」, 『新国際価格論 争』, 拓植書房, 1981, p.118.
11 물론 이 두 회로를 원활하게 운용하여 자본축적의 원환(円環)을 유지해가는 것에는 무리 가 있다. 그것을 위해 알튀세르가 말하는 국가이데올로기 장치는 필요하게 되고 경찰, 관료제나 군대 등 폭력적 기구가 존재하는 것이다. 로자 룩셈부르크에 의해 새롭게 열린 것인데 충분히 논의되고 있지 않다. 이점에 관해서는 금후의 논고에서 다루기로 한다.

3. 인종주의와 자본주의

근래 북미 흑인사 연구나 선주민사 연구를 중심으로 주목을 모으고 있는 인종적 자본주의racial capitalism라는 분석적 시점은 이 문제를 정면에서 다루고 있다.[12] 우선 자본의 본원적 축적 과정에서 빈농의 인클로저enclosure (개방 경지제였던 토지를, 영주나 지주가 농장이나 목양지로 만들기 위해 돌담·울타리 등으로 둘러싸서 사유지화한 것)와, 선주민사회의 이주식민지화settler-colonization 는 둘 다 생산수단 혹은 생활수단의 강탈을 전제로 하고 있는데, 강탈의 표적, 방법 및 결과에는 이 두 가지 역사적 경험에는 결정적인 차이가 있다는 것이 확인된다.

자본주의 생산양식의 도입을 목표로 하는 인클로저는 농민이나 노동자로부터 생산수단을 빼앗고 그들을 임금노동자로 변질시키지만, 자연자원의 착취나 개척을 목적으로 하는 이주식민지화는 선주민들을 무용적無用的인 배제해야 할 인종·인구로 재구성해버린다.

패트릭 울프의 말을 빌리자면 노동의 착취를 전제로 하는 사회관계는 인적자원의 공급을 계속적으로 필요로 한다. 그것과는 대조적으로, 선주민의 영토를 강탈하는 것을 전제로 하는 사회관계는 그 토지의 선주자들이 두 번 다시 돌아오지 못하도록 요구하고 있다.[13] 전자는 자본축적에 필요한 염가의 노동력 공급원으로서 상대적 잉여 인구, 즉 마르크스가 말하는 산업예비군을 낳게 되는데 후자는 자연자원의 획득이나

---

12 최초로 'racial capitalism' 개념을 논의한 기념비적 저작은, Cedric J. Robinson, *Black Marxism : The Making of the Black Radical Tradition North Carolina : The University of North Carolina Press*, 1983.

13 Patrick Wolfe, "Traces of History : Elementary Structures of Race", London : Verso, 2016, p.3.

대지 개간을 위해 무용이나 배제되어야 할 야만인, 즉 휴머니티의 외부에 놓인 반인간을 만들어내는 것이다.

선주민이 프롤레타리아화하지 않고 자본주의의 장애물이 되는 것은 수렵채집을 주로 하는 선주민의 노동형태와 생활양식이 사유재산제를 근거로 화폐적 부가가치의 창출을 노리는 자본주의제도의 확립을 방해하기 때문이다. 사유제를 인류 진보의 증거로 한 무주지無主地, terra nullius라는 개념은 말 그대로 이주식민지주의에 의한 침략과 강탈을 필연적인 문명화과정이라고 했다.[14] 룩셈부르크는 무주지가 갖는 강탈성에 대해 미국 대륙의 예를 거론하면서 다음과 같이 설명했다.

> 철도, 즉 유럽 주로 영국의 자본은 미국의 이주 농업자를 한 발 한 발 연방連邦의 동부와 서부의 끝없이 넓은 광야로 안내했는데, 거기서 그는(농경에 종사하지 않는 무용적인) 인디언을 총과 수렵견狩獵犬, 독주毒酒나 매독을 활용하여 근절시키고, 또한 폭력적으로 이들을 동부에서 서부로 이주시켰다. 그들의 토지를 무주지로서 횡령하고 개간했으며 차용했다.[15]

그렇지만 만약 잔학한 폭력행사의 이유가 생산형태의 본질적인 대립에만 요구한다면 그 폭력의 창끝은 자본주의의 장애로 간주되는 모든 공동체나 인간에게 향하게 된다. 그러나 현실은 다르다. 약탈, 린치, 극

---

14 Andrew Fitzmaurice, "The Genealogy of Terra Nullius", *Australian Historical Studies*, vol.38, Taylor and Francis, 2007, pp.1~15; Randall Lesaffer, "Argument from Roman Law in Current International Law : Occupation and Acquisition Prescription", *European Journal of International Law*, Vol.16, No.1, Oxford, 2005, pp.25~58; Yogi Hendlin, "From Terra Nullius to Terra Communis in advance", *Environmental Philosophy 11:2*, Philosophy Documentation Center, 2014, pp.141~174.

15 ローザ・ルクセンブルク, 『資本蓄積論』, p.119.

단적인 착취와 노예화는 용서없는 노골적인 폭력과 자연화는 말하자면 유색인종이라 불리는 사람들에게 향하게 된다. 폭력의 행사와 인종주의와의 관계는 단순하게 우연적인 것일까. 본원적 축적 구성요소인 '공공연한 폭력'과 인종은 어떤 관계성을 갖고 있는 것일까.

낸시 프레이저Nancy Fraser와 마이클 도슨Michael Dawson 사이에 주고받은 인종자본주의racial capitalism에 대해 논의를 되돌아보기로 하자. 낸시 프레이저는 「정통화의 위기正統化の危機」라는 논문에서 자본주의사회의 창생과 재생산을 가능하게 하고 있는 배후의 조건과 그 문맥 — 그녀는 그것을 자본주의의 '은밀한 장소hidden abode, 隠れ屋'라고 불렀는데 — 에 대해 아래와 같이 논했다.

> 자본주의의 배후에 있는 모든 조건은 자본이 기능하기 위해 필요할 뿐만 아니라, 자본주의 자체가 존속하기 위한 필요조건이며 그 조건 하나하나는 독자의 지배논리를 갖고 있는 한편, 투쟁과 저항의 잠재적 원천이 되기도 한다.[16]

이에 대해 마이클 도슨은 동의하기도 하면서 낸시 프레이저의 '은밀한 장소'를 둘러싼 논의에는 '강탈이나 수탈이라는 공포의 폭력에 대한 이야기'가 이상하게도 누락되어 있다고 지적한다. 그리고 낸시 프레이저의 '은밀한 장소 이야기가 아직도 지속되고 있다'는 중요한 지적은 '공포적인 폭력이야기'를 중심으로 재구축되어야 한다고 반론했다.[17]

---

16 Nancy Fraser, "Legitimation Crisis? On the Contradictions of Financial Capitalism", *Critical Historical Studies 2*, no.2, Fall 2015, pp.157~189.

17 Michael C. Dawson, "Hidden in Plain Sight : A Note on Legitimation Crises and the Racial Order", *Critical Historical Studies 3*, no.1, Spring 2016, p.147.

마이클 도슨에 의하면 강탈이나 수탈이라는 폭력은 공적으로는 인지되지 않고 있지만, 지금도 계속되고 있는 자본축적의 매커니즘이며 마르크스의 '표면적 이야기'인 노동자의 착취와 병행하여 검토되지 않으면 안 된다. 그리고 마이클 도슨은 다음과 같이 결론을 도출한다.[18]

> 자본주의를 근본적으로 이해하는 것은 '인종의 은밀한 장소, 즉 노예제, 식민지주의, 미국 대륙의 대지 강탈, 그리고 대학살은 인종화를 통해 이루어진 인간의 구분 — 우수한 인간과 열등한 인간의 존재론적 구별 — 에 대한 고찰 없이는 이루어질 수 없다.[19]

마이클 도슨에게 이 '인종적 구별화'는 '시장에서 스스로 노동을 팔고 경쟁하는 권리를 가진 '완전한 인간'과 '사용되고 버려지거나 차별받고 마지막에는 유기되거나 철저하게 착취되는 인간'과의 구별이라는 형태로 현재화한다.[20]

마이클 도슨의 이러한 통찰을 수용하면서 필자는 다음과 같이 논하고 싶다. 만약 우리들이 '표면적 이야기', 즉 계속되는 비공식적인 축적 매커니즘을 우리들의 자본주의 분석에 전면에 내세우는 것으로 인종화가 어떻게 수탈 기구의 존속을 가능하게 했는지를 이해하지 않는 한, '완전한 인간'과 그들의 착취 이야기만이 우리들의 역사이해로 계속 유지될 것이다.

새로운 글로벌 히스토리의 전모는 수탈되고 유기된 사람들의 이야기

---

18 Ibid., p.147.
19 Ibid., p.147.
20 Ibid., pp.147~148.

를 '완전한 인간'의 이야기와의 관계에서 이해할 때 비로소 분명해질 것이다. 그것은 본원적 축적에는 적어도 플롤레타리아화와 인종화라는 두 개의 물상화 이론과 과정이 존재하고, 후자는 생체적으로 열등하다는 이유로 극도의 차별, 빈곤, 폭력에 노출되어온 사태를 인식하는 것이기도 하다. 마이클 도슨이 주장하는 것처럼 지금도 사회적 소수자로 간주되는 사람들에 대한 폭력은 학살이나 경찰의 고문, 또는 강제적 국외추방 등의 형태를 취하면서 지속되고 있다. 그렇기 때문에 이 자본주의사회의 잔학한 측면은 역사의 진보과정에서 나타났다가 사라지는 일과성적─過性的인 것이 아니다. '잔인한 힘'은 아주 깊게 상품화된 '선진지역'의 일상에서 '은밀한 장소'로서 시각화되는 것은 거의 없는데, 자본축적의 세계적인 레짐regime을 지속하면서 지금도 계속 변함없이 중심적인 역할을 연출하고 있다.

근래 인종차별의 횡행은 인간을 피부, 문화, 관습 등에 의해 분류하고 통치하는 인종화라는 권력작용이 자본주의제도에서 필요불가결한 구성요소라는 것을 증명하고 있다. 자본축적이 필요로 하는 노동, 토지, 혹은 생/신체의 폭력적인 포섭은 자본의 논리만으로는 달성될 수 없다. 그것은 국가경찰이나 금융기관을 포함한라는 기구의 개입이 없으면 성취될 수 없는 것이다.

생활수단·생산수단을 생활자·생산자로부터 빼앗는 '본원적 축적과정'은 국가나 경찰, 금융기관이 법의 이름아래 시행하는 차별과 배제와 밀접하게 연결되어 있다. 인종화의 정치는 이 포섭의 폭력포섭=차별을 질서화=자연화하기 위해 존재하고 있다. 사람들은 어떤 '인종'으로 분류되느냐에 따라 폭력의 강도나 그 횟수의 차이를 경험하는 것이다.

이 폭력의 경험 차이는 자본이 조우하는 소여의 사회적·경제적·이데올로기적 조건에 의한 것이다. 이점에 대해 하루투니언이 형식적 포섭에서 논한 불균등, 즉 글로벌한 사태가 로컬한 차이로서 표출되고 로컬한 사태가 글로벌한 문제로서 현재화한다는 시점이 중요한 의미를 갖는다. 인종주의란 로컬한 사회적, 경제적, 이데올로기적인 조건을 깊게 반영함과 동시에 사람들의 선별화, 차별화를 추진하는 글로벌한 통치체제이기도 하다.

이러한 입장은 마르크스나 엥겔스가 『독일이데올로기』에서 자본주의 생산력의 보편적 발전과 상품형태의 글로벌한 확장을 상정하면서 무산계급을 세계사적인 존재로 그려내고, 역사의 복잡한 양상을 계급사관으로 환원시키면서도 공산주의자의 국경없는 연대와 세계혁명의 가능성을 논한 입장과는 다른 것이다. 『독일이데올로기』는 세계가 무한하게 균질화되고, 그 균질성이 국경없는 연대의 조건으로 기능한다는 것을 상정하고 있는데, 형식적 포섭의 분석적 시각은 그러한 자본주의의 세계적 전개가 역사적 차이를 삼켜버리면서 동시에 파괴하고 횡령하고 혹은 동원하는 과정에 주목함으로써 그로테스크한 불균등성과 그것에 동반되는 다양한 경험, 상황인식 또는 저항 가능성을 제시하는 것이다.[21]

반복해서 말하지만, 자본주의의 '발전'이나 '성숙'에 의해 이러한 인종차별이 사라지는 것은 아니라는 것이다. 그렇기는커녕 자본주의의 위기가 심각화해지는 상황 속에서 인종화된 소수자에게 향해지는 폭력이 첨예화될 뿐이다. 만약 실질적 포섭론이 주창하듯이 자본주의가 상품형태의 확산을 통해 세계의 균질화를 촉진한다고 한다면, 인종을 비

---

21 Karl Marx & Frederick Engels, *The German Ideology*, New York : International Publishers, 1995, p.56.

롯해 민족, 젠더라는 차이화를 수행하는 기호는 소멸되어가야 할 것이다. 그러나 현실은 그 반대인 것이다. 그렇기 때문에 실비아 페데리치 Silvia Federici는 "자본은 단순하게 창세기에만이 아니라 오늘날에 이르기까지 역사적 과정으로서 자본축적의 항상적 방법인 폭력 이외의 문제해결이외에는 아무것도 알지 못한다"[22]라고 말한 로자 룩셈부르크의 중요한 통찰을 계승하면서 본원적 축적을 다음과 같이 재정의 한다.

> 본원적 축적이란 국가에 의한 '잔인한 힘'과 '노골적인 폭력'의 지속을 의미한다. 그것은 또한 '노동자 계급에서의 차이와 분단의 축적에 의해 인종, 연령, 젠더에 근거한 히에라르키가 계급지배를 구성하게 된다.[23]

만약 마르크스가 인종화의 정치와 자본주의의 상관성을 더 면밀하게 고찰했더라면 자본주의가 인류 해방의 길을 열었다는 말은 말하지 못했을 것이다.[24] 인류 일부의 인간, 특히 유럽계통의 백인 남성은 봉건제로부터 '자유'를 손에 넣었을지도 모른다. 그러나 선주민이나 노예는 생체로서 또는 사회적 존재로서 철저한 착취와 배척의 대상이 되어갔다. 그들 입장에서 자본주의와의 조우는 죽음의 선고였던 것이다.

『마르크스 이후의 마르크스』가 연 형식적 포섭이라는 분석적 시점은

---

22 Ibid., p.79.

23 Silvia Federici, *Caliban And The Witch*, NY : Autonomedia, 2014, pp.63~64.

24 마르크스가 선주민을 '자연 풍경' 속에 정위하고 그들의 세계관이나 생활형태에 대해 독자의 인간성을 도출하지 못한 것을 패트릭 울프는 "미국 자본주의의 발달이 가장 순수한 형태를 취하고 있다"고 논하는 것으로 인해 마르크스도 이 선주민 소거에 가담하게 된다. 그것은 유럽의 자본주의 발달의 역사가 없으면 의의 있는 역사는 존재하지 않는다는 역사의식을 반영하고 있는 것이기도 하다. Patrick Wolfe, "Traces of History : Elementary Structures of Race", p.23.

지금까지 압도적으로 무시되고 배제된 사람들의 경험을 세계사의 전면에 내세우고, 근대세계의 불균등한 발전이 부富 축적의 무한한 욕망에 의해 초래된 피투성이의 역사였다는 것을 상기시켜 그것이 근대 속에서 가진 의미를 개시한다. 본 저서는 마르크스가 구상한 세계사의 가능성에 다시 돌아가면서 그것을 극복해갈 가능성을 내포하고 있다. 마르크스 사상의 타당성은 영원불멸의 진리에 있는 것이 아니라 역사적으로 규정되는 것이라는 점이다. 그러한 의미에서 『마르크스 이후의 마르크스』에 나타난 '마르크스'는 아우프헤벤aufheben, 揚棄 마르크스이지 않으면 안 된다. 거기서 새로 보이는 글로벌 히스토리는 '은밀한 장소'가 은밀한 장소가 아닌 역사이지 않으면 안 된다. 이를 위한 사색의 중요한 계기가 바로 본 저서인 것이다.

제6장

번역어 '국수주의'의 탄생과
번신翻身 제국주의

1. 국수라는 번역어의 주조

제국주의와 내셔널리즘, 그리고 전체주의는 처음부터 일체화된 것이 아니라 각각 별개로 출발했다고 보는 한나 아렌트Hannah Arendt의 시각[1]은 많은 시사점을 제공해준다. 그런 의미에서 본장에서 일본의 경우를 살펴보는 작업은 어떻게 일본에서는 국가주의나 제국주의가 '일체성'을 갖게 되었는가라는 물음으로 응용될 수 있을 것이다.

필자는 그 핵심 키워드를 '국수'라는 조어造語에 두고 '국수'라는 용어가 과연 어떠한 방식으로 국가주의, 국민주의, 전체주의라는 내용들을 담지해가게 되는지를 밝혀내고자 한다. 왜냐하면 그 구분이 모호해지면서 일본사회에서는 전체 국가주의나 제국주의의 논리를 상대화할 기회를 잃었기 때문이라고 생각한다.

---

1   한나 아렌트, 이진우·박미애 역, 『전체주의의 기원』, 한길사, 2010, 13~29쪽; 先崎彰容, 『高山樗牛』, 論創社, 2010, p.73.

일본에서 '내셔널리티nationality'를 '국수国粋'라고 창안한 것은 시가 시게다케志賀重昂였다. 시가는 일본의 국수를 '일본의 자연, 지리, 역사, 사회적 환경 속에서 만들어진 것'이라며 일본의 특징을 추출해내고자 했다.[2]

그 추출된 일본의 특성을 국수라고 명명했고 그것을 내셔널리티라고 보았던 것이다. 이러한 시가의 '내셔널리티＝국수' 이론을 활용하여 '국수'를 다시 '보존'하는 쪽에 초점을 두어 '국수보존주의' 이론을 전 개한 것은 미야케 세쓰레이三宅雪嶺였다.[3] 그리고 미야케의 국수보존주의 이론을 일본주의로 재편하면서 국가 전체주의 이론으로 변주시킨 것은 다카야마 쵸규高山樗牛였다.[4]

---

2 米原謙, 『近代日本のアイデンティティと政治』, ミネルヴァ書房, 2002, pp.27~28.

3 미야케 세쓰레이는 1860년 가나자와(金沢) 신다테마치(新竪町)에서 삼남으로 태어났 다. 필명으로는 산령(山嶺), 우혜(雨彗), 천산만악(千山萬岳)을 사용했다. 본명은 유지 로(雄次郎)이다. 미야케가 어렸을 때에는 집안이 정토진종(浄土眞宗)의 신도였다. 라이 산요(賴山陽)나 사쿠마 쇼잔(佐久間象山)의 여향(餘香)도 남아있는 집안이고, 주큐 (塾)에서는 『국사략(国史略)』・『황조사략(皇朝史略)』 등을 공부했다고 한다. 영불(英 佛)학교에서 프랑스어를 전공했는데 후에 1879년 도쿄(東京)대학 문학부 철학과에 입학 한다. 동문으로서는 이노우에 데쓰지로(井上哲次郎)가 있고 교원으로서는 나카무라 게 이우(中村敬宇), 페놀로사의 영향을 받았다고 한다. 스펜서의 진화론과 헤겔 철학을 학습 하기도 했다. 카라일의 영향을 받아 「사이고 다카모리(西郷高盛)」 등 영웅론도 집필했다. 1888년에는 시가 시게타카, 스기우라 쥬고(杉浦重剛)와 함께 정교사(政教社)를 설립하 고 잡지 『일본인』을 발행하면서 서구화에 대한 '항언(抗言)' 활동으로서 '국수보존주의' 를 주창하게 된다. 中野目徹, 『三宅雪嶺』, 吉川弘文館, 2019, pp.1~75.

4 다카야마 쵸규는 1871년 쓰루오카(鶴岡) 다카하타(高畑)에서 차남으로 태어났다. 본명 은 다카야마 린지로(高山林次郎)로 쵸규는 스스로 붙인 필명이었다. 쵸규는 『장자』에서 가져온 것으로, 무용으로 보이는 사물도 다 쓸모가 있다는 무용의 용으로서의 쵸(樗, 저)와 규(牛, 우)를 호로 사용했다. 1884년 후쿠시마(福島) 소학교를 졸업하고 도쿄영어학교를 거쳐 1888년 제이고등학교(第二高等学校)에 입학, 그후 창작활동을 개시했다. 이미 1883년 후쿠자와 유키치는 『시사신보(時事新報)』에서 세계적 대세가 국가를 세우고 열 강의 식민지지배라는 제국주의 시대를 논하고 있었다. 청일전쟁이 발발하기 1년 전인 1893년에 도쿄제국대학 문과대학 철학과에 입학한다. 같은 해 입학자로서는 아네자키 마사하루(姉崎正治)가 있었다. 다카야마는 『제국문학(帝国文学)』에 글을 싣고, 종합잡 지 『태양(太陽)』의 편집주간을 맡으며 '일본주의'를 주장하게 된다. 先崎彰容, 『高山樗

이들은 공통적으로 서구화의 추종에 대한 비판적 입장과 동시에 일본 내의 한학漢學적 한계성에 대한 반발로서 출발했다.

즉 서구도 아니면서 중국적 영향도 아닌 주체를 찾기 위한 시도였다. 바로 이러한 고민은 역시 오늘날에도 유효한 점이 있다고 생각한다. 즉 서구적 근대의 틀에 들어와 있기도 하지만, 다시 자국적 특수성에 대한 한계를 넘어 새로운 주체를 만들어야 하는 상황이 오늘날과 일맥상통한다고 여겨진다.

그렇기 때문에 본장에서는 미야케의 국수주의와 다카야마의 일본주의가 어떠한 의미에서 주체 찾기였는지, 그 인식이 어떠한 세계적 논리의 영향 아래에서 형성되고 변용되었는지, 그리고 그것이 어떻게 국가주의를 정당화했는지, 그 과정을 검토하고자 한다.

본장에서 필자는 기존의 논고들이 '국수주의, 일본주의, 국가주의'를 하나로 보거나 구체적인 내용에 대한 검증 없이 '내셔널리즘＝내셔널리티로 동일화'시키는 '일반론'에 대해 비판적 입장을 취한다. 오히려 그러한 선입견을 넘어 왜 내셔널리티를 자연화했고 그 논리가 무엇인지를 구체적으로 검토하여 그 자명성에 대한 의문을 제시하는 것이 중요하다고 생각한다. 이를 위해 본장에서는 첫째, 미야케와 다카야마의 사상의 공통점과 차이점이 무엇인지를 제시한다. 이 두 사상가는 당시 일본에서 무조건적무비판적으로으로 받아들여졌던 서구주의에 반대하는 동시에 '탈한학脫漢學'도 병행하고 있었다는 점에서 공통적인 특징을 갖는다.

즉 이 두 사상가는 서구주의도 한학주의도 아닌 제3의 입장을 강조

牛』, 論創社, 2010, pp.15~66.

했다. 핵심은 독립과 자각이었다. 구체적으로는 관료적 국가주의, 즉 정부 주도에 의한 관료들과의 거리두기 논리였다. 정부 관료들에 의해 운영되는 국가를 부정하고 각성된 국민들이 주체가 되는 국가를 만들어야 한다는 입장이었다. 다시 말해서 이 두 사상가는 정부를 비판하지만, 국가를 떠나서는 '개인의 자유'를 획득할 수 없다는 국가주의를 주창했던 것이다. 그러나 기존의 국민국가를 지탱해온 귀족이나 부르주아의 협업에 의한 국가협력을 주장하는 입장[5]과는 달리, 개인의 각성에 의한 개인주의를 보장하는 국가주의의 논리를 주장한 것이다.

동시에 기존의 가치관으로서 신분제가 아니라 개인의 노력에 의한 새로운 계층으로의 이동이 보장되고 자유를 보장하는 국가주의를 주장한 것이다. 이처럼 이 두 사상가는 정부 주도적 국가주의에 반항하면서 개인의 능력주의를 인정하고 개인의 '자유'를 존중하자는 입장이었다. 이러한 논리는 우연히 생겨난 것이 아니라는 점에 착안하여 둘째, 미야케와 다카야마가 어떤 사상적 영향 속에서 세계관을 만들었는지를 살펴보고자 한다.

예를 들어 미야케의 경우에는 서구의 셸링, 쇼펜하우어, 헤겔의 영향을 받으면서 다시 왕양명의 이론을 접목시켜 일본에만 유일하고 독특하게 존재하는 '독존적獨存的'인 세계관을 형성했기 때문에 그 과정을 밝힐 것이다. 셋째, 그러한 사상적 근거를 통해 미야케의 국수보존주의와 다카야마의 일본주의가 가진 공통점과 차이점이 구체적으로 드러날 것이다.

국수보존의 논리를 개인의 특화, 국가의 발전, 인류의 행복이라고 논하지만 그것이 결국 일본 중심주의에 의거한 전체주의로 연결되는 프

---

5   한나 아렌트, 앞의 책, p.268.

로세스임을 규명할 것이다. 넷째, 국수보존주의와 일본주의의 내용에 차이가 있음에도 이 두 사상이 내적으로는 '전체주의'를 지향하는 반면, 외적으로는 '세계 제국주의'로 향하는 정당성을 확보하고자 하는 '갇힌 세계주의'였음을 밝히고자 한다.

2. 국수와 국민국가 논리의 방향성

이러한 문제의식은 기존의 선행연구를 통해 새롭게 발견한 것이기도 하다. 그렇지만 선행연구는 주로 미야케와 다카야마에 대한 개별연구에 집중되어 있으며 이 두 사상가를 직접 비교 연구한 논문은 매우 적다. 특히 미야케의 경우 그가 국수주의 또는 국수보존주의를 제창하고 국수보존의 핵심사상을 '진선미眞善美관념'과 연결하여 논한 측면에 대한 연구들이 대부분을 차지한다.[6] 그리고 다카야마의 경우 역시 내셔널리스트적인 측면에서 연구한 논문들이 주류를 이룬다.[7]

6　佐藤能丸,「三宅雪嶺」,『日本の歴史家』, 日本評論社, 1990, pp.53~59; 中野目徹,『三宅雪嶺』, 吉川弘文館, 2019, pp.5~315; 長妻三佐雄,『三宅雪嶺の政治思想』, ミネルヴァ書房, 2012, pp.2~218; 佐藤能丸,『明治ナショナリズムの研究-政教社の成立とその周辺』, 芙蓉書房出版, 1998, pp.1~350; 長妻三佐雄,『公共性のエートス 三宅雪嶺と在野精神の近代』, 世界思想社, 2002, pp.3~282; 中野目徹,『明治の青年とナショナリズム―政教社・日本新聞社の群像』, 吉川弘文館, 2014, pp.124~148; 森田康夫,『三宅雪嶺の思想像』, 和泉書院, 2015, pp.1~175.

7　赤木桁平,『人及び思想家としての高山樗牛』, 東京:新潮社, 1918, pp.2~183; 三井甲之,『樗牛全集から』, 敬文社, 1914, pp 1~170; 姉崎正治・山川智応,『高山樗牛と日蓮上人』, 博文館, 1913, pp.1~436; 高須芳次郎,『人と文學 高山樗牛』, 偕成社, 1943, pp.2~266; 先崎彰容,『高山樗牛-美とナショナリズム』, 論創社, 2010, pp.1~221; 先崎彰容, 『個人主義から"自分らしさ"へ-福沢諭吉・高山樗牛・和辻哲郎の「近代」体験』, 東北大学出版会, 2010, pp.2~272; 理崎啓,『青年の国のオリオン明治日本と高山樗牛』, 哲山堂, 2010, pp.1~159; 長尾宗典,『〈憧憬〉の明治精神史―高山樗牛・姉

그렇다고 이 두 사상가를 함께 비교한 논고가 없는 것은 아니다. 그 대표적인 것으로 케네스 B. 파일Kenneth B. Pyle의 『서구화와 국수欧化と国粹』,[8] 이로카와 다이키치色川大吉의 『메이지사상사(하)明治思想史下』를 예로 들 수 있다. 동시기에 함께 활동한 도쿠토미 소호德富蘇峰의 평민주의, 민권사상, 제국주의와 비교하며 그 동일성과 차이성을 규명하는 연구 또는 후쿠자와 유키치와의 비교를 통해 독립자존이 갖는 의미를 밝힌 연구들이다.[9]

본장에서는 기존 선행연구가 정리한 것처럼 서구화나 국수의 상관성 논리가 아니라, 제3의 길로서 만들어낸 국수의 의미와 그 국수에 어떤 의미를 부여해갔는지를 살펴보고, 그 국수의 변종으로서 일본주의가 어떤 의미를 담아내면서 구축되었는지 그 프로세스를 밝혀내고자 한다. 그것은 이 국수주의와 일본주의가 결국 일본의 국가주의의 특징인 내셔널리즘, 전체주의, 제국주의로 연결되기 때문이다. 특히 두 사상가의 사상을 통해 '일본 내셔널리즘'이 '개인의 자각과 국가＝제국주의'의 상징으로서 '천황'의 특성을 어떻게 설명하는지도 밝혀내고자 한다. 동시에 이 두 사상가의 차이성이 드러나는 지점에서 상대방의 이론을

崎嘲風の時代』, ぺりかん社, 2016, pp.2~352; 花澤哲文, 『高山樗牛―歴史をめぐる芸術と論争』, 翰林書房, 2013, pp.2~26.

8 원저는 *The New Generation in Meiji Japan : Problems of Cultural Identity, 1885~1895*인데 이를 일본어로 번역한 것이다. ケネス・B・パイル著, 松本三之介監訳, 『欧化と国粹』, 講談社, 2013, pp.3~360. 이 책에서는 문화섭취와 민족적 자존심이라는 상호 모순적 시대요청에 대한 조화를 시도하고 근대적이면서 일본적 자주성 찾기라는 관점에서 다루고 있다.

9 色川大吉, 『明治思想史(下)』, 講談社, 1976, pp.64~144. 이로카와는 메이지20년대와 30년대를 구분하면서 새로운 일본을 구상한 것으로 순호(純乎)의 태서(泰西)주의가 아니며 그렇다고 해서 서구를 배제하는 편지(偏知)주의도 아닌 정신적 혁명을 시도한 것으로 국수주의 이름의 일본문화 부흥, 창조를 시도한 것으로 평가한다. 특히 이 시기의 사상가들이 숙명적으로 '내셔널리즘'을 체내에 내장하지 않을 수 없었고 국권 확장을 주창하면서 반대로 민권확장을 회복하려고 한 것으로 분석한다.

어떻게 정의하는지를 통해 역설적으로 국수주의, 일본주의, 국가주의 논리의 전모가 드러날 것이다.

오늘날 일본에서는 국수주의를 윤리적 제국주의 또는 자유 제국주의 라는 표현으로 포장하거나 1930년대의 파시즘적 국가주의와는 다른 색채로 이해하고 '일본주의, 국수주의, 국가주의'와 다른 성격으로 보는 견해도 존재하지만,[10] 이 시기의 핵심 내용이 왜 파시즘으로 연결되고 있었는지를 놓치고 있기 때문에 그처럼 분리해서 보게 된다. 일본은 국수보존주의와 일본주의의 성격이 결합되는 프로세스를 규명하지 못한 채 '전체주의'나 '제국주의'를 획득했기 때문에 '비판적'으로 보는 각성된 시각을 잃게 된 것이라고 생각된다. 즉 서양문명의 보편화를 기획하는 세계주의와 동양문명의 패자로서 일본의 독자성을 강조하는 '국가주의'의 갈등이 내면 속에 지속된 것이라고 보는 논리, 그리고 국가 자체를 목적으로 하는 협한 국가주의가 아니라며[11] 피해가려는 '은폐된 제국주의'를 내장하고 있었음이 드러날 것이다.

3. 개념과 번역에 의한 '각성'과 세계성

일반적으로 일본은 서구화에 대한 상반된 개념으로서 '국수'를 제안했다고 전해지지만 그렇다고 해서 반드시 반서구적인 것만은 아니었다. 즉 '반한학反漢學'적인 측면도 존재한다. 미야케와 다카야마는 '반서

---

10 藤田昌志, 「志賀重昂・三宅雪嶺の日本論・中国論」, 『三重大学国際交流センター紀要』 第3号, 三重大学国際交流センター, 2008, pp.19~32.
11 中野目徹, 『政教社の研究』, 思文閣出版, 1993, p.28・164.

구반한학'이라는 시대적 상황 속에서 '주체'의 발견에 대해 고민했던 대표적인 사상가이다. 그렇다면 어떤 방식으로 '주체'를 발견하고자 했는지를 살펴보기 위해 본장에서는 '개인과 자각'이란 무엇인지부터 살펴보기로 한다.

미야케의 경우는 잘 알려진 바와 같이 국수보존주의를 주창했는데 그 내용을 이해하기 위해서는 미야케가 중시한 '개인의 각성'이 무엇인지를 이해할 필요가 있다. 즉 미야케가 초미의 관심을 가진 '개인의 각성'이 어떻게 이루어지고, 그 각성이라는 것은 과연 무엇인가라는 '해석 투쟁 과정'을 중심으로 살펴볼 필요가 있다.

기존의 논고들이 그랬듯이 '미야케＝국수주의자＝내셔널리스트'로 단정짓는 선입견에 갇히게 되면, '어떤 점에서'라는 문제를 놓치게 되어 만족스러운 해답을 찾기 어렵기 때문이다. 미야케에 의하면 인간의 자아 각성이란 '개념'이 형성된 역사를 다시 들여다보는 것에서 출발해야 한다. 즉 '국어'와 '서구어 개념'에 대한 관계를 '직시'하는 것이었다. 그 예로서 제시한 것이 바로 '철학'이라는 개념이었다. 그는 그것을 개인사나 한 국가의 '단일성'으로 여기지 않았고 그 속에 보편적인 논리가 존재하는 '세계적인 개념'으로 보았다. 즉 미야케에 의하면 철학 연구라는 것은 서구가 만들어 놓은 내용을 그대로 '추앙'하여 아무런 의심도 하지 않고 당연하게 여기는 것이 아니라, 국어를 통해 그것을 다시 '이해'해야 하고 새롭게 '표현해내야 한다'고 보았다.

예를 들어 철학이라는 용어는 영어의 필로소피philosophy를 번역한 것인데 그 어원이 희랍의 피타고라스에서 유래된 것이라고 한다면, 이 말을 이해하기 위해서는 어원이 사용되던 시대로 돌아가야 하는 것이 맞다고 보았다. 그렇지만 현실은 그 과거로 돌아갈 수 없게 되었고, 시간의 경과와 여러 세대를 거치면서 그 '명사'에 개념이 부착되어버린 것이라고 보았다. 그것이 중국에서는 성리性理라든가, 치지致知라고 부르게 되었던 것이고 그 용어에 포괄되는 사상이 복잡하게 얽혀 형성된 것이라고 여겼다. 즉 그 명사용어, 개념의 정의는 시간의 경과에 의해 후대에 부여된 것이라고 본 것이다. 미야케의 직접적인 표현을 가져오자면 그것은 '개념을 언어 위에 올려놓은 구조'라는 것이다. 그렇기 때문에 개념의 내용을 그대로 받아들여 그것을 마치 설파하는 태도를 취하는 것이 아니라, 그 이전에 그 강령綱領이 강령으로 연결되는 인식이나 언어들의 고리들이 무엇인가를 이해하고, 그 연결 개념을 염출하는 것 그리고 무엇을 목적으로 하고 있었기에 그것이 나타난 것인지를 알 수 있는 '순서'를 살펴보아야만 한다고 주장한다.[12]

미야케의 논리는 어느 한 '명사'가 의미를 갖게 되고 의미를 갖게 되는 것은 문자를 통해서라는 것이다. 그렇기 때문에 그 명사의 진정한 '의미'를 알기 위해서는 서구 철학이 가진 의미도 참작을 하지만 그 뜻을 해석하는 데에는 애매함이나 난지難知가 발생한다고 보았다. 그래서 그것을 알기 위한 방법을 찾는 것은 바로 주체와 연결되었다. 미야케는 사물을 이해하는 것에는 원리가 필요하고 그 원리를 논구論究하는 것이 중요한데, 그것은 '원리의 원리, 원칙의 원칙'을 발견하는 것이었다.[13] 그래서 미야케가 도달한 것은 '원리'를 찾는 학學을 갖는 것이 중요하고 그 원리의 학에 의해 보이는 세계가 바로 진리이며 그 세계관을 통해서만이 진리가 발견되는 것이라고 주장했다.

이렇게 본다면 미야케는 단순하게 서구의 철학 이론을 수용하는 것

---

12 三宅雪嶺, 「我観小景」, 『近代日本思想大系5 三宅雪嶺集』, 筑摩書房, 1975, p.8.
13 위의 책, p.10.

이 아니라, 그 철학이라는 개념이 어떻게 개념화되었는가라는 배경적 원리를 이해하는 것으로서 철학을 이해했다. 그것이 주체를 발견하는 원리로도 작용한다고 이해한 것이다. 그것은 곧 문자나 언어가 가진 개념을 순정純正으로 이해하는 과정이며, 그것을 바탕으로 그 서구의 개념을 활용하면서도 다시 국어일본어로 변환시켜야만 '주체적인 것'이 된다고 역설했다.

이것이 왜 중요한가 하면, 앞서 언급한 것처럼 미야케는 하나의 명사가 개념을 갖게 되고 사용되는 것처럼, 그 용어를 그대로 사용하는 것은 무주체적인 것이며 동시에 그 진정한 의미를 알지 못하고 사용하는 것이라고 보기 때문이다. 그것은 결국 그 용어가 무슨 뜻인지 모른채 '명사'를 사용하게 되는 것이다. 그래서 명사가 개념을 담지하면서 형성된 개념화는 목적을 갖고 목적의 전유물로서 의미화된 것이기 때문에 그 목적이 무엇인지를 생각하면 역설적으로 그 명사의 진실을 찾아낼 수 있다는 점을 발견한 것이다. 미야케는 그것이야말로 기존 개념에 매몰되지 않고 새로운 개념을 찾아낼 수 있는 '진리'의 길이며 그것은 비非원리를 소거하고 원리를 획득하는 길이라고 본 것이다. 이것이 바로 미야케가 주장하는 주체의 각성이며 그 원리를 통해 찾아내는 것이 '순정한 진리'였다.

이러한 이중적이고 동시적인 감각은 일본주의를 주창한 다카야마에게도 나타난다. 다카야마 또한 서구어를 일본어로 수용하면서 생기는 '번역'과 '언어'의 문제에 신중했다. 즉 다카야마는 번역이란 서구어에 대해 오로지 사전을 찾아가며 용어를 선택하여 모국어로 대체시키는 것이 아니라, 모국에 존재하는 사상에 혼연동화渾然同化시키면서 동시에 모국어로 새로 표현해내는 것이었다. 부호符號로서 용어가 하나의 의미를 갖고, 번역어로서 일반적으로 통용되기 위해서는 사회가 이를 그런 의미로 사용한다는 약속을 체결하지 않으면 안 된다[14]는 것이다.

번역어의 창출과 그리고 사회적인 약속에 의해 개념이 일반화되는 과정을 논하고 있는 것이다. 일반적 통념으로서 번역이라는 말의 해석과는 다른 방식의 해석이었다. 다카야마는 서구 개념어를 수용할 때 직역 혹은 일본어로 단순하게 바꾸는 것에 중점을 둔 것이 아니라, 일본어를 새롭게 그 용어와 '합성'시켜 다른 개념을 만들어내는 것이라고 주장했고 그것이 번역이라고 보았다. 그것은 지식의 개화로도 연결되는 '인식의 변환'이 번역이라고 본 것이다. 모국어에 근거한 새로운 세계관의 창조로 연결되었다. 서구어를 그대로 믿지 않는다는 논리를 통해 모국어 자체로 믿지 않는 것으로 새로운 인식의 세계를 열어주거나 생산해낼 수 있다고 본 것이다. 반대로 말하면 기존에 습득한 개념을 새 개념에 의해 독특한 다른 세계관으로 만들어낼 수 있다고 본 것이다. 그렇기 때문에 다카야마에게 서구철학 개념어의 번역은 세계적 지식으로 통하는 회로였고 그것은 창조적 진화를 실천하는 '주체의 창발'이었던 것이다.

---

14 速川和男, 「高山樗牛の翻訳論」, 『現代英米研究』9卷, 英米文化学会, 1974, pp.37~46. 예를 들면 기요노 쓰토무(清野勉)의 『한도순리비판해설:표주(韓図純理批判解説:標註)』(철학서원, 1896년)에 대해 'transscendal'을 원래 선천이라고 번역해야 하는 것을 탁절(卓絶)이라고 번역하고, 'apriori'를 마찬가지로 '선천'이라고 번역해야 할 것을 선험이라고 했다. 또한 칸트의 'idealismus'을 유심주우의(唯心主義)라고 번역했는데 관념론 혹은 관념주의라고 번역해야 할 것이라고 비판했다고 한다. p.42. 그리고 다카야마의 번역론에 관한 논고로는, 『太陽』에 실은 논고로서 「翻訳」(1895년 7월), 「訳語一定の必要」(1896년 4월), 「翻訳時代」(1896년 4월), 「訳語及び学語に就きて」(1896년 8월), 「翻訳者と原著者」(1896년 5월), 「近頃現はれたる西洋文学の翻訳」(1896년 6월), 「西洋美文の翻訳者に告ぐ」(1896년 7월), 「再び外邦書典の翻訳に就きて」(1896년 4월), 「文学の比較研究とは何ぞや」(1898년 4월)가 있다. 추후 이 논고들을 검토하여 다카야마와 번역의 문제를 고찰하기로 한다. 速川和男, 위의 글, pp.45~46.

이처럼 미야케와 다카야마가 찾은 원리는 서구가 만들어놓은 개념들에 대한 무조건적인 추종이 아니라 모국어를 새롭게 인식하는 것이 '주체'를 찾는 것이라고 본 점에서 공통점이 있었다. 기존 개념을 한 번 서구적 개념에 의해 '이화異化'시키고 그것을 다시 언어적으로 재현해내는 것 그것은 바로 '주체의 원리, 원리의 주체'였던 것이다. 그렇게 해서 찾게 된 주체는 기존의 주체가 아닌 새로운 주체이고 그 주체의 세계는 세계성을 띤 주체라고 여긴 것이다. 개인을 뛰어넘는 '보편적 세계'를 그것이 담보해주었던 것이다. 그렇기 때문에 한 개인의 주체는 언제든지 새로운 세계성을 띤 주체로 변신할 수 있었고, 역설적으로 세계성은 곧 개인의 주체에서 발현될 수도 있다는 '각성의 본질'을 구체화했던 것이다. 이것을 국가의 레토릭으로 확대시켜갔다. 미야케의 입장에서 보면 하나의 국가 또한 세계성을 가질 수 있는 것이었고, 세계는 하나의 국가에서 만들어낼 수 있다는 '인식의 틀'을 가질 수 있었던 것이다.

이를 바탕으로 미야케는 개인의 각성을 신장시키는 '자유'를 최대한 보장하는 것이 개인의 주체를 획득하게 되는 것인 동시에 이 개인의 집합인 국가는 그 국가의 장점을 극대화시켜 세계로 나아갈 수 있기 때문에 그 국가의 국수를 찾고, 그 '국수'를 자각하는 것이라는 '국수주의'로 나아가게 된다. 다카야마에게는 '일본주의'가 바로 그것에 해당된다. '국수＝국민적 특성'을 찾아내고 그것을 세계화하는 것 그것이 '세계성'의 진리였다. 바로 이 부분에 미야케와 다카야마의 공통점과 '서구대 일본, 일본 내부 대 일본'의 이분법을 넘고 선험적 인식의 세계를 재구성하는 탈구조적인 세계관이었던 것이다.

4. 사유구조의 특징과 '세계성'

미야케와 다카야마는 흥미롭게도 모국어라는 자연언어에 서구어를 접목시키는 방식이 유사했다. 인식의 '소거와 획득'은 이중적인 것인데, 이 이론을 다시 자연언어로 형성된 '세계관'을 극복하는 논리로 사용하고자 했다. 이러한 지적 근거는 일본어에 대한 자명성을 의심하는 작업인 동시에 서구화나 서구만을 추종하는 것이 아니라, '서구세계'가 만들어낸 서구적 개념의 문제를 '변별'해내는 지知로 작용한다.

먼저 미야케의 경우를 살펴보면, 그의 대표적 저서인 『위악추일본인偽悪醜日本人』에서 미야케는 일본이 나라를 개방하여 서구와 교통한지 어언 30년이 되었지만, 일본은 오히려 세계문명의 후진국이 되어버렸다고 보았다. 물론 선진문명이나 새로운 것을 받아들이는 것에 급급한 나머지, 일본이 유지해온 2천년의 시간은 무엇이었는가를 되돌아보게 했다. 사실 서구를 모방하여 서구화하려고 해도 서구인과 동일할 수는 없기 때문에 결국은 '열등한 서구인'을 만드는 것이며 역으로 국민을 '열등한 서구인'으로 만드는 것에 불과한 것이라고 여겼다.[15] 서구인 중심, 백인 중심 사상의 세계라는 '서구 민중'이 되는 것으로 그것은 열등한 종족이 증가될 뿐이라고 간주했다.

이 지점에서 미야케는 서구를 모방하여 서구화를 이루어낸다 하더라도 그것은 '실체'가 아닌 '모방'이기 때문에 서구와 동일할 수 없다고 논한다. 미야케는 일본이 서구화되었지만 서구인들과는 다른 열등한 서구성西欧性 국가로서 열등한 일본이 되고, 서구인이 아닌 열등한 서구

---

15 三宅雪嶺, 『偽悪醜日本人』, 政教社, 1891, pp.62~63.

인으로서 일본인인 채로 남는 것이며 이는 결국 세계화를 만들어내는 것인가라는 비판적 시각을 가진다. 미야케는 오히려 모방보다는 '자국의 고유적 특질을 발달'시키는 쪽이 중요하다고 인지하게 된다. 미야케는 서구를 추종하는 것에 대해 지극히 경계하고 서구인들이 만들어놓은 개념에 맹종이 아니라, 이를 통해 자국의 내부에서 '세계성'을 갖는 고유적 특질을 찾아내는 것이 '개별성=세계성'으로 연결될 수 있다는 입장을 활용한다.

그리하여 미야케는 서구 기독교를 포함한 종교라는 '규정된 인식세계'를 그대로 받아들이는 몰아적沒我的 입장에서 벗어날 것을 강조했다.[16] 동시에 한학에 의해 규정된 주자학을 극복하는 세계로서 양명학의 양지陽知 이론[17]과 지행합일知行合一을 선택하게 된다. 미야케는 그것을 기존의 서구적 종교개념과 함께 중국의 한학의 영향에서 자유롭지 못했던 '세계'에서 떨어져 나와 다른 새로운 주체적 세계를 만들어낼 수 있는 에토스라고 본 것이다.[18]

다카야마 역시 주체의 발견에 대한 문제를 풀어내기 위해 '종교'에 대한 접근방식으로 다가간다. 다카야마는 종교란 일종의 초자연적 이상을 동경하는 과정에서 형성된 것인데 이는 하나의 신념의 세계라고 보았다. 그것은 사회적 현상이며 하나의 민족이 인문적 진보 속에서 '만들어낸 것'에 불과한 것으로 보고, 이를 무자각적으로 받아들이는 것을 비판했다.[19] 다카야마는 앞서 번역에 대한 사유방식에서 언급했

---

16 中野目徹, 『政教社の研究』, pp.13~14.
17 三宅雄二郎, 『王陽明』, 政教社, 1893, pp.69~101.
18 佐藤庄太, 『陽明学と偉人:心胆修養』, 武田文永堂, 1911, pp.178~185.
19 高山林次郎, 「日本主義」, 『時代管見』, 博文館, 1899, p.45. 다카야마는 "불교도가 있다. 그렇지만 나는 이를 의심한다. 진실로 불교정신을 받들고 인생의 이상으로 삼는 자, 과연 무엇이 가능한가. 불경을 손에 든다고 해도 과연 신념을 가졌다고 할 수 있는가. 일종의

듯이 한번은 형식 그 자체를 무화無化했다가 다시 유화有化하는 과정을 거쳐야만 하는데, 그런 과정 없이 '받아들이는 것은 무지각적인 것'이고, 이는 기독교 수용도 마찬가지라며 비판했다. 다카야마의 입장에서는 '무화와 유화의 프로세스'가 이어지는 뒷 배경으로 '국민의 성정', 즉 '국민성'이 기준이 되어야만 한다는 것이다.

그렇다면 종교를 이해하는 방식까지 고찰해보았을 때 미야케와 다카야마의 사상에는 어떤 매커니즘이 작동했던 것일까. 그 내재적 배경을 생각해보지 않을 수 없다. 먼저 미야케의 인식론적 배경에 작동하는 서양철학과 한학의 극복 논리, 이를 추동시킨 논리에 대해 가장 설득력 있게 설명해준 것은 나카노메 도오루中野目徹였다. 나카노메는 미야케가 "왕양명보다 앞선 주자朱子를 객관적 관념파로 보고 셸링Schelling과 대비했고, 주자를 비판한 육상산陸象山을 주관적 관념파로 보고 피히테나 헤겔에 비유했으며 왕양명을 쇼펜하우어와 하루투만의 위치에 두었다. 그리고 이를 심즉리心即理, 지행합일, 양지의 순서로 설명하면서 양지를 칸트의 이성, 헤겔의 이법理法, 쇼펜하우어의 의지와 유사한 것으로 보았다. 즉 왕양명이 세상의 미몽迷朦 계발에 노력한 점을 평가하며[20] 미야케가 주장하고자 했던 것은 '세계적 세계관의 세계'는 의지라는 관념이었고, 이것에 주체가 존재할 수 있다고 본 것이다.

이처럼 미야케는 서구적 개념을 주자학과 양명학과의 연결성 속에서 찾아내고 그것을 새로운 세상의 계몽이론으로 만들어내고자 했다. 그리하여 발견해낸 것이 의지론이었다. 미야케가 획득한 것은 서구철학

당안(當眼)의 미망에 이끌리는 것은 (…중략…) 아직 불교신자라고 말할 수 없다. 일종의 사회적 형식에 속박되어 입으로 불교를 주창하고 손에 불전을 갖는 자는 아직 불교도라고 말할 수 없을 것"이라고 비판한다.

20 中野目徹, 『政教社の研究』, p.106.

의 내재적 특징과 한학의 내재적 논리를 합성하면서 우주의 삼라만상과 인간의 인식 세계가 만나게 되는 귀일점이었다. 여기서 다시 미야케가 활용한 세계성은 각성과 환상이었다. 각성은 어쩌면 몽환의 세계일 수도 있고 몽환은 각성일 수도 있다는 '관념의 세계관'이었다. 즉 미야케는 인간이 '각성했다고 하는 각성의 순간이라 하더라도 그 관념은 일시적이고 한 부분이라는 한계점을 가질 수 있기도 하지만, 그 순간에는 기존 질서정연함의 세계를 나로부터 몰아내어 변화를 감지하게 되기도 한다'[21]고 보았다. 즉 미야케는 각성의 세계가 기존질서를 구축하는 것에 의해 작동되며 그것이 각성인 동시에 몽환의 세계로 비춰질 수 있다고 보았다. 각성과 몽환을 설명하면서 미야케가 중시한 것은 그 각성과 몽환의 세계를 만들어내는 추동력이 바로 '의지'라고 본 점이다. 모든 인간이 일단 이러한 '영묘한 심의'를 갖고 있고 이 각성과 몽환을 갖게 될 수 있으며 그것이 의지의 발현에서 나오는 것으로, 그 의지라는 세계가 바로 '우주'로서 '세계'였던 것이다.[22] 미야케가 인간의 개별성을 중시하고 우주와 개인의 관계 속에서 개인이 의지를 발현해가는 것 그것이 자유였고 그 고유성을 발휘해가는 것이 세계=우주라고 의미화했던 것이다.

　미야케와 마찬가지로 다카야마는 '유신 후 세대'로 불리는데 이 세대는 아주 독특한 자아관념을 형성했다고 보는 견해가 있다. 와타나베 가즈야스渡辺和靖가 대표적 인물이다. 그런데 와타나베는 유신 후 세대가 어릴 때부터 '유교적' 성향을 학습하고 그것을 중핵으로 하면서 세상을

21　本山幸彦, 『近代日本思想大系5－三宅雪嶺集』, 筑摩書房, 1975, p.26.
22　井上克人, 「明治期におけるショーペンハウアー哲学の受容について」, 『ショーペンハウアー研究』 12, 日本ショーペンハウアー協会, 2007, pp.63~65. 미야케와 니시다 기타로(西田幾多郎)의 '의지의 무한성과 능동성'을 설명한다.

보는데, 그로인해 형성된 '자아'라는 관념이 갖는 특성을 설명한다. 예를 들어 메이지유신 이전에 태어난 세대는 어떤 논리적 법칙을 찾아내어 그것을 통해 '만들어진 주체'가 실은 무아적 '주체였다는 것'을 깨닫게 되어 세계를 대상화할 인식을 갖지 못했지만, 유신 후 세대는 '주관·객관'을 구별하는 인식이나 자아의 해방과 각성에 대해 고민하는 근원적인 전환의 세대[23]라는 것이다. 이를 그대로 다카야마에게 대입시키는 것은 아니지만 다카야마에게는 '주관객관' 세계에 대한 분별을 통한 자아 상대화의 논리가 존재했다. 특히 서구철학을 통해 학습한 세계관을 니치렌日蓮으로 연결시켜 초자아적인 세계를 상정하여 새로운 세계를 표현한 것이 '자연과 동화'된 세계였다. 물론 이는 니치렌의 절복折伏주의 세계관이라고도 지적된다.[24] 그럼에도 불구하고 다카야마가 논하는 것은 인간의 형이상학적인 관념의 영적 세계관도 아니며 형식을 중시하여 뭔가를 보여주는 분식粉飾의 논리와도 거리를 두는 방식이었다. 다시 말해서 니치렌을 '성인론'으로 기술하는 전기傳記 소개 방식이 아니라 개인의 각성에 의한 삶을 산 '세계성'을 논한 것이다. 그것은 지조라고 표현했으며 그 삶의 모습이 진실함 자체이며 반대로 그 진실함의 표본이 니치렌의 '지조성'이라고 표현한다.

그것은 '인위적인 것'이 아니라 인간으로서 '진실'된 세계, 즉 인간의 자연 안에서 나오는 것으로 외부의 '정치성이나 사회적 이데올로기'에 의해 좌지우지되지 않는 '세계'였던 것이다. 다카야마는 「선비의 덕조士の德操」에서 "명리名利나 봉영逢迎이 담기지 않는 국가에 대한 '뜻志'을

---

23 渡辺和靖, 『明治思想史』, ペリカン社, 1978, p.192.
24 山川智応, 「高山樗牛の日蓮上人崇拝に就いて」, 『高山樗牛と日蓮上人』, 博文館, 1913, pp.363~364.

갖고 '주의主義'에 따라 움직이는 것이 아님"[25]을 강조한다. 즉 이성과 상궤常軌의 세계에 대한 비판적 자아형성이다. 그것은 서양문명에 대한 맹목적 추종도 아니며 그렇다고 해서 유교주의의 가치에 대한 고정성 집착도 아닌 것이다.

또한 다카야마의 「성패와 정의成敗と正義」[26]을 보면 사물 존재의 진정한 의의를 논했는데 그 실체적인 것은 그 자체에서 사물다운 것을 얻는 것이며 이것이 정신 본령의 존재라고 보았다. 즉 겉으로 드러나는 형식주의에 대한 철저한 비판이었다. 결론적으로 인간은 인간 자체의 개체로서 독립자존을 찾아내야 한다는 논리로 그것은 안심입명安心立命으로 표현했다.[27] 다카야마가 논하는 안심입명은 "속계俗界에서 나를 빼내어 자연과 동화하는 것을 믿을 뿐이다. 진리와 함께 그 선을 이해하고 그 선을 이해함과 동시에 그 미를 감응하는 능력을 나에게 주는 것이라고 믿고 있다"[28]에서 볼 수 있듯이 다카야마의 '세계성'의 특징을 이해할 수 있는 대목이다. 속계에서 나를 빼낸다는 것은 선험적/세속적 관념으로부터 자아를 빼내지만 스스로가 살고 있는 곳에서 세상을 보는 한계를 벗어날 수 없기 때문에 그것을 초월한 세계인 '자연의 세계와 일체화하는 세계'에 주체가 머무를 수 있도록 하는 것이었다.

다카야마의 이러한 세계관은 그린Thomas Hill Green의 영향과 니체의 영향 속에서 이루어진 것이다. 이노우에 가쓰히토井上克人가 분석했듯이 그린에게 "인간정신은 본래 우주 초월적 정신원리의 발현임에는 틀림

---

25 高山樗牛, 『文は人なり:樗牛文篇』, 博文館, 1912, p.107.
26 高山樗牛, 『時代管見』, 博文館, 1899, p.211; 위의 책, p.105.
27 先崎彰容, 『個人主義から"自分らしき"へ－福沢輸吉・高山樗牛・和辻哲郎の「近代」体験』, p.41.
28 高山樗牛, 「文学及び人生」, 『樗牛全集: 文芸及史伝(上巻)』 第2巻, 博文館, 1905, p.2.

없지만, 그것은 각 개인의 의식에서 경험의 통일이 실현되는 것에서 발현되는 것으로, 이처럼 개아個我가 절대정신의 발현으로서 통일에 도달할 때 비로소 진정한 자기가 된다. 이 통일에의 접근이 인격이며 진정한 자기실현이 자기의 선임과 동시에 공공의 선이라고"29 보았다. 이 부분에서 다카야마와 공통적이었다는 것이다. 그린이 그려낸 인간의 보편적 '세계'는 개인이 자아 속에서 느끼는 정신의 발현이 하나의 우주와 통일을 이루어 세계관을 가지면 자기실현으로서 선이고, 공공의 선에 도달하는 것이었다.

그리고 그린의 사상 속에 구체적이고 역동적인 개념은 '자기활력'이라는 용어였는데 다카야마는 이 '활력'을 계승 수용하고 있었다.30

다카야마는 「도덕의 이상을 논한다道德の理想を論ず」에서 인간의 행복은 자기활력에 의해 만들어지는 것이라고 논하면서 개인주의를 본능과 연결하여 본능이 만족하는 것이 인생의 행복이라고 주장하는 '본능 개인주의'를 주장했다.31 즉 다카야마는 이성적 세계를 중시하던 당시의 시대적 담론을 추종한 것이 아니라, 역설적으로 이성을 뒤집는 '감정의 세계', 즉 이성과 감정의 대립을 넘어 그 배경에 존재하는 '내면의 활력'을 가져옴으로써 '보편적 세계성'을 설명해내고자 했다. 이처럼 미야케와 다카야마의 인식세계는 서구의 이론이나 철학 담론을 다시 유

---

29 井上克人,「明治期アカデミー哲学とその系譜」,『国際哲学研究』3号, 東洋大学国際哲学研究センター, 2014, pp.82~83.

30 先崎彰容, 『個人主義から"自分らしさ"へ－福沢諭吉・高山樗牛・和辻哲郎の「近代」体験』, pp.72~77・114.

31 湯浅弘,「日本におけるニーチェ受容史瞥見(2)」,『川村学園女子大学研究紀要』第18巻第1号, 川村学園女子大学, 2007, pp.42・44~45. 다카야마는 「文明批評としての文学者」(『太陽』第7巻第1号)에서도 니체에 공감하는 내용을 적고 있다. 이는 금후에 확인이 필요하다.

학이나 혹은 객관성, 이성성이라는 익숙한 개념으로부터 거리를 두면서 그 뒤에서 작동하는 세계를 설명하는 방식으로 초월적이면서 회귀적인 세계를 설명하고 있었다. 그것은 기존의 '주어진 인식/만들어진 인식'의 세계를 객관화와 주관화로 대상화하고, 다시 내부의 개인과 우주라는 외부를 연결시켜 '모든 경계'를 넘어서는 '세계'로 나아가는 계기가 되었던 것이다.

5. 국수주의 속 일본주의, 일본주의 속 국수주의

이처럼 미야케와 다카야마에게는 선험적 인식론과 발견된 세계관이 겹치는 부분이 존재한 반면 차이점도 생겨났다. 다카야마가 미야케의 '국수보존주의'를 비판하고 일본주의와의 차이점을 강조하게 되면서 일본주의는 새롭게 부상하게 된다. 역설적으로 다카야마에 의해 미야케의 국주보존주의의 한계가 설명되고 다시 다카야마의 일본주의가 갖는 특징을 극명하게 보여주게 된다.

앞서 언급한 것처럼 미야케와 다카야마가 세계적 세계관의 세계로서 강조한 것은 대립 해소나 새로움을 구축하는 방식의 세계가 아니라, 그 뒷 배경을 이해하는 것과 그 이해과정에서 생긴 각성만이 세계성을 띤 것이라고 여기게 되었는데, 그것은 어디까지나 내부의 성정性情과 달라서는 안 된다는 점에 관심이 집중된다. 특히 다카야마는 내부 성정에 바탕을 두고 외부를 재조합하는 것이야말로 진실한 주체의 세계를 볼 수 있다고 주장한다. 그 표현의 응축이 바로 '일본주의'였다.

다카야마가 가장 먼저 주장한 개념은 '유래'와 '국민의 특성'이었다.

유래란 "건국정신에 심연하여 우리率로서 빠질 수 없는 것이며 생각 없이 외부의 가르침을 빌려와 짜깁기하는 것과는 처음부터 함께 논할 것이 못된다. 일본주의는 야마토大和 민족의 포부 및 이상을 표백하는 것이다. 일본주의는 일본국민의 안심입명지安心立命地를 지정하는 것이다. 일본주의는 종교도 아니고 철학도 아니며 국민적 실행 도덕의 원리"[32]라고 논하는 대목에서 잘 알 수 있다. 단적으로 말하자면 다카야마는 국민적 특성과 건국정신에서 유래하는 것이 일본주의라고 명언한다.

여기서 모순점이 드러나지만 이에 대해서는 후술하기로 한다. 우선 다카야마가 주장하는 일본주의를 통해 앞서 언급한 '세계적 세계관'이 어떻게 주체적 발현 방식과 연결되는지, 혹은 뒤틀리는지를 짚어볼 필요가 있다. 다카야마는 번역어의 문제도 그러했지만 외래어는 결국 모국어에 의해 혼합되고 새로운 개념어를 창안해낼 수 있다고 보았다. 이와 마찬가지로 세계성 또한 내부의 활력에 의해 계발된다는 논리가 모순없이 성립했던 것이다. 유래는 습용襲用할 수 있는 것이 아니라는 입장이다.

다시 반복하지만 미야케와 다카야마가 주장하는 개인의 각성은 서구의 추종이 아니라 그 자각이 내부의 성정에 근거하여 계발된다는 '내재성'이 계속해서 강조되고 있었다. 그런데 그 내재성을 미야케는 서구철학과 한학의 결합에서 장점을 찾아내는 '국수보존주의'에서 다카야마는 건국정신에 근거하는 인식론적 독립에 의해 각성이 이루어지는 '일본주의'에서 발견해냈다. 그런데 문제는 다카야마가 주장했듯이 일본국민 스스로가 그 국민적 특성과 건국정신의 '우리率'에 갇혀 있었다는

---

32 高山林次郎, 「日本主義」, 『時代管見』, 博文館, 1899, p.53.

것을 자각하지 못하고 소거시켜 버린 점이다. 바로 여기서 모순점이 남게 되고, 그 모순점을 소거한 상태에서 국수이론에서 일본주의로 나아가는 치명적 오류를 껴안고 가게 된 것이다.

이를 다시 들여다보기 위해서는 처음에 미야케와 다카야마가 주장한 개인의 각성에 대한 논리의 문제점을 확인할 필요가 있다. 미야케는 개인의 각성을 사대주의의 극복과 노예근성의 탈피라고 표현했다. 즉 미야케는 개인의 각성, 즉 국민의 각성은 '교혁矯革'에 의해 이루어진다고 보았는데 그 핵심내용은 반사대주의 사상과 노예근성의 탈피였다. 특히 미야케는 사대주의에 대한 정의를 두고 "약소국이 강대국에 귀속되어 안위를 찾으려는 것이 사대주의 행동의 하나"[33]인데 이렇게 해서는 결코 열강이 될 수 없다는 것을 설명했다.

그런 역사를 숙지하듯이 일본은 강자에게 굴복하지 않는 사회를 추구하며 이를 만들어왔다고 보았다. 중국과 싸운 것은 반反사대주의이며 러시아와 싸운 것도 반사대주의라고 보았다. 미야케는 강자에게 굴하지 않는 것이 반사대주의의 대표적인 것인데 일본이 청일전쟁과 러일전쟁을 감행한 것은 반사대주의의 실천이었다고 본 것이다. 즉 세계적 시각에서 청일전쟁과 러일전쟁은 반사대주의였고 독립정신을 형성하는 주체형성이었다고 연결시켰다.

그리고 노예근성의 탈피와 독립정신에 대해 논한다. 즉 미야케는 "아시아인은 노예근성이 있지만 일본은 예외이다. 강자에 의지해 운명을 결정하고 강자에 의거해 세리勢利를 얻으려는 것은 세계의 자유경쟁에서 승리를 제制할 수 있다. 지금은 독립심을 높이고 노예근성을 저감할

---

33 三宅雪嶺, 「事大主義は危険思想と孰れぞ」, 『想痕』, 至誠堂書店, 1915, p.618.

필요가 있는 것은 사대주의의 영향인가. 사대주의는 집권자에게 편리한 것, 개인의 능력발달 및 국가 전체의 세계의 발전을 방해한다"[34]고 보았다.

여기서 주목해야 하는 것은 의무심과 복종이 노예근성과 다르다고 보는 맥락이다. 미야케는 "복종이 단체생활의 한 미덕이다. 권설勸説하고 장려해야 할 적당한 처치이다. 구스노기 마사시게楠木正成의 충절은 상벌과 상관없었다. 복종이나 의무심은 노예근성과 전혀 다른 것"[35]이라고 논한다. 미야케의 입장에서 볼 때 일본의 제96대 고다이고 천황後醍醐天皇을 위해 목숨을 바친 구스노기의 경우는 '주군에 대한 충성심'으로 '상벌'을 초월한 복종의 미덕이지 노예근성이 아니라고 설명한다. 즉 주군에 대한 충성은 초월적 세계의 진실로 표상된다. 이러한 충성과 달리 반사대주의와 노예근성으로서 식별해야 하는 것이 관료주의였다. 미야케는 관료주의를 비판하고 거리를 두는 반反관료주의를 주장했다. 미야케는 사리사욕을 채우기에 바쁜 정부의 관료를 비판하는 반관료주의를 주창했다. 다시 말해서 미야케는 강자에 따르는 사대주의, 기존 개념에 따르는 몰주체, 정부관료에 따르는 변설개론辨説槪論에 대한 추종이 갖는 무주체성을 비판했던 것이다.

여기서 다시 세계적 세계성을 논하기 위해 등장시킨 중요한 개념은 '배제'의 논리였다. 절대로 배제가 작동해서는 안 된다는 논리였다. 미야케는 하나의 사상을 고쳐시키거나 퍼뜨리는 것보다 더 위험한 사상은 어느 한쪽을 결정해버리고 다른 한쪽을 '배제'하는 것이라고 보았다. 그런데 거기에는 이유가 있었다. 예를 들어 충군애국자가 무정부주

---

34 「奴隷根性と義務心」, 위의 책, p.632.
35 위의 책, pp.628~629.

의자로 바뀔 수 있듯이 무정부주의자가 충군애국자로 바뀔 수 있다는[36] 점에서 양면성을 보아야만 하기 때문이었다. 문제는 그 뒤에 존재하는 '세계적 세계'를 계발하는 것이 중요하다는 지적이었다. 그리하여 미야케가 제시한 것으로 개인이 발전하는 것은 '정부'가 아니라, '국가'가 발전하는 것이며 국가들이 발전해야 세계적 인류문명이 발전하는 것이라는 주장이었다. 개인은 곧 국가로서 유기체적 관계라는 '국가의식'의 확립이었다.[37]

이처럼 미야케는 유기체를 매개로 하여 개인과 국가, 국가와 국가의 관계를 설명했다. 미야케는 국가는 고정불변하는 것이 아니라 성쇠盛衰를 거듭한다고 보았다. 즉 쇠퇴하거나 발전을 반복하는 것이라고 인정했다. 그 변천과정 자체에서 국가는 국가마다의 특징인 '국정國情'이 형성되거나 혹은 갖게 되는 것이라고 보았다.

미야케는 국가의 진화론을 설명하는 과정에서 그 국가가 갖게 되는 국정보다는 국가가 존립을 유지하기 위해서는 국민이 어떠한 노력을 해야 하는가에 초점을 맞추고 있었다. 미야케에 의하면 국가 안에서 부자와 빈자가 생겨난 것은 진화론의 돌연변이로서 '일부계급'만 진화한 것이라고 보았다.

이러한 '진화론'은 진화론의 한 분파로서 잘못된 것이라고 보았다. 이것은 다시 세계인류가 평등한 것이 아니라 서구만이 선진국이 되고 서구를 흉내내는 국가들은 열등한 국가가 되는 '뒤틀린 진화론'과 맞물

---

36 위의 책, pp.624~625.
37 三宅雪嶺, 「人生の両極」, 『近代日本思想大系5 三宅雪嶺集』, 筑摩書房, 1975, p.57. 사람은 원래 개별적으로 성립할 수 있는 것이다. 그렇지만 이군고거(離群孤居)할 수 없다. 반드시 타인의 교류를 찾지 않을 수 없다. 인류는 반드시 무리를 이룬다. 그 무리를 확충하고 정리하여 하나의 유기체를 이루게 된다. 즉 이를 국가라고 부르고 국가는 또 서로 모여서 하나의 유기체를 이룬다. 봉건정치는 작은 것이며 장래의 열국 동맹은 그 커다란 것이다.

리게 되었다.[38] 따라서 앞서 언급한 편파적인 진화론은 구관舊觀으로서 패러다임의 전환을 꾀하지 못하는 한계라고 보았다. 이러한 일면적 진화론을 극복하는 것이 바로 개인의 진화, 사회 전체가 진화, 국가가 진화, 세계문명이 진화인데 이때 기본핵심이 되는 것이 국가이며 국가의 발전은 곧 세계 인류의 발전으로 이어지는 것이었다.[39]

즉 인간은 국가의 세포로서 국가의 안전을 위해 힘쓰지 않으면 안 된다는 논리를 주장한다. 다시 말해서 개인은 국가를 위해 최선을 다해야 하며 그 최선을 다하는 것이 국민의 임무인데 이것이 바로 '선善'인 반면 국가에 손해를 끼치는 것이 바로 '악惡'이었다.

이러한 전제 속에서 미야케는 국가의 쇠락 혹은 발전이 생기는 '보편적 세계의 움직임'인 '차별'을 긍정한다. 즉 세력이 강한 국가는 약소국이라 할지라도 열강의 반열에 올라서고자 하는 시도가 중요하고 그 시도 자체가 문명의 촉진과 연결된다고 보았다. 미야케에 의하면 이는 차별이 아니라 오히려 '진화'를 위한 평등이기 때문에 차별이 생기는 것은 당연하다고 보았다. 국가의 세력 소장消長과 문명의 촉진이 맞물려 있다는 논리로 그것은 국가의 발전이 문명의 발전과 상통한다고 보는 흐름 속으로 빠지게 되었다.

한편 다카야마는 앞서 언급한 것처럼 개인주의적 내면의 세계성을 중시했다고 했는데, 미야케와 마찬가지로 개인이 기존의 세계관을 넘고 국가를 넘어 세계를 상상하는 방법의 기초는 바로 국성國性에 있다는 논리의 발견이었다. 다카야마는 그의 대표적 저서인 『시대관견時代管

---

38 위의 책, p.59. 이는 사회진화와 관련이 깊은데 사회는 진화를 통해 결합과 분화를 거쳐 빈부의 격차를 만들어낸다고 보았다. 즉 "부자를 보장하고 빈자를 근제(勤制)"하는 것 자체가 일면적으로 보면 진보라고 말할 수 있다.

39 「事大主義は危險思想と孰れぞ」, 앞의 책, p.622.

見』에서 '국성'에 대해 서문을 통해 밝힌다. 다카야마 자신의 언어로 본인 스스로를 평가하면서 "(나는-필자주) 국성과 국체 위에 서는 국가주의를 근거로 국민정신의 통일을 이루기를 기약하는 사람 중의 한 명이다. 세상 사람들은 국가주의라고 하면 곧바로 보수적이고 고루한 사상이라고 속단한다. 그렇지만 국가주의는 이상으로서의 개인주의이며 인도주의를 인정하는 것으로 세계주의의 뒷편에 서는 것이 아닌 것"[40]으로 보았다. 즉 다카야마는 국가주의가 이상으로서 개인주의나 인도주의이며 그것이 세계주의와 모순되지 않는다고 보고 있었다.

그런데 그것은 반드시 국민적 성정을 기본으로 삼아야 하며 그것과 일치하지 않으면 결국 완전한 발달을 이룰 수 없다고 주장한다. 그리하여 이러한 사유의 총체적인 전유가 '일본주의'로 나타나게 된 것이다. 다카야마는 "일본주의란 무엇인가. 국민적 특성을 근본으로 하고 자주독립의 정신에 의거하여 건국 당초의 포부를 발휘하는 것을 목적으로 하는 도덕적 원리, 즉 바로 이것이다. 우리들의 일본주의는 결코 기울어져서 그것을 세우거나 다른 것을 배제하는 협익狹益한 주아적主我的 반동과 동일한 선에서 논하는 것이 아니다"[41]라며 세계적 진보개념으로서 일본주의를 내세우고 있었다.

다카야마가 국민의 특성을 근본으로 삼으면서도 세계적 진보사상으로서의 도달점은 '자주독립'이었고, 그것은 주아적이 것이 아닌 '세계성을 가진 세계'라는 점을 강조하고 있었다. 즉 다카야마는 "현실세계에서 모든 활동은 그 국가적인 것에서 가장 유효한 것이다. 국가는 인생 기탁寄託의 필연 형식으로서 또한 그 주상主上 권력이 된다"[42]며 국가

---

40 高山林次郎, 『時代管見』, 博文館, 1899, pp.1~2.
41 위의 책, p.40.

주의를 강조했다.

그런데 여기서 중요한 것은 다카야마가 미야케의 국수보존주의와 차이화를 꾀한 점이다. 다카야마가 생각하는 미야케의 국수보존주의라는 것은 '서구화'를 주장하는 시대적 '주의ism'가 시대적 세력으로 사회에 만연되어 이에 대한 반동으로 생겨난 것이라고 보았다. 서구 추종주의는 서구화를 의미하는 동시에 서양에 대한 심취로 표현되며 심상적으로 서구를 받아들여 외존자비外尊自卑의 기풍이 성행하게 되어 직분의 상하를 떠나 유형무형 모든 부문에서 서양에 대한 모방으로 경도되는 '파퓰리즘의 시대'를 가리켰다. 즉 국수보존주의는 이러한 시대적 인식에 대한 반동적인 것으로서 서구 추종주의와는 반대의 입장을 주장하면서 등장한 것이다. 그렇지만 다카야마의 논리에 따르면 서구 추종주의와 국수보존주의는 대척점에 서있는 것처럼 보이지만 결국 '동형적'인 것에 불과하다고 간주했다. 수용과 반발이라는 이분법의 논리에서 해석해보면 결국 양방향의 주장 논리는 타자를 배제하는 편지적 논리라는 의미에서 동일한 것이라고 보았다. 아니 오히려 미야케의 국수보존주의는 이러한 시세에 편승하여 일어난 것이라며 폄하했다. 그러므로 다카야마는 자신이 주장하는 일본주의와 미야케가 주장하는 국수보존주의를 혼동해서는 안 된다며 일본주의와 국수주의의 차이화를 강조하고자 했다.

국수보존주의는 보존해야 할 국수의 존재를 설정하지 못한 공허한

---

42 위의 책, p.50. 국가는 인류발달의 필연적 형식이다. 국가의 완전한 성립과 함께 비로소 그 맹아를 발하는 것, 국가적 도덕을 밖으로 하고 따로 인류적 정의(情誼)라는 것이다. 인류적 정의의 최고 표장(標章)으로서 인정할 국제 공법 같은 것도 이를 집행하는 주권이 없으면 어차피 각 국민의 숭고한 도념(道念)에 호소할 수밖에 없다. 그리하여 이와 같은 도념은 국가의 완전한 통솔 하에서가 아니면 결코 발달할 수 없는 것이다. 위의 책, pp.49~50.

것으로 실체가 없는 것으로 보았다. 즉 단순하게 서구 모방에 대한 반발에 그치고 있는 것으로 본 것이다. 다카야마는 이러한 현상에 대해 초월적인 입장에서 "이 시기 국민은 아직 자신의 존재와 독립을 깨닫지 못했고, 그 의식은 전혀 외계外界에 투사되어 망망혼돈茫茫混沌 속에서 무아적無我的 활력을 방산放散한 것에 불과하다"[43]며 국수보존주의는 주체의식이 없는 것이라고 역설했다.

그렇다고 해서 다카야마는 미야케의 국수보존주의와의 상관관계를 전혀 무시한 것은 아니었다. 즉 다카야마는 국수보존주의가 존재했기 때문에 각성이 일어날 수 있었고 독립적인 일본사상이 나타나게 된 것이라고 보았다. 그런 의미에서 국수보존주의는 오늘날 일본주의의 선구라고 평가하기도 했다. 그리하여 다카야마는 인간의 인식론이 각성되는 프로세스로서 '혼돈에서 각성으로'라는 모델을 설정하고 있었는데, '국수보존주의=혼돈, 무아적 세계'에서 '일본주의=주체의 자각'이라는 논리를 대입시켰다. 구체적으로 다카야마는 국수보존주의와 일본주의 사이에 관통하는 '종種'으로서 일본이 '주主'가 된다는 것에서 공통점을 찾을 수 있었다. 또한 국수보존주의는 '실체 없는 주체=혼미'이고, 일본주의는 '국민의 각성'을 이룬다는 점에서 차이성을 발견

---

43 高山林次郎, 「国粋保存主義と日本主義」, 『時代管見』, 博文館, 1899, pp.60~61. 이미 나는 없고 따라서 나와 나에게 다른 것이라는 것도 명백한 차이를 모르게 된다. 목적도 없고 고찰도 없고, 단지 본능적으로 맹동(盲動)하는 것만 있을 뿐이다. 그것은 단지 맹동이고 그렇기 때문에 외물(外物)을 모방하는 것으로는 그 수 천 년의 역사를 타파하는 것을 깨닫지 못하고, 역사에 의해 도야해온 특성을 손상하며 돌아보지 못하고 더욱 소아의 나를 희롱하듯이 한쪽만 보게 된다. 메이지초기 서구화주의가 국민사상에 편승하여 일세의 인심을 풍미한 사실은 이렇게 해석이 될뿐이다. 국민성의 탄성 극한에 달해 극단적인 외물숭배와 모방은 국민적 의식의 반성을 촉진하고, 결국 다년의 억압을 견딘 국민적 특성으로 하여금 맹렬한 반동을 제공하는 것에 이르러 가장 자연적인 것이 된다. 국수보존주의는 이러한 반동인 것이다.

할 수 있다고 피력했다.

국수보존주의와 일본주의 사이에 하나의 커다란 차별이 있음을 인지하
지 않을 수 없다. 현저한 차별은 내부로는, 즉 국민적 의식의 명백한 자각
이다. 외부로는, 즉 내외 사물의 진정한 성질에 의해 취사선택을 결심하고
그 방법을 연구하는 것이다. 이 두개의 주의는 일본을 주체主로 하고 외방
外方을 객체客로 하는 것에서 원래 같은 계통 사상에 속하기 때문에 차별은
근본적인 것이라고 말할 수는 없지만 그 현격한 커다란 천연天淵의 별개라
고 할 수 있다.[44]

다카야마에 의하면 국수보존주의와 일본주의의 커다란 차이점은 국
민의식에 대한 각성의 차이라고 논한다. 다카야마는 미야케의 국수보
존주의에 사용되는 '국가'나 '국민'이라는 말이 단순하게 외방의 사상
을 빌려와 막연한 관념을 구성한 것에 불과하다고 보았다. 반면 국가나
국민의 개념을 재정의하는 것은 다카야마가 내세운 일본주의의 핵심이
었다. 국가나 국민의 개념을 일본식으로 재구성하면서 배려하는 능력
이 생긴 것은 바로 일본주의의 입장이었다.

다카야마는 '국가주의'사상이 아직 '국민적 의식'으로 각성되지 않았
음을 지적하면서 국민도덕의 실행주의를[45] 오늘날 세계 국면에 대처하
여 국가의 독립진보와 국민의 안녕행복을 보전하기 위해 가장 적절한
사업으로 삼고, 이것으로 국가의 인심을 통일할 것을 주장한다. 다카야

---

44 위의 책, p.87.
45 위의 책, p.69. 국민의 정치사상을 통일하고 마찬가지로 1980년에 발표한 교육 대칙어는
    국민도덕의 대강령을 지정하여 이로써 국민의 도덕사상을 규합하여, 여기에 국가주의의
    정신은 처음으로 사회의 인심을 사배(司配)하게 되었다.

마의 일본주의는 세계적 대세의 흐름을 인지하고 수용하지만 그렇다고 해서 무조건적으로 추종하거나 모방하는 것이 아니라, 내부에서 국체와 민성을 찾아 그것을 중심으로 넓고 깊게 자타 내외의 사물에 대해 정미한 상량을 이루고 이를 통해 사상을 만들어낸 것이라고 보았다. 다카야마가 주장하는 일본주의는 국내를 넘어 세계의 대세로 연결되는 세계주의로 이어진다.

6. '세계주의'에 갇힌 '국수주의·일본주의'

편지偏知주의도 아니고 그렇다고 해서 절충주의라고 표현하기에는 '내적 차이'를 갖는 국수보존주의와 일본주의가 찾으려는 정신적 혁명은 내면의 활력에 의한 세계적 시선이라고 볼 수 있다. 앞서 언급했던 것처럼 미야케는 나의 시선에 의해 그리고 상대적으로 우주가 존재하는 것인데, 그 사이에 인간이 위치지어진다고 논한다. 그것은 가족, 국가, 국가들의 관계에 의해 존재함을 인지하는 것이다. 미야케는 그 관계에 의해 구성되는 것이 인류라고 보았다. 그리하여 미야케는 그 관계를 인지하는 것만이 자아의 세계와 우주를 상대화하여 파악하는 '세계'라고 주장했는데, 이는 하나의 원리적 사고로서 미야케가 획득한 '새로운 사상'이었다.

미야케는 국수보존주의가 이러한 독자적 세계관을 바탕으로 데모크라시시대의 개인주의적 사고를 중시하는 자유행동에 중점을 둔 평등사상이라고 보았는데, 이에 대해 초국가주의자인 미쓰이 고노三井甲之는 미야케를 '개인주의자'라고 비판한다. 즉 미쓰이는 서구 이론의 수용에 대한 비판논리를 통해 개인주의 논리의 문제를 논한다.

진정한 국수주의자의 입장에서 미쓰이는 미야케가 시대의 유행을 좇아가는 가짜 사상가로서 비판정신의 결여자로 결론짓는다.[46] 그런데 이것은 다시 경쟁의 논리로 치환된다. 즉 개인의 능력을 신장시키지 않으면 안 된다는 논리인 것이다. 개인이 신장되면 민족이 신장되고 민족은 국가로 연결되어 발전을 이루게 되는데 그것은 모든 인종과 민족, 국가가 벌이는 경쟁의 논리로서 이 경쟁을 통한 진화를 긍정하게 됨으로써 국가 간의 차이를 인정하게 된다는 논리인 것이다.

미야케는 조선에 대해 문화적 레벨은 아직 미숙하고 백성의 지식은 매우 비천하다고 논하면서 청일전쟁의 상황은 헤이안시대平安時代 말기의 헤이지의 난平治の乱과 유사하다고 보았다. 헤이씨平氏의 말로 비유하고 있었다.[47] 미야케는 동양의 평화를 유지하기 위해 이러한 상대국의 국정國情적 시세를 파악하여 일본의 역할이 중요하다는 '심술心術'을 선전하고 있었다. 개인의 특성 신장이 국가의 발전으로 연결되고 세계발전에 공헌한다는 자유, 행복의 증진에 기여한다는 논리가 이러한 시세와 맞물리고 있었다. 그리고 미야케의 논리 속에서 세계란 세계 5대국, 즉 미국, 영국, 프랑스, 이탈리아에 일본이 들어가거나 아니면 3대국, 즉 미국과 영국, 그리고 일본이 세계를 움직이는 열강국가라며 일본을 상정하고 있었다. 특히 미야케의 논리 속에는 중국과 조선에 대해 이해의 손득을 위한 대상[48]이라고 여기는 '모순'이 존재했다.

미쓰이는 평등주의가 백인에게 이루어진 것으로 차별과 평등의 논리

---

46 中野目徹, 『政教社の研究』, p.223.
47 三宅雪嶺, 「朝鮮」, 『大塊一塵』, 政教社, 1904, pp.46~47.
48 中野目徹, 『政教社の研究』, p.213.

는 하나로서 차별은 각 부분에 대한 표현이고 평등은 전체를 목표로 하는 것, 평등은 차별을 없앤 상태이기 때문에 차별을 떠나서 평등은 생각할 수 없다[49]고 논한다. 그 연장선상으로 미야케에게 중요한 것은 '민력民力'인데 그는 민력을 말하면서 국민으로서 전쟁을 치르는 것을 개인의 '힘찬 운동'과 유사한 것으로 보았다.[50] 그러한 개인의 적극적 활력은 국가와 연결되는 것이고 더 나아가 일본이라는 국가를 진흥 발전시키게 된다. 이어서 미야케는 이제 "일본은 일본만의 일본이 아니라 동양의 일본이며 동양의 지위가 높아지면 그만큼 일본의 어깨가 넓어진다"[51]는 논진을 편다. 그리하여 결국 일본이 세계 문명에 공헌할 수 있게 된다고까지 확장시켜 논한다. 즉 "우리는 자국의 독립을 유지하는 것을 임무로 하고, 그 다음에 동아의 평화를 보장하는 것을 임무로 하여 서방의 힘이 미치지 않는 곳을 통해 세계 인류의 복지를 돕는 것을 임무"[52]로 삼는다.

이처럼 일본의 메이지기 '국수보존주의'의 입장에서 세계의 중심국가로서 헤게모니를 주장하게 된 미야케의 논리는 단순한 변용이 아니었다. 미야케가 내적 인식의 기저에 흐르는 인류의 진화에 동반되는 문명, 문화의 부단한 진보를 전제로 삼은 것은 일관된 것이었고 동양의 평화나 세계 인류의 복지를 위한다는 명목 아래 서구적 국민국가를 넘어 새로운 세계 국가를 주창하는 논리로 자연스럽게 연결되었다. 그 한 예를 들어보면 다음과 같다.

---

49 三井甲之,『高山博士の樗牛全集から』, 名著評論社, 1914, p.70.
50 三宅雄二郎,「序文」,『戦争と生活』, 帝都日日新聞社, 1938.
51 「支那を買被って」, 위의 책, p.24.
52 三宅雄二郎,「帝国の任務愈々重し」,『小紙庫』, 耕文堂, 1918, p.214.

19세기 유럽형 국민국가의 틀이 각국의 실력과 영토의 불균형, 불공평에 의해 붕괴되고 더 나아가 근대국민국가체제를 지탱한 자본주의와 자유무역체제가 세계공황에 의해 괴멸의 위기에 처했을 때 (…중략…) 일본을 중심으로 하는 아시아연방과 (…중략…) 일본에서도 그것을 추진하기 위해 강력한 정치체제를 구축하여 그 지도 아래 중국에의 침략을 정당화하며 전쟁을 마다하지 않는 국민적 합의를 요구하는 것이었다.[53]

　　이처럼 미야케가 개인의 인식론적 각성과 각성된 주체를 찾기 위해 주장한 내면의 자유주의 논리는 국가를 발전시켜 국가 간의 경쟁이나 격차를 중시하는 맥락이었고, 그것은 국가체제 안에서의 해방이었던 것이다. 결국 미야케의 논리는 자유주의에서 전체주의로 이행하게 된다[54]는 점에서 한계성을 엿볼 수 있다.

　　그와 마찬가지로 다카야마 역시 개인적인 주관을 확장하여 객체에 가까이 다가가고자 하는 입장이었는데 특히 객관적 고찰을 독려했다. 그것은 편협과 고루함을 극복한다는 의미에서 '협익주관주의'를 강조한 것이었으며 세계적 사조를 통한 동서문화의 조화였다. 즉 이러한 입각점에서 다카야마는 인도나 중국, 그리고 서구에서 볼 수 없는 일본의 장점을 끄집어내고자 했다. 그러한 시각은 동양과 서양을 객관적으로 보는 '양쪽 비판'에서 시작되는 것이라고 논한다. 다카야마의 목표는 세계사상의 조화였다.[55]

　　초국가주의자인 미쓰이의 입장에서 다카야마의 이론을 보면 심미론

53　『政教社の研究』, p.263.
54　三宅雪嶺, 「自由の悪用濫用」, 『炸裂の前』, 実業之世界社, 1942, p.22.
55　高山樗牛, 「島国的哲学思想を排す」, 『樗牛全集(時勢及思索)』第4巻, 博文館, 1913, pp.174~180.

적 효과론에 의한 이상주의자에 불과하고 바로 그 점이 한계이며 실행이 부족하다고 보았다. 즉 객관주의나 비판적 견해는 한계를 갖는 것으로 인간은 "자기를 민족의 중심에 두고 몰하는 것이 가장 자기 삶을 사는 사람이다. 자아주의보다도 민족주의를, 초인보다도 초민족을 민족적 생활 속에 자아 망각의 활동에 몰입해야 한다. 즉 자연법이自然法爾에 따라 생生을 수순隨順하는 것이 새로움을 실현하는 것"[56]이라고 비판했다. 미쓰이는 다카야마의 세계적 객관적 인식론에 대해 초인적 시각을 주장하지 말고 민족주의나 초민족주의를 위해서는 '자아'를 잊어야 한다고 비판한다. 미쓰이의 '민족주의'와는 다르기는 하지만 어떤 의미에서는 다카야마가 세계주의적 민족주의를 주창했다고 생각된다. 그것이 바로 다카야마의 일본주의였는데, 이 일본주의는 국성國性을 근본으로 하고 국민적 특성을 통해 독립된 객관성이 발달하는 것이라고 본 것이다. 이러한 일본주의는 서양주의에 고취한 자의 입장도 아니고 그 반동으로 나타난 한학주의도 아니라는 것이다. 그것은 세계적 안광眼光으로 일본을 보는 시각이었고 국체와 민성民性을 동시에 합체하는 고유의 미적 장점을 발현시키는 입장이었다.[57]

한편 다카야마는 차이를 갖고 나타나는 경로를 경쟁에서 찾았다. 즉이 경쟁을 통한 세계 각국의 차이성을 주장했고 그것은 평등이라는 관점이었다. 그런 의미에서 다카야마는 경쟁을 강조해야만 했던 것이다. 즉 다카야마에 의하면 인간이 만든 국가라는 것도 차이를 갖게 되고 이해충돌이 없는 것은 진보도 없으며 세력 불균형이 없는 것은 세계주의가 아니다. 특히 국가가 권능을 갖게 되면 개인의 행복을 실현시킬 수

---

56 三井甲之, 『高山博士の樗牛全集から』, pp.169~170.
57 위의 책, pp.4~5.

있으며 역사가 발달해온 것이라고 보고 기독교가 말하는 절대적 평등은 존재하지 않는 것으로 보았다.[58] 그리고 전쟁을 경쟁의 일종이라고 보았다. 인간은 욕망적 존재로서 진보를 꿈꾸기 때문에 경쟁은 피할 수 없는 것으로 전쟁이라는 이름의 경쟁을 특별한 죄악으로 사유하지 않는다[59]고 보았다. 다카야마는 경쟁으로서 전쟁을 긍정하고 있었기 때문에 전쟁에 의해 국가들이 식민지화되는 것을 보고, 다카야마에게 국가는 개인을 보장해주는 '장소'로서 국가를 절대시하고 있었다. 그렇기 때문에 강렬하게 국가주의에 의한 국민의 통교統教를 중시하고 국가를 잃을 수 있다는 불안과 취약함을 보게 되었다. 그것은 반대로 국가를 무한한 경쟁에 의해 팽창시키는 논리로서 세계주의를 강조하게 되고 전쟁논리도 긍정하게 되어버린 것이다.

그러한 국가주의는 세계 인류를 위한 사상으로도 접목되었다. 다카야마는 일본주의와 세계주의의 연관성을 다음과 같이 논한다.

우리 국민이 만방의 국내를 다스리고 해외에 임하며 흥국과 함께 영원한 평화를 누리기를 희망한다. 여기서 일본주의는 세계평화의 유지에 노력하고 나아가 인류적 정의情誼의 발달을 기대한다. 일본주의는 일본국민의 안심입명지安心立命地를 지정하는 것이다. 일본주의는 종교도 아니고 철학도 아니며 국민적 실행 도덕의 원리이다.[60]

다카야마가 내세운 일본주의는 세계주의로서 그 내용의 핵심은 세계

---

58 高山樗牛, 「世界主義と国家主義」, 『樗牛全集(時勢及思索)』第4卷, 博文館, 1913, p.280.
59 「戦争は競争のみ」, 위의 책, p.249.
60 高山林次郎, 「国粋保存主義と日本主義」, pp.52~53.

평화와 인류를 위한 것으로 연대한다는 점이다. 일본주의는 안심입명의 장소로서 독립을 의미하면서 그것은 각각의 개인, 각각의 국가가 독립의 세계를 만들어내는 의미에서 세계주의인 것이다. 전자는 국가특성의 보존과 국수주의의 경쟁이고 후자는 세계적 헤게모니의 정점을 둘러싼 경쟁이었다. 그것은 배제와 편협을 극복하고 장점을 신장시킨다는 국가주의의 사고방식에 의해 국가와 국민을 일체화시킴으로써 '세계주의'로 연결되는 '일본주의'였음이 드러났다. 국민적 도덕의 실행, 즉 일본주의의 목적과 강령은 "군민일가君民一家로서 국체의 정화精華였고 황조皇朝와 황종皇宗의 그림圖에 기초한 만세신자萬世臣子의 영원한 경앙敬仰"[61]을 주창하는 점에서 '황조 국가주의'로까지 연결되고 있었다.

7. 국민도덕과 세계주의의 지평

일본은 메이지기 '내셔널리티'를 '국수'로 번역하면서 새로운 사상적 지평을 여는 계기가 되었음을 확인할 수 있었다. 여기서 새로운 사상적 지평이란 서구 추종도 아니었으며 한학을 고집한다고 해도 그것은 '사상적 투쟁'의 결과물이었다. 사회 전체가 서구화를 추종하거나 그에 대한 반발로서 한학주의를 내세우는 것은 둘 다 본능적으로 시세에 맹동盲動하는 '무자아', 즉 주체성의 결여라고 보고 이 양가성을 극복하는 논리가 국수를 보존하는 국수보존주의였던 것이다.

---

61 위의 책, pp.51~52. 국조 및 황종은 일본국민의 종가로서 무상의 숭경을 바쳐야 한다. 일본주의는 국조를 숭배하고 항상 건국의 포부를 봉체(奉體)하는 것을 노력해야 한다. 우리 국민은 공명 쾌활한 인민이다.

이 논리를 기저에 두면서 진화된 것이 바로 일본주의였다. 국수보존주의와 일본주의를 대표한 것은 미야케와 다카야마였는데 이 두 사상가는 공통점이 존재했다. 바로 개인의 능력 신장과 자유를 바탕에 둔 국가주의 논리였다. 미야케가 국수보존주의를 고안할 때 개인을 하나의 '자각' 단위로 설정한 것과 마찬가지로 다카야마의 일본주의도 개인의 권리와 각성을 기본으로 삼았다. 이러한 사상은 결국 서구의 철학 개념이나 개념의 번역과정을 통해 자각이 무엇인가를 논하게 되었고, 그렇게 형성된 자각의 세계는 말 그대로 '세계성을 띤 세계관'으로 인지하게 된다. 그렇기 때문에 개인의 특성을 살려 국가를 발전시키고 세계 각각의 국가들이 발전하면 세계 인류에 공헌하는 것이라고 믿는 '진화론'이었다.

이러한 논리는 당시 유행하던 철학자, 즉 헤겔이나 쇼펜하우어, 셸링의 사상을 학습한 후 왕양명이나 니치렌으로 합일되면서 국수보존주의와 일본주의는 일본을 근본으로 국성을 중시하는데 동참하게 되는 프로세스를 발견할 수 있었다. 그러나 처음에 공통분모에서 출발한 국수보존주의와 일본주의는 차이성을 갖게 되었다. 다카야마에 의하면 미야케의 논리는 혼미 속에서 주체를 형성한 것이라고 진단하고 국수보존주의는 몰아적인 차원의 '단순 이즘'에 포획된 것이라고 보았다. 그리고 다카야마는 개인의 독립은 국가의 통제 하에 영위되는 자유에 불과하며 그것은 국가의 통일체를 전체주의적 원칙 아래 재구성한 것으로서 국민의 각성을 통해 새로운 국가를 만들겠다는 '각성된 국민=국가'로 구성된 제국주의의 탄생을 강조했다. 국가를 전제로 하지 않으면 각성된 주체는 개별 주체로서 성립되지 않는다고 보았다. 다카야마는 개인의 자유와 각성을 바탕으로 세운 국가주의라며 초국가주의자였던 미쓰이로부터 비판을 받는 '국가주의'였지만, 그것은 전체주의로도 연결될 수 있었으며 세계주의라는 이름 하에 제국주의로 이어지게 되었다. 그리하여 창출해낸 '종교'와 '이즘'의 이분법이나 구조를 해체 재구성하는 논리조차도 초월한 '국민도덕'을 주장했던 것이다. 그것은 바로 서구를 넘고 한학의 세계에서 벗어나 '국민 도덕론＝일본주의'를 만들어내는 행보였던 것이다.

　이처럼 세계적 시대의 흐름 속에서 서구와 일본의 상대화 방법론으로서 주창한 '국민도덕'론은 세계주의를 가장했지만, 일본 국체와 민성이 근원점이라는 정체성을 끊임없이 강조한 '전체주의'에 불과했던 것이다. 그와 동시에 자아와 타자, 즉 내부와 외부를 통합한다는 원리에 의존하여 편지偏知를 벗어나 상량想量이라는 이론적 조건에서 만들어진 것이었음을 알 수 있었다. 여기서 잊지 말아야 하는 것으로 인간 보편의 세계를 자연스럽게 완성할 수 있다고 주장한 '국수·일본주의'는 부자연스러운 세계주의였음을 자각해야만 할 것이다.

제7장

'국어＝언어 공동체'의 양가성과
　　　　트랜스 내셔널 히스토리

---

1. 언어와 교육 그리고 국민국가

국민국가를 비판하는 시점으로 니시카와 나가오西川長夫는 언어의 문제를 다루었다. 니시카와는 하나의 언어에 의해 통합되는 국가든 다언어多言語를 용인하든 그것이 국가를 전제로 하는 이상, 그것은 '언어공동체, 민족공동체, 문화공동체'라는 내셔널리티 개념 내부에 머무르고 있다[1]며 비판적으로 보았다. 탈국민국가를 위한 탈출구는 하나의 언어인가 다언어인가의 문제가 아니라 언어에 내장된 국가이데올로기에 대한 극복의 문제였다.

이러한 문제의식을 바탕에 두고 본장에서는 국민국가와 '언어＝공동

1　西川長夫, 『国民国家論の射程』, 柏書房, 1999, pp.59~67. 니시카와 나가오는 이러한 문제제기의 논리를 모어(母語)를 비판적으로 보는 시각에서 찾아내고 있다. ジル・ドゥルーズ, フェリックス・ガタリ著, 宇野邦一・豊崎光一訳, 『千のプラトー』, 河出書房新社, 1994, pp.1~350; 酒井直樹, 「ナショナリティの母(国)語の政治」, 『ナショナリティの脱構築』, 柏書房, 1996, pp.1~315.

제7장 | '국어＝언어 공동체'의 양가성과 트랜스 내셔널 히스토리　　249

체'의 문제를 다루어보고자 한다. 이를 위해 먼저 언어교육이 어떻게 국가의 개입 속에서 전개되는가의 문제를 일본 식민지주의와 연결하여 살펴본다. 조선어를 빼앗기고 일본어를 배운다는 것은 일본인의 세계관을 이식하는 것으로 조선인을 일본인화하려는 지배의 논리였다. 이러한 시점은 일본인이 일본어를 배우면서 일본인화 된 것은 아닌가라는 문제를 역설적으로 보여준다.

언어를 배우게 되면서 갖게 되는 세계관이나 개인 인식은 결국 국가의 언어권력에 의해 좌우된다. 그런데 아이러니컬하게도 언어는 인식을 지배하기도 하지만 그 인식을 해체해주는 통로가 되기도 한다. 언어를 통해 갖게 된 세계관은 오히려 언어에 갇힌 세계관국가의 지배이었음을 느끼게 해준다. 따라서 이 문제를 필자는 언어의 지배와 해방의 이중구조 속에서 살펴보고자 한다. 즉 문제의 초점이 언어공동체 내부에 있으면서 다시 그 언어를 통해 바깥 세계는 어떻게 인지할 수 있는가에 두고 본장을 전개하고자 한다.[2] 이를 전후 일본 내부의 이방인인 재일한국·조선인들이 발간한『계간삼천리』를 통해 '언어 식민지' 문제와 '역사인식'의 양가성을 고찰해보고자 한다.

재일한국·조선인들은 일본의 식민지지배가 끝난 후에도 일본 내에 살게 되면서 한국어조선어와 일본어 사이의 '흔들림'을 인지하게 되고, 언어·민족·국가 사이의 저어齟齬 속에서 새로운 '자아 찾기'를 시도하고 있었다. 이를 잘 보여주는 것이 바로『계간삼천리』였다.『계간삼천리』는 국가의 제도 속에 감춰져 있는 '국민화'의 방법으로서 언어와 교과서의 문제를 '외부적 시점'에서 다루고 있었다. 외부적 시점이란 국

---

2 鴨沢巌,「一つの外国語は一つの世界を開くか」,『季刊三千里』第2号, 三千里社, 1976, pp.12~15.

가는 제도를 만들고 그 제도를 통해 국민만들기를 시도하는데, 제도는 언어와 교육이었다는 것을 비판적으로 보여주고 있다. 언어와 교육은 '국민'을 지배하는 인위적인 것임을 적나라하게 보여준다. 그와 동시에 언어와 교육이 국민을 만들어내는데 활용되기도 하지만, 그 언어나 교육이 존재하기 때문에 그것으로부터 탈피할 수 있다는 '이중성'을 제시하기도 한다. 즉 언어와 교육은 지배와 해방을 동시에 동반하고 있음을 여실히 보여준다. 따라서 필자는 본장에서 언어와 교육을 '국민국가와 탈국민국가'를 생각해보는 '방법'으로 제시해보고자 한다. '언어, 교육이야말로 국가다'라는 표현도 있지만 반대로 언어와 교육이야말로 탈국가로 나아갈 수 있다는 의미에서 '방법'이 될 수 있기 때문이다.

이에 필자가 주목하는 것은 첫째, '언어'를 빼앗거나 강요하는 것이 갖는 의미이다. 즉 언어를 통해 강제적으로 '국가 의식'을 주입시키려는 '국(언)어 공동체 만들기'의 의미, 그리고 역설적으로 보여주는 저항과 반항의 세계 찾기가 갖는 의미이다. 다시 말해서 언어를 통해 수용한 세상에 갇히기도 하지만 반대로 해방의 가능성도 함께 찾을 수 있기 때문이다.

둘째, 국가가 만든 제도의 문제로서 일본의 '검정교과서'가 갖는 문제를 다루고자 한다. 일본에서 검정교과서는 교육 내용의 검증과 검열을 통한 정수만을 교육한다는 논리이기도 하지만, 그것은 오히려 국민의 인식을 지배하는 역할을 담당하기도 한다. 그와 동시에 검정교과서를 통해 인지한 인식 자체가 한계성을 갖고 있다는 점을 깨닫게 되면서 그러한 검정교과서가 갖는 지배이데올로기를 극복하는 상대화를 시도할 수 있는 기회를 만들어주기도 한다.

일본 내의 검정교과서가 가진 문제점이나 기술 방식이 갖는 전쟁의 정당화 논리는 주변국가들의 비판에 의해 내용이 갖는 한계성을 인지하게 된다. 그리고 이를 통해 국제화란 무엇인가를 새로 묻게 된다. 전전에는 '서구화가 곧 국제화'였지만, 아시아 특히 식민지지배를 통해 '빼앗은 언어'였던 조선어에 관심을 갖는다는 것은 새로운 의미의 국제화를 의미한다. 그것은 전후 일본 내에 거주하는 재일한국·조선인이 사용하는 조선어를 새롭게 마주하게 되고, 기존에 갖고 있었던 서구중심주의에 대한 인식을 새롭게 만들어가고 있었던 것이다. 이러한 점은 전후 일본 내에서 언어 자체가 가진 특성에서 국민국가의 논리가 무엇인가를 찾고자 하는 시도이다. 동시에 주변국들의 시선을 통해 일본 검정교과서의 기술이 갖는 역사관을 새롭게 인지하여 '내부 식민주의'를 극복하려는 실천이기도 하다.

2. 방법으로서의 언어 – 언어 원리의 이중성

1) 국민국가의 속박 주술로서 언어

후지모토 오사무藤本治는 『계간삼천리』에서 「조선어와 나」라는 논고를 통해 언어가 인간의 의식을 어떻게 지배하는지에 대해 적확하게 논한다. 언어를 획득하게 되면서 인간은 말로서 자신의 의사를 전달할 뿐만 아니라 말에 의해 세상에 대한 인식도 받아들이면서 길러지게 된다고 보았다. 후지모토 오사무는 이에 대해 다음과 같이 논한다.

> 인간은 말에 의해 운명적으로 규제되고 말에 의해 발달하기도 하고 (…중략…) 말에 의해 인간으로서 본래의 모습을 각성하는 경우도 있다. 말은

인간과 인간을 연결해주기도 한다. 그러나 인간들을 서로 다른 세계의 이 방인으로서 상호 간에 차별하고 배제하며 적으로 대립하게 되는 작용도 말이 실행한다.[3]

후지모토에 의하면 언어라는 것은 인간을 규제하기도 하지만 동시에 인간 본래의 모습도 깨닫게 해주는 역할을 한다며 그 양면성을 논한다. 즉 후지모토는 그러한 양면성 속에서 인간이 주체적으로 타인과의 관계성을 맺게 해주는 것이 언어라고 본 것이다. 역사적·사회적 조건이 기는 하지만 언어가 인간세계와 관계하고 있는 것임을 명확하게 설명해낸다.

단순히 언어의 단어표현, 즉 식민지지배를 받은 피지배자의 입장에서는 '침략'이라고 표현하고 싶어하는 반면, 가해자의 입장에서는 '진출'이라고 표현하며 '상호 간의 거리'를 만들어내기도 한다. 문제는 침략을 단순하게 진출이라고 표현한다면 그것은 어감의 차이가 아니라 일국의 존립이 흔들리는 상황이며 폭력이 작동하는 세계를 희석시키는 점이다. 이처럼 언어표현 방식은 국가나 민족, 혹은 역사성과 역사인식 등이 부착되고 폭력까지도 동반하게 된다.

따라서 언어는 인간과 인간만을 연결하거나 거리를 두게 하는 것이 아니라 국가와 국가 사이의 문제에도 관여하게 된다. 그러므로 '언어'는 살아있는 것이라고 볼 수 있다. 인간과 인간의 배제와 차별을 만들고 국가와 국가 사이를 지배와 피지배로 만드는 것도 언어이다. 그와 동시에 언어는 개인과 국가의 관계를 되돌아볼 수 있게 만드는 계기를

---

3   藤本治, 「朝鮮語とわたし」, 『季刊三千里』 第17号, 三千里社, 1979, p.179.

제공해준다.[4]

　다시 말해서 언어가 인식의 세계를 열어준다는 '긍정적'인 측면과 언어로 인해 차별과 배제가 발생하는 '부정적' 측면은 언어 속에 내재하는 양가성인 것이다. 전자쪽에 초점을 맞추면 다중어가 인간의 인식세계를 다양하게 만들어주고 넓은 세계를 이해할 수 있다고 보게 된다. 반대로 언어가 의미를 발생시켜 계층의 분화와 차별을 조작하여 '분단'을 만들어내기도 한다. 특히 후자 쪽이 극명하게 나타난 것은 식민지지배에서였다.

　일본은 조선을 식민지화하고 조선어 대신에 일본어를 사용하게 했다. 그것은 조선인의 입장에서 보면 타민족에게 언어를 빼앗긴 것이며 지배민족의 언어를 강요당한 것이다. 이를 두고 일본인 지배자의 입장에서는 일본어를 통해 조선인에게 '인식의 개화', 즉 문명화를 가져왔다고 주장했다. 일본이 조선을 식민지화 하면서 시행한 국어정책은 지배민족의 언어를 통해 지배민족의 문화를 이식함으로써 일본과 일체화된 인간을 만들려고 기획한 것이다. 이를 통해 알 수 있는 것은 지배자의 이데올로기와 언어의 관계이다.

　일본은 조선어와 일본어가 문법이나 어휘 등에서 매우 유사하다는 점, 그리고 고대 일본어와 조선반도의 상호교류 등을 근거로 삼아 동일계통론을 주장하게 된다. 이 연구를 근거로 일본은 '일선동조론'이라는 지배이데올로기를 창출해냈다. 즉 일본은 언어를 국가 지배이데올로기 정책에 이용하고 있었다.

　이와 관련하여 가지무라 히데키梶村秀樹는 전전 식민지 조선에서 조선

4　中村守, 「歴史を共有しアジアに生きる」, 『季刊三千里』 第32号, 三千里社, 1982, pp.137~139.

총독부의 관리자로 근무했던 일본인과의 만남을 소개한다. 가지무라는 조선총독부 관리였던 사람들이 전후에도 변함없이 식민지 통치의 정당성을 이야기하고, 조선인 행동에 문제점이 많다고 논하고 있는 것에 대해 글을 실었다. 물론 가지무라가 그 이야기를 꺼낸 이유는 식민지지배의 허구성을 비판적으로 깨닫지 못한 것에 대한 논의의 하나로서 '일본어로 본 조선표상'의 한계성을 보여준 것이었다.

> 그들은 일본어로밖에 생각하지 못하고 일본어의 세계라는 그들만의 눈으로 조선인을 보았기 때문일 것이다. 일본어의 세계가 전부라고 생각하여 그 이외의 세계가 있음을 깨닫지 못하는 상황에서는 아무리 조선인과 접촉할 기회가 많았다고 해도 진정한 조선을 못 보았던 것이다.[5]

가지무라가 지적하듯이 조선총독부 관리자인 그들은 그들의 언어인 일본어로만 인식하는 세계관을 통해 조선을 보았기 때문에 일상생활에서 아무리 조선인과 조선어를 접촉했어도 '조선은 보이지 않았던 것'이라고 보았다. 그것은 일본어라는 언어를 통해 지배자의 '인식'을 철저하게 내면화했음을 반증하는 것이다. '언어에 갇힌 인식의 세계'를 첨예하게 보여주는 것이다. 철저하게 지배자의 언어에 갇힌 주체에서 벗어나지 못했으며 그것은 일본어를 통해 강요된 통제된 세계의 한계성을 짚어준 것이다.[6]

---

5 梶村秀樹, 「朝鮮語で語られる世界」, 『季刊三千里』 第11号, 三千里社, 1977, pp.48~54.
6 梶井陟, 「朝鮮語を考える」, 『季刊三千里』 第8号, 1976, pp.100~105; 「「ヨボ」は朝鮮語か一朝鮮語を考えるその(2)」, 『季刊三千里』 第9号, 1977, pp.94~103; 「日本統治下の教育と朝鮮語一朝鮮語を考えるその(3)」, 『季刊三千里』 第10号, 1977, pp.194~205; 梶井陟, 「日本統治下の朝鮮語教育」一朝鮮語を考えるその(4)」, 『季刊三千里』 第11号, 1977, pp.55~67; 「朝鮮語奨励規定一朝鮮語を考えるその(5)」, 『季刊三千里』 第12号, 1977, pp.194~205; 「植民地統治下

또한 쓰루미 슌스케鶴見俊輔는 언어와 국가의 상관성에 대해 '암묵적인 전제'라는 어프로치를 통해 설명해낸다. 일본인은 일본이라는 국가 안에 일본인만 살고 있다고 생각하고 있으며 일본어는 일본인만이 사용한다고 인식하는 사람이 많다고 보았다. 쓰루미 슌스케는 이를 일본인이 당연하게 여기는 '암묵적인 인식', 즉 아프리오리라고 보았다. 일본인은 '일본어＝국어＝정부어政府語'라는 논리를 당연한 것으로 내면화한 것이라며 그 한계성을 논한다.

이를 근거로 하기 때문에 일본인들은 일본에는 일본인만 살아야 한다는 의식을 형성하게 되었고 그것이 하나의 가치판단으로 굳어졌다고 보았다. 그렇기 때문에 배외주의를 자연화해버린 결과를 초래했다. 즉 일본어를 상용하는 과정에서 이러한 논리를 생활습관 속에 내재화하고 그 의식에 함몰되어버리게 된다. 달리 말하자면 '일본어＝국가'가 너무 강하게 붙어 있어서 그것과 거리를 둘 수 없게 되어버린 것이다. 그것은 다른 의미에서는 일본인으로 태어나 일본어를 사용하는 것에 대해 위화감을 느끼지 못하고 국가의 명령에 무조건 복종해야 한다는 암묵의 전제에 사로잡히게 되는데, 이는 전후에도 사라지지 않고 있다고 보았다.[7]

이러한 입장에서는 단일민족 국가관이 자연스러운 것으로 자리를 잡았고 그것은 전후에도 변하지 않았다. 어떤 근거를 찾아서라기보다는

における警察官と朝鮮語ー朝鮮語を考えるその(6)」, 『季刊三千里』第13号, 1978, pp.170~179; 「警察官の朝鮮語学習ー朝鮮語を考えるその(7)」, 『季刊三千里』第14号, 1978, pp.174~183; 「朝鮮人児童の日本語教科書ー朝鮮語を考えるその(8)」, 『季刊三千里』第15号, 1978, pp.92~101; 玉城繁徳, 「朝鮮語電話講座について」, 『季刊三千里』第15号, 1978, pp.102~105; 梶井陟, 「NHKに朝鮮語講座を-〈朝鮮語講座〉なぜ必要か」, 『季刊三千里』第12号, 三千里社, 1975, pp.217~218.

7   鶴見俊輔, 「暗黙の前提一束」, 『季刊三千里』第11号, pp.96~99.

그저 오랜 세월 동안 이어져온 자연스러운 인식의 하나로서 단일민족 국가관이 존재했기 때문이다. 바로 이것은 일본 내에서 무의식적으로 수용하게 되고 의식화된다.[8] 이런 의미에서 본다면 전전과 전후, 아니 전전은 계속되고 있는 것이다.[9]

즉 일본 안에서 갖게 된 무의식적 세계, 즉 일본어와 국가가 일체성을 띤다는 논리는 전후 일본 내의 정주 외국인을 불가시적不可視的 존재로 만들고 배제와 동화의 논리를 강화시키고 있었다. 예를 들면 가와세 도시하루川瀬俊治는 어릴 적부터 주변에서 조센징이라는 말을 듣고 살았던 체험을 설명한다. 조선을 가리키는 말은 차별어에 근거해 만들어진 인식이라고 보았다. 즉 "사람을 보는 것이 아니라 '조센징'이라는 말로 그들을 규정하는 것이고, 그것은 '배제'와 '동화'를 강요하는 말"[10]로서 언어가 규정하는 타자 표상의 문제였다. 이는 오카니와 노보루岡庭昇가 '언어야말로 국가다'라고 표현한 말을 그대로 대입할 수 있을 것이다. 조센징이라는 말은 일본인의 의식을 그대로 현현顯現해주는 것으로, 이를 역으로 보면 '조센징'이라고 명명한 국가의 권력을 볼 수 있다는 것이다.

따라서 국가권력의 그림자에 갇힌 세계관으로 세상을 보는 것을 역설적으로 느끼게 해준다. 그 그림자를 벗겨내고자 하는 것이 바로 주체적 인식론의 투쟁이며 그것은 언어가 만들어낸 세계관에 대한 의심이었다. 더 나아가 언어 자체를 의심한다는 것은 언어에 의해 만들어진 자신의 인식세계를 새롭게 인지하게 해주는 프로세스인 것이다. 언어

---

8   飯沼二郎・梶村秀樹・姜在彦・田中宏,「在日朝鮮人を語る」,『季刊三千里』第12号, 三千里社, 1977, pp.75~87.
9   出口真琴,「おんどるばん」,『季刊三千里』第11号, 三千里社, 1977, p.255.
10   川瀬俊治,「ことばとの出会い」,『季刊三千里』第17号, 三千里社, 1979, pp.114~116.

의 구속으로부터 벗어나기 위해 언어를 보는 것이다. 즉 '배제'와 '동화'의 의식세계가 언어의 순치 속에서 의식한 것임을 보여준다.

2) 국민국가의 외부 통로로서 언어

다케우치 요시미竹內好는 세상을 객관화할 수 있는 방법으로 '두 개의 외국어'를 배우는 것을 예로 들었다. 이것은 하나의 레토릭으로서 두 개의 외국어란 서구어와 아시아의 언어라고 논했다. 세계를 바라보기 위한 방법으로서 '서쪽을 보는 눈'과 '동쪽을 보는 눈'이 중요하다고 하면서 그 눈이란 언어를 가리키는 것이었다. 언어에 나타나는 세계관에 주목했기 때문이다. 동서양의 언어에 의해 '세상을 보는 눈'을 갖는다는 것은 동서양의 인식론적 '혼종'을 의미하는 것이었다. 그것은 언어를 통한 인식론의 균형을 찾기 위한 방법으로 제시한 것이었다.

언어에 의한 인식의 밸런스를 다루고 있었던 것이다. 오무라 마스오大村益夫는 이러한 다케우치 요시미의 논리에 동조하면서 일본 내에서 전후 일본이 '서구어'만을 중시하는 것에 대해 비판했다.[11] 전후에도 일본은 서구 중심적 논리나 서구에 대한 추종이 지속되고 있었다.

이러한 비판을 수용하듯 『계간삼천리』에는 당시 1970년대 후반에 이미 서구사회의 추종이 아니라 아시아의 중요성을 설명하고 있었다. 세계사를 움직이는 중심축은 서구나 미국이 아니라 이제는 중국·한국·베트남 등 아시아라고 논했다. 이것은 '메가트랜드Megatrends'로서 특히 일본은 과거 제국주의 식민지의 '조선어교육'을 제고할 필요성을 제

---

11 大村益夫, 「大学における朝鮮語講座の現状」, 『季刊三千里』 第12号, 三千里社, 1977, p.206.

안했다.[12] 서구 제국주의를 모방한 일본은 아시아의 피식민지 국가들을 마주하고 패러다임의 전환이 필요하다고 『계간삼천리』기획자들은 보았다. 『계간삼천리』에는 이를 위한 시도로서 조선어교육을 사회적으로 허용해야만 한다고 주장했다.[13]

그렇지만 『계간삼천리』에서 일본인이 조선어를 배울 필요가 있다는 것은 단순하게 조선어 학습 차원에 그치는 것이 아니었다. 조선어를 학습해야 한다는 논리에는 외국어로서 조선어를 학습하는 과정에서 '식민지지배에 대한' 기억의 문제까지도 상정한 것이었다. 전전에 조선총독부 관리자의 일본인 인식에서 설명한 것처럼 일본어를 사용하는 것이 자연스러운 일본인 의식에 대한 '재인식'을 기대하는 것이었다. 식민지지배에 대한 재인식이 조선어를 학습하는 것으로서 '새롭게 볼 수 있는 가능성'을 찾을 수 있다고 본 것이다.[14]

---

12 大村益夫, 「大学の朝鮮語講座」, 『季刊三千里』第6号, 三千里社, 1976, pp.15~19.
13 失作勝美, 「NHKに朝鮮語講座を」, 『季刊三千里』第5号, 三千里社, 1976, pp.132~135.
14 특히 「일본인과 조선어(日本人と朝鮮語)」라는 제목으로 특집호를 꾸몄다. 특집 논고로는 김달수의 「고대일본과 일본어(古代日本と朝鮮語)」, 김사엽의 「조선민족의 문자문화(朝鮮民族の文字文化)」, 이진희의 「아메노모리 호슈의 조선어(雨森芳洲の朝鮮語)」, 가지무라 히데키(梶村秀樹)의 「조선어로 말해지는 세계(朝鮮語で語られる世界)」를 수록하고 있다. 가지이 노보루(梶井陟)의 「일본통치 하의 조선어교육(日本統治下の朝鮮語教育)―조선어를 생각한다(朝鮮語を考える):(4)」 즉 편집부 사회로 오자와 유사쿠(小沢有作), 김달수, 구노 오사무(久野収), 하타다 다카시(旗田巍)가 참여하여 「우선 말로부터(まず言葉から)」라는 제목으로 좌담회를 가졌다. 그리고 「나에게 있어 조선어」라는 코너를 마련하여 요시노 고조(吉野広造)가 「어느 조선인과의 만남(ある朝鮮人との出会い)」, 시무라 세쓰(志村節)의 「닮았다는 것(似ているということ)」, 도키야 히로코(土器屋 泰子)의 「조선어와의 만남(朝鮮語との出会い)」, 야마키 사다에(八巻さだえ)의 「나의 눈으로 조선을 보다(私の眼で朝鮮を見る)」, 후지모토 고시가즈(藤本敏和)「NHK의 조선어방송(NHKの朝鮮語放送)」, 니시오카 겐지(西岡健治)의 「나의 조선어 학습(私の朝鮮語学習)」 등을 싣고 있다. 梶井陟, 「日本統治下の朝鮮語教育―朝鮮語を考える:その(4)」, 『季刊三千里』第11号, 三千里社, 1977, pp.55~67.

일본어의 세계 속에서 조선을 생각하고 일본어를 통해 조선의 이미지를 만들어간다. 내가 일본어로 생각한 조선의 세계 혹은 이미지는 조선어로 말해지는 언어 속의 조선 이미지나 세계와는 차이가 있음을 느끼는 때도 많다. 내가 강조하고 싶은 바는 조선어의 세계에 들어가지 않은 채 일본어로 조선만을 논한다면 한계가 있을 수밖에 없다는 것이다.[15]

일본어의 세계로 인지하는 조선은 조선어를 사용하는 사람들의 세계가 다르다는 점을 피력한 것이다. 일본어를 사용하여 일본어로 세상을 보는 입장과 조선어를 사용하여 조선어로 세상을 보는 입장은 '언어상대적'인 것으로, 독자적인 세계관을 갖는 한계성을 논한다. 언어는 그러한 인식세계를 보여주는 '리트머스'였던 것이다. 따라서 하나의 세계에서 다른 세계를 들여다보기 위해서는 상대방 언어의 내부로 들어가는 것이 필요하다.

하타다 다카시는 상대방의 다른 정체성을 인정하고 상대방을 알아가기 위해서는 상대방 언어의 학습이 중요하다고 논한다. 하타다 다카시는 특히 인간에 대한 편견 등이 상대방의 언어를 이해하지 못하는 것에서 오는 '외적 현상'이라고 보았다.[16] 그리고 후지모토는 "조선어로 이야기하고 사고함으로써 그것들이 갖는 진정한 세계 속으로 들어가 그것을 통해 내적 세계를 확대하고 풍부하게 하지 않으면 안 된다"[17]고 논했다.

시무라 세쓰志村節는 일본인인데 조선어를 처음 배우면서 느낀 점을 적었다. 조선어를 공부하면서 조선어와 일본어가 닮아있는 것을 알게

---

15 梶村秀樹, 「朝鮮語で語られる世界」, 『季刊三千里』第11号, 三千里社, 1977, pp.48~54.
16 久野收, 小沢有作, 旗田巍, 「まず言葉から」, 『季刊三千里』第11号, 三千里社, 1977, pp.68~79.
17 藤本治, 「朝鮮語とわたし」, 『季刊三千里』第17号, 三千里社, 1979, p.179.

되었고 조선어와 일본어가 구조적으로 매우 유사하다는 것을 느꼈다고 한다. 구조적 측면에서 조선어와 일본어가 유사하다고는 하지만 차이가 많다는 것도 알게 되었다는 것이다. 그것은 오히려 일본어를 다시 들여다보는 계기가 되었고 일본어에 대해 더욱 관심이 증폭되는 현상이 생겼다는 것이다.[18] 그런데 여기서 중요한 것은 외국어로서 조선어를 배우는데 오히려 일본어에 대해 이해하게 되는 계기가 되었다는 점이다. 외국어를 통해 모국어가 재인지하게 되는 시점을 갖게 된 것이다.

그리고 번역과 관련된 내용도 게재되었다. 즉 번역에 대한 '용어'의 해석이나 의미에 대한 각성도 일어났다. 예를 들면 조선어에서 사용되는 '민족, 역사, 통일'이라는 단어는 일본어로 번역이 가능하지만, 그 용어의 내용이나 질적인 측면에서는 일본어로 '동일한 뜻'으로 옮겨질 수 있는 것이 아니라는 점이다. 그것은 상대방의 언어 세계에서만 그 의미를 구성할 수 있는 것이다.[19] 이것은 외국어를 만나면서 갖게 되는 인식론적 세계의 새로운 발견인 것이다. 즉 이는 기존 언어의 세계에서 벗어나고자 하는 자립 논리와도 연결된다.

그리고『계간삼천리』에는 일본에서 태어나 조선어를 알지 못하는 재일한국·조선인의 경우도 소개되었다. 재일한국·조선인이지만 일본어만 알고 있다가 새롭게 조선어를 접하게 되면서 '민족'이 갖는 단어의 의미를 통해 정체성까지도 흔들릴 정도였다는 것을 소개한다. 재일한국·조선인인 정인은 자신이『진달래』에 글을 실어 조선어를 학습하면서 내면에 일어났던 일들을 적었다. 조선어로 작품을 써야 한다는 압

---

18 志村節, 「似ているということ」, 『季刊三千里』第11号, 1977, 三千里社, pp.82~84.
19 梶村秀樹, 「日本人と朝鮮語-朝鮮語で語られる世界」, 『季刊三千里』第11号, 三千里社, 1977, pp.48~54.

박감이 있었는데, 조선어를 알지 못한다는 것이 민족 주체성을 상실한 것으로 연결되자 오히려 정신적인 카오스를 겪게 되었고 억압과 자유를 동시에 갖게 되었다고 했다. 또한 조선어와 민족 주체성을 동시에 극복하는 새로운 '방향'을 찾아가는 계기가 되었다고 논한다.[20] 정인은 재일한국·조선인이지만 외국어로서 조선어를 만나게 되고, 그것이 민족적 정체성의 부정이나 긍정을 의미한다는 것이 무엇인가를 생각하게 되는 계기로 작동되어 그 언어와 민족이 일체화된 세계에서 벗어나는 자유를 생각할 수 있게 된 것이다.

그리고 재일한국·조선인인 김석범은 오히려 일본어를 통해 독립의 세계를 찾는 과정이라고 표현했다. 김석범에 의하면 자신이 일본어로 생각하고 일본어로 글을 쓰는 것은 역으로 그 언어에 구속되지 않으려고 노력하는 데서 독립정신을 찾으려고 한다는 것이다. 즉 김석범은 일본어가 자신을 구속하고 있지만 그 일본어를 통해 구속된 세계관의 편협함을 뛰어넘으려고 한 것이다.

동시에 김석범은 일본어를 사용하는 일본인이 재일한국·조선인과 마찬가지로 일본어라는 언어가 가진 문제를 인지하지 못한다는 점을 문제 제기했다. 일본어라는 언어가 생활 속에서 너무나도 자연스럽고 당연한 것이기 때문에 스스로에게 힐문할 수 있는 기회가 없는 점을 재일한국·조선인의 입장에서 문제시 힐문한 것이다. 즉 전전 일본제국주의지배에 대해 일본어로만 세상을 보았던 것에 대해 전후에 다시 묻고 있는 것이다. 일본 제국주의의 유산으로서 재일한국·조선인이 일본에서 자아의 세계를 일본어로 찾고 있다는 점을 보여주는 것이었다.

20　鄭仁, 「『チンダレ』のころ」, 『季刊三千里』 第9号, 三千里社, 1977, pp.20~23.

전전 일본이 일본어로 아시아를 지배하고자 했고 일본어로 세상을 보면서 일본중심주의를 내면화했던 것이 전후에도 일본인 사이에 잠재적으로 이어지기 때문에 일본 내의 재일한국·조선인이 일본어로 논하는 자각의 세계를 받아들이지 않는 것이라고 본 것이다. 그것은 바로 일본인이 일본어 세계에만 갇혀있는 것을 비판하면서 '자아의 해방'을[21] 건의하고 있었던 것이다.

이처럼 『계간삼천리』에서는 자아의 해방이나 자아의 발견에 대해 논의하면서 중요한 프로세스로서 '부화孵化, incubation'의 논리를 논한다. 즉 『계간삼천리』에서는 일본인과 조선인의 새로운 만남을 위한 접촉의 장으로서 '소리聲모임'을 제안한다. 그리고 부화의 과정을 창조의 과정이라고 소개하고 일본인과 조선인이 함께 서로 이질적인 언어와 문화, 그리고 사상에 대해 논의할 것을 주장했다. 혹시 상호 간에 반발이나 충돌이 생긴다고 해도 그 과정을 통해 공감과 이해를 찾아내어 '부화'하자는 것이었다.[22]

그 부화의 내용은 결코 피상적인 것이 아니었다. 이는 주체의 문제로 이어졌다. 예를 들어 혼다 야스하루本田靖春는 자신이 식민자로서 조선인을 마주하면 자신의 내부를 파헤치는 확인 작업을 느낀다고 했다. 그래서 혼다 야스하루는 '실어증'에 걸릴 정도였다고 한다. 그 이유는 자신 스스로의 내부에서 '정의롭지 못한 것'을 물어야 하는데 그것은 결코 쉬운 일이 아니기 때문이다. 다시 말해서 내부적인 자아비판을 통해 새롭게 자신을 들여다보게 됨으로써 실어증 증상이 유발되는 경험을 했기 때문이다. 일본어를 통해 인지한 일본인의 정체성 속에서 조선인

21 鶴見俊輔, 「暗黙の前提一束」, 『季刊三千里』 第11号, 三千里社, 1977, pp.96~99.
22 「ソリ(声)の会」, 『季刊三千里』 第8号, 三千里社, 1976, p.187.

을 받아들이고 일본제국주의의 식민자 2세로서 자신에게 들어온 제국주의를 벗겨내야 했기 때문이다. 일본인과 조선인의 충돌 속에서 혼다 야스하루는 '말더듬이'가 되는 것이었다. 즉 이 '실어증'은 일본인으로서 무의식적·무의식적으로 갖게 된 조선인에 대한 차별감정을 지우고 소거하기 때문에 나타난 증상이었던 것이다.

이에 대해 우에노 기요시上野淸士는 본인이 '실어증'을 느끼기는커녕 그런 징후조차 없었던 것에 대해 비판적으로 적었다. 우에노는 그 이유를 진단했는데, 그것은 조선어를 학습하여 일본어라는 언어를 객관화해야 하므로 그것을 느낄 정도의 풍부한 조선어의 어맥語脈을 갖고 있지 않는 것이 이유[23]라고 논했다. 우에노 기요시는 자연어로서 모국어를 통해 자신에게 내적으로 익숙해진 언어와 조선어의 양이 비례하게 되면, 두 언어 사이에서 '혼효'가 발생하고 그 혼효적 상황에서 새로운 개념을 만들어내고자 하는 과정에서 일시적으로 '말더듬이 증후'가 나타나는 것이라고 본 것이다. 그것을 통과하여 조금이라도 조선어가 입에서 발화하게 된다는 것은 내면 속에서 평등이 음성音聲화 된 것으로 진정한 자아의 자유를 찾는 일이었다.[24]

이는 일본어와 조선어의 관계에만 한정된 것은 아니다. 예를 들면 『계간삼천리』에는 '에스페란토어'에 대해 거론하면서 에스페란토어가 가진 세계성에 대해 기술되어 있다. 가령 국제회의를 진행할 경우 영어나 유럽어를 사용하는 것은 '언어 헤게모니'의 차별이라고 보았다. 따라서 언어적 평등 입장에서 대등한 관계에서 논의하기 위한 방법으로서 에스페란트어를 제안한다. 에스페란트어는 하나의 민족어나 하나의

23 上野淸士, 「戰後世代の個人的な認識」, 『季刊三千里』 第13号, 三千里社, 1978, pp.92~97.
24 もののべ・ながおき, 「ぼくの朝鮮語」, 『季刊三千里』 第9号, 三千里社, 1977, pp.14~17.

국민국가의 언어가 아니라는 점에 의의를 두었다. 따라서 식민지지배를 경험한 국가가 탈식민주의를 지향할 수 있는 새로운 통로의 언어라고 보았다. 처음으로 세상을 인식한 모국어를 바탕에 두고 새로운 언어를 배우면서 모국어도 새로 인식하게 됨과 동시에 새로운 언어로 만나는 다른 세계로도 소통할 수 있는[25] 창을 여는 것이라고 보았다.

3. '국정교과서'의 정치성과 초역사성

1) 역사의 확정 그리고 픽션의 탄생

제도와 언어가 국가라는 레토릭도 존재하지만 국가제도의 하나로서 빼놓을 수 없는 것은 '교육'인 동시에 교과서일 것이다. 특히 역사교과서는 언어와 마찬가지로 국민의 내면에 차별감정을 불어넣는 역할을 한다. 『계간삼천리』에서는 그 한 예로서 일본사 교과서에 사용한 단어 중 '귀화인'이 가진 문제점을 지적했다. 『계간삼천리』에서는 '귀화인'이 갖는 차별성을 문제 삼아 이를 특집 대담으로 기획하여 「고대의 일본과 조선: 한일 관계사의 재검토」를 수록했다. 특히 야마토조정大和朝廷의 성립 이전과 성립과정을 논하면서 '귀화인'이 갖는 차별성을 지적했다. 이처럼 '도래인'이라는 용어를 통해 차별의 근거를 소거시킨 것은 김달수의 역할이 컸다. 이것이 『계간삼천리』에 실리게 되면서 독자들에게도 큰 반향을 일으켰다.

그리고 『계간삼천리』에는 다카마쓰즈카高松塚 벽화에 대해 소개했다.

---

25 郭大植, 「在日同胞とエスペラント」, 『季刊三千里』 第17号, 三千里社, 1979, pp.122~124.

그것이 발견된 것은 1972년 3월인데 그 이후 10년이라는 시간 동안에 일본인들의 고대사에 대한 인식이 바뀌었다는 점을 소개한다. 즉 고대 국가의 성립 시기가 6세기 후반으로까지 거슬러 올라가게 되었고, 교과서에는 '귀화인'이 사라지고 '도래인'의 역할이 재검토되는 상황이 생겨났던 것이다. 다카마쓰즈카가 계기가 되어 일본과 중국, 남북조선의 학자에 의한 합동조사가 실시되면서 전후 일본에 나타난 조선상像과 조선근대사에 메스를 가하는 상황이 생겨난 것에 대해 피력했다.[26] 귀화인에서 도래인으로 용어가 바뀌는 것은 관념상 '단어' 교체의 레벨이 아니라, 생활에까지 미치게 하는 실행이라는 점에서 '생명'을 갖는 원동력으로 작용하는 것이라고 논했다. 이 '생명'이 죽어있는 일본사회에 환류되어야 한다고까지 논할 정도였다.[27]

　이처럼 일본 교과서에 나타난 일국사적인 논리를 「교과서 속의 조선」이라는 주제로 다루면서 조선의 역사를 통해 일본사의 인식세계를 변환시키고 있었다.[28] 즉 새로운 교육이 추진되어야 함을 자각하는 계기가 된 것이다.[29] 『계간삼천리』의 편집위원인 사토 노부유키佐藤信行나 이진희 역시 『계간삼천리』에 연재 중인 「교과서 속 조선」의 중요성을 논했다. 그 내용은 일본이 일본사나 세계사 수업에서 다루지 않는 내용들이며 교육에 이런 내용을 소개하여 교육내용 자체를 변화시켜야 한다고 주장하고 있었다.[30] 『계간삼천리』에는 교과서문제에 대해 재일한국·조선인의 입장에서 제안하는 것이었다.

26　李進熙, 「編集を終えて」, 『季刊三千里』第29号, 三千里社, 1982, p.256.
27　大口忠男, 「おんどるばん」, 『季刊三千里』第25号, 三千里社, 1981, pp.254~256.
28　善波義之, 「おんどるばん」, 『季刊三千里』第10号, 三千里社, 1977, pp.254~256.
29　中島錦吾, 「おんどるばん」, 『季刊三千里』第13号, 三千里社, 1978, p.254.
30　佐藤信行, 「おんどるばん」, 『季刊三千里』第13号, 三千里社, 1978, pp.254~256; 李進熙, 「編集を終えて」, 『季刊三千里』第17号, 1979, p.256.

그리고 한 발 더 나아가 일본의 교과서 검정제도와 교과서 집필자의 관점이 갖는 문제점을 제시했다.[31] 그 하나가 전쟁이라는 키워드로 전중戰中을 연속선상으로 보는 방식이다. 쓰루미 슌스케의 『전시기 일본의 정신사戰時期日本の精神史』가 소개되었다. 이 저서에는 각종 전쟁, 즉 중일전쟁 혹은 태평양전쟁을 따로따로 보는 것이 아니라 1931년부터 시작되는 만주사변을 시작으로 태평양전쟁까지를 '15년전쟁'이라고 부를 것을 제안한다. 즉 '만주사변'1931년 9월, '상해사변'1932년 1월, '지나사변'1937년 7월 중일전쟁, 1941년 12월의 태평양전쟁을 하나의 '전쟁사'로 묶어서 보아야 한다고 주장했다.

일본이 역사 속에서 전쟁을 일으키는데, 그것을 돌발적이고 개별적인 것으로 보는 것 자체가 일본인 세계관의 주관적 사관에 치우쳐진 것이라고 비판했다. 다시 말해서 이러한 주관적 사관 내부에서 일본은 전쟁의 역사를 만든 것이며 내부에서 해석하는 '창조된 역사'라는 것을 지적한 것이다.

마찬가지로 이에나가 사부로家永三郎 역시 『태평양전쟁太平洋戰爭』을 집필했다. 이에나가는 이 저서의 서문에 쓰루미 슌스케와 마찬가지로 '태평양전쟁'이 아니라 '15년전쟁'이라고 부르는 것이 맞다고 논했다. 즉 쓰루미 슌스케나 이에나가 사부로가 지적한 것은 전쟁에 대한 해석이 갖는 자의에 대한 비판이었다. 일본 군국주의자들의 자의적 해석에 의해 '대동아공영권'이라는 표현이 나타난 것이고, 이를 '대동아전쟁'이라고 합리화하며 현실에 대입하여 벌인 전쟁이라는 점이다. 이 대동아공영권 논리는 미국과의 전쟁이었다는 점을 강조하게 되고, 미국의 원

---

31 中村守, 「おんどるばん」, 『季刊三千里』 第14号, 三千里社, 1978, p.254.

폭에 의한 피해국이라는 역사관을 제조해내고 있었다.

그렇기 때문에 대외팽창주의로서 '아시아침략'에 대한 인식은 점차 희미해져 '태평양전쟁'이라는 관념 속에서 역사를 보게 되어 '미국과의 전쟁만은 피했어야 했다'라던가, '일본이 어쩔 수 없이 진주만을 공격하도록 유도된 전쟁'이라는 견해가 생겨나는 결과를 초래하게 된다.[32] 이를 극복하기 위해서는 전쟁의 연속성 속에서 보아야 하고 그렇지 않으면 '전쟁 해석의 함정'에 빠지게 된다는 점이었다.[33]

그렇기 때문에 일본 역사교과서에 나타난 용어로서 진출과 침략은 단순하게 표현의 수정으로 마무리되는 것이 아니었다. 메이지기부터 주창된 '탈아입구脫亞入歐' 이데올로기의 노선 아래 아시아를 억압한 잘못된 역사를 반성하고, 그것을 인식적으로 깨닫기 위해 필요한 것이었다.[34] 그것은 곧 일본인 스스로를 인식하게 되는 계기를 만들어주는 것이었다.[35]

구체적으로는 '교과서' 안에 내장된 타민족에 대한 일본 우월주의나 민족주의에 대해 강조한 역사를 되돌아보는 것이었다. 뿐만 아니라 그것들이 가공된 관념이라는 점을 깨닫고 그것을 바탕으로 왜 그 관념을 소거시킬 수 없었는지 그 이유를 묻는 레벨로까지 이어져야 하는 것이었다. 결국 그 관념을 소거시킬 수 없었던 '그것을' 부정하고 소거해야하는데, 일본은 전후에도 스스로가 그것을 정립하지 못하고 자기 절개를 실행하지 못한 것에 대한 응시였다.[36] 이것은 당시 신문이나 잡지에

---

32 栄沢幸二, 『「大東亜共栄圏」の思想』, 講談社, 1995, pp.14~25.
33 鶴見俊輔 姜在彦, 「15年戦争下の日本と朝鮮」, 『季刊三千里』第13号, 1982, pp.28~41.
34 李進熙, 「編集を終えて」, 『季刊三千里』第32号, 三千里社, 1982, p.256.
35 南悦子, 「おんどるばん」, 『季刊三千里』第18号, 三千里社, 1979, pp.254~256.
36 佐藤信行, 「編集を終えて」, 『季刊三千里』第31号, 三千里社, 1982, p.256.

서 전쟁을 긍정하는 풍조가 강해지던 시점이었기 때문에 더더욱 어려운 작업이었다.

그렇지만 『계간삼천리』의 편집위원인 이진희는 쓰루미 슌스케가 '일본인은 세계인이 되는 방법'으로서 제안한 말, 즉 '세계인이 되는 계기는 조선인과 일본인의 관계'를 재고하는 것임을 재음미할 필요가 있다고 보았다. 일본 내에서 일본적 시각에서 일본사를 보는 것이 아니라, '교과서에 표상된 조선'을 의식화하면서 일본인의 내면에 그것을 받아들여야 한다는 것이었다. 그것은 바로 세계인이 되는 일본인의 길이었다.[37]

4. 역사와 국가에 대한 재인식과 '히로시마ヒロシマ'

사실 국정교과서는 전전 수신修身교과서의 연장선상에 놓여 있었다. 국정교과서는 태평양전쟁 개시 직전인 1941년 4월, 소학교가 국민학교로 개칭되었을 때부터 사용되기 시작했다. 그것은 전후 미 점령군의 명령으로 회수된 문제의 교과서였던 것이다. 그렇기 때문에 이 국정교과서를 철저하게 검증하지 않으면 일본 교과서를 근본적으로 개혁할 수 없는 것이다.[38]

교과서의 검증문제는 매우 중대한 사회적 이슈였다. 주변국에서 일본 교과서 문제에 대해 항의가 일어났고 이 교과서가 갖는 문제를 통해 전전에 일본이 실시한 식민지지배의 양상이 드러나는 것이었다. 일본 제국주의지배 아래에서 신음하고 고통을 받은 아시아인들이 그들의 이

---

37 李進熙, 「編集を終えて」, 『季刊三千里』第31号, 三千里社, 1982, p.256.
38 唐木邦雄, 「教科書断想」, 『季刊三千里』第32号, 三千里社, 1982, pp.14~17.

야기를 일본인에게 공개하는 것이 되었기 때문이다. 일본은 제국주의 침략전쟁이나 식민지지배를 문부성의 검정을 통해 은폐해왔지만 이에 대한 분노가 아시아 주변국에 일어난 것이다.

이에 따라 일본 '민간인 레벨'에서 일본 군국주의가 아시아 여러 민족에게 준 상처에 대해 주목하게 되었다. 즉 민간인 레벨에서 교과서와 일본의 지배자들의 관련성이었다. 교과서 검정에 관여한 지배자에 대한 문제점을 자각하게 된 것이다. 검정교과서의 내용에 관여한 것은 국가를 지배하는 지배자 계층이었다. 그리고 이 문제는 그러한 지배자 계층의 잘못된 의식을 용인하고 있는 일본국민은 무엇인가라는 문제로 인식하게 되었다. 일본의 지배자들을 비판함과 동시에 일본 민중 자신들의 의식을 반성하게 된 것이다.[39]

『계간삼천리』에서는 이 문제를 중대하게 다루었다. 즉 '교과서 내용의 결함에 대해 '검정'의 객관성만 내세우며 오히려 검정을 충실하게 잘 해야 한다는 쪽으로 합리화하는 경향이 존재하는데, 더 중요한 집필자의 자세와 집필자의 관점의 문제[40]라고 지적했다. 즉 문제는 '검정교과서 제도'뿐만 아니라 제국주의 침략에 은폐를 시도하는 집필자의 의식이 문제의 대상이라고 지적한 점이다.[41]

그리하여 『계간삼천리』에서 일본 내의 조선인에 대한 관념을 바꾸기 위해 시행한 것은 교과서의 조선상朝鮮像에 대한 소개였다. 국민의식의 형성이 역사교과서와 관련이 깊다는 점에 주목하여 교과서에 나타난 조선의 모습을 다시 일본인에게 소개하고 있었다. 이는 일본인에게 전

---

39 旗田巍, 「教科書問題で考えたこと」, 『季刊三千里』第32号, 三千里社, 1982, pp.17~20.
40 中村守, 「おんどるばん」, 『季刊三千里』第14号, 三千里社, 1978, p.254.
41 旗田巍, 「教科書問題で考えたこと」, 『季刊三千里』第32号, 三千里社, 1982, pp.17~20.

전·전중의 역사교육이 철두철미하게 '우민愚民교육'이었다는 점을 일깨워주는 것으로 연결되었다.

전후 역시 역사교과서 문제에도 나타나듯이 일본의 어린이들에게 동일한 우민교육을 시행하는 것과 다름없는 것이기 때문이다.[42] 가령 예를 들면 1872년 태정관 포고로 시작된 기원절은 역대 천황을 기리는 것이었는데, 이것이 전후 건국기념일로 바뀌면서도 내부에는 지속되고 있었던 것이다.[43] 이러한 논리에서 보면 전전과 전후 일본인은 검정교과서 제도와 그 집필자의 태도에서 전전과 마찬가지인 동형적인 형태를 일본인 스스로 척결하지 못했던 것이다. 전후에도 전전과 마찬가지로 정부 위정자의 역사인식을 '국민의식'으로 강요하는 국가권력의 개입이었던 것이다.

『계간삼천리』에서도 전전의 검정 역사교과서가 가진 문제점에 대해 언급했다. 전전의 역사교과서에는 '국체관념의 확립', '국민사상의 함양'이라는 천황제국가의 과제를 담당하는 '황국의 역사'가 창출되었다. 그리고 그것을 보강해가기 위해 '자율성이 없는 것으로 조선의 병합은 역사적 필연'이라는 왜곡된 조선상을 만들어내는 과정을 설명했다. 조선에 대한 침략이나 지배정책을 도출하기 위한 도구로서의 역사교육이었던 것이다.

예를 들면 문부편수관으로서 국정교과서 편찬에 종사한 기타 사다키치喜田貞吉는 1910년 5월 한일병합 직전에 『국민의 교육国民之教育』이라는 저서를 간행했다. 이는 당시 정부의 위정자 및 역사학자의 역사교육

---

42 姜在彦, 金達寿, 李進熙, 李哲, 「教科書の朝鮮をめぐって」, 『季刊三千里』 第32号, 三千里社 1982, pp.54~66.

43 李進熙, 「編集を終えて」, 『季刊三千里』 第33号, 三千里社, 1983, p.256.

관을 여실히 보여주는 대표적인 저서이다. 기타 사다키치는 이 책에서 야마토민족의 특기는 다른 종족을 동화·융합하는 점에 있다고 기술하고 한일합방론도 행복을 위한 자연적 형편이었다고 논한다. 또한 '신공황후', '왜관', '히데요시의 정한' 등도 빛나는 역사라고 보았다. 역사교육은 이러한 광휘의 국사 형적을 찾아 이를 모방하게 하는 것이라고 피력하고 교수방법론의 획일화를 꾀할 필요성을 설파했다.

기타 사다키치와 같은 역사교육관은 그의 '일선동조론'이라는 조선관과 표리일체를 이루는 것으로 볼 수 있다. 또한 기타 사다키치에 의하면 국정교과서는 교재의 취사선택을 잘해야 하며 교육상 유익하지 않은 것 혹은 폐해를 발생시킬 수 있는 것을 삭제하여 게재해서는 안 된다고 논했다. 즉 이는 국정교과서가 얼마나 세심하고 주도면밀하게 주의를 기울여 편찬했는지를 잘 알 수 있는 대목이다.

여기서 주목해야만 하는 것은 기타 사다키치의 이러한 발언으로부터 72년이 지난 전후 일본에서는 교과서검정에 종사하는 관료나 교과서 검정 심의회의 역사학자들이 이와 동일한 발언을 하고 있는 점이다. 특히 전전의 역사교과서에는 현재의 역사교과서가 그려내는 조선상의 '원형'이 잠재되어 있는 점이다. 전후 일본에서는 그것이 불식된 것이 아니라 전전의 조선상이 중첩되고 있었다.[44] 여기서 역사교과서라는 것은 정치교과서라는 말과 동일한 것임을 확인할 수 있다. 즉 오히려 교육의 장이 교육을 해치고 있는 것이다. 일본이 식민지지배 조선에 대해 국가 검정교과서로 교육을 실시한 것은 '인식의 지배'라는 측면에서 폭력이었다고 한다면, 전후 일본에서 일본인에게 이를 다시 활용한 것

---

44 鐘声の会, 「戦前の歴史教科書にみる朝鮮像」, 『季刊三千里』 第32号, 三千里社, 1982, pp.96~103.

은 '인식의 자유를 억압하는 의미에서 동일한 폭력'인 것이다.

따라서 이러한 검정교과서와 집필자의 의도가 주입되는 역사교과서라는 것을 감안해보면 다시 '국가란 무엇인가'라는 물음으로 연결된다. 일본은 역사교육의 논리 속에서 일본민족의 우월성과 민족주의를 의심 없이 발효시켰고 일본 제국주의를 긍정하고 자연화했던 것이다. 근대국가 이후 주입된 국가주의로부터 일본은 자유스러울 수가 없었던 것이다. 그것은 교육에 의해 붙여진 일본이라는 국가주의였고 민족의 이름이었던 것이다. 이에 대해 의심없는 일본인을 만들어내고, 그것과 일체화하고 친숙하게 하여 무의식적 · 의식적으로 심어준 것이 교육이고 교과서의 내용이었다.

이러한 점을 바로 일본 내부의 재일한국 · 조선인이 되묻고 있었던 것이다. 국가와 민족의 개념, 그리고 개인의 주체를 그것들로부터 분리해내는 방식을 찾는 것이었다. 그것을 재일한국 · 조선인만의 문제 또는 일본인만의 문제가 아니라 함께 길을 걸어가는 방법을 강구하려는 것이었다.[45] 여기서 문제의 구조를 보는 시점도 또한 각도를 달리하여 '동아시아'라는 시점, 즉 다른 곳에서 역사를 객관화하려는 시도를 통해 진실을 직시할 필요성이 강조된다.[46] 히로시마의 원폭피해자 중에는 일본인만 있는 것이 아니었다. 재일한국 · 조선인뿐만 아니라 한국인도 존재했다. 하나의 피해지역으로서 '히로시마広島'가 아니라 가타카나로 적는 '히로시마ヒロシマ'를 하나의 보편성으로 연결하는 시점을 가질 것을 제안했다. 즉, "'히로시마ヒロシマ'인가 '히로시마広島'의 문제이다. (…중

45　水澤耶奈, 「古代との重なりの中で」, 『季刊三千里』 第14号, 三千里社, 1978, pp.17~20.

46　和歌森太郎, 金達寿, 「日韓関係史の見直し」, 『季刊三千里』 第7号, 三千里社, 1976, pp.21~33.

략…) 우리들은 이미 빠져버린 함정이라고 해야 할 '히로시마ㄴㅁシマ'는 국제평화도시 반핵 이미지의 장소인 히로시마ㄴㅁシマ이다. (…중략…) '히로시마廣島'야말로 재한피폭피해자 2만 명의 존재를 잘라버릴 수 없는 국제연대의 기점이 아니었을까.[47]

　마사키 미네오는 단순하게 하나의 지명으로서 히로시마가 아니라, 일본인과 조선인의 구별이 없는 원폭 피해자의 입장이 존재하는 히로시마를 통해 보편의 문제로 치환하고자 했던 것이다. 일본의 전후 교과서문제와 마찬가지로 히로시마 문제는 폐색을 만들어내는 형국이며 전후 일본의 '히로시마ㄴㅁシマ'는 '유일한 피폭 국민'만 보이는 '히로시마広島'만을 기억하는 것에 대한 비판이었다.

　역사는 지나간 과거로서 객관적으로 다시 생각해볼 때 필요한 것은 주체성이라는 점이다. 주체성을 찾는 것은 예를 들면 전쟁에 출병하는 측의 일방적인 논리로서 역사를 쓰거나 혹은 침략당한 측의 피해자의 눈으로 역사를 쓰면, 실체로서 존재하는 역사 그 자체가 분열된 결과로 역사상은 정립할 수 없다는 점이다. 따라서 그것을 객관화하기 위한 방법은 자신의 내재적으로 존재하는 인식을 타지역에서 다시 바라보는 태도를 갖는 것이었다.[48]

47　正木峯夫, 「『広島』と教科書問題の底」, 『季刊三千里』第32号, 三千里社, 1982, pp.139~140.

48　高良倉吉, 「琉球からみた朝鮮・中国」, 『季刊三千里』第33号, 三千里社, 1983, pp.44~51.

5. 히로시마ヒロシマ로 보는 국가주의와 탈국가주의 가능성

이상으로 본 논고에서는 국민국가의 문제로서 언어와 검정교과서를 다루어보았다. 하나의 언어로 통합하는 논리이든 다언어주의를 강조하든 그것은 언어를 통한 국민만들기의 논리를 갖고 있어서 국민국가의 비판으로 한계가 있다는 점을 인지했다. 오히려 언어 자체의 속성과 검정교과서가 갖는 자체에 초점을 맞추어 언어와 교과서에서 찾을 수 있는 탈국가의 가능성을 고민해보았다.

이를 위해 먼저 '언어의 이중성'에 대해 살펴보았다. 언어의 이중성이란 언어가 인간의 인식을 만들기도 하지만 반대로 의식에 자유를 찾기 위한 출구가 된다는 점에 주목했다. 언어가 가진 인식의 구속과 해방의 딜레마 문제였다. 언어는 역사적·사회적 조건 속에서 개인의 인식이 형성되고 또한 타인의 세계와 만나게 된다. 그렇지만 문제가 되는 것은 국가권력에 의해 주입되는 언어이데올로기였다. 그것을 극명하게 보여준 것이 식민지지배의 '일선동조론'이다. 이는 조선어와 일본어의 유사성을 통해 추출한 이데올로기였고 지배의 정당화 논리였다. 즉 일본어를 통해 만들어진 세계관이었다.

그러나 전후에도 일본인은 일본어와 일본인의 세계관에 의문이 생기지 않는 것을 비판적으로 다루었다. 즉 '일본인=일본어'라는 암묵의 전제를 인지하지 못하는 것에 대한 문제였다. 일본인이 일본어, 일본국가에 대해 의심하지 않으면 조선어=조선인=조선도 하나로 인지되어 타자도 하나로 묶어서 표상해버리게 된다. 그런데 거기에는 '배제'와 '동화'가 작동하고 있는 것이다. 이것은 언어에 의해 만들어진 의식이 순치에서 나타나는 현상인 것이다. 따라서 이를 극복하는 방법으로서 서양어와 아시아어를 함께 보면서 세계관을 새로 만드는 방법도 제안되었다. 물론 그것은 동양과 서양에 대한 인식론의 접합이라는 의미에서 중요하지만, 일본은 아시아의 언어 중 조선어를 이해해야 하는 이유가 있었다. 그것은 식민지배의 역사와도 관련되는 것이며 전후 일본에 정주하는 재일한국·조선인이 존재하기 때문이다.

흥미로운 것은 『계간삼천리』에서 논하는 조선어는 이러한 이유뿐만이 아니었다. 의식의 각성이라는 '보편성' 문제로 연결시킨다. 일본인으로서 조선어를 배우는 의미 중 하나는 일본어로 인지하지 못하는 조선인의 세계를 이해할 수 있게 되었다는 점이다. 그리고 다른 하나는 다시 일본어의 세계를 재인지하게 된다는 점이다. 이는 언어로 구속된 자아가 언어를 통해 다시 '자아의 해방'이 찾아질 수 있다는 논리이다. 언어에 의해 형성된 민족과 국가의 의미를 뛰어넘기 위한 방법으로서 에스페란토어 등도 동원된다. 이는 재일한국·조선인 자신들에게도 해당되는 내용이었다.

그리고 국가제도의 하나로서 일본의 검정교과서 문제를 다루었다. 『계간삼천리』에 소개된 것은 김달수에 의해 주창된 '도래인'의 문제였다. 즉 호칭을 통해 차별을 소거하고자 했다. 그것은 역사교과서에 기술되지 못한 역사기술을 통해 일본 내의 조선상에 대한 인식을 바꾸는 역할을 담당했다. 그리고 쓰루미 슌스케 등의 주장처럼 만주사변부터 태평양전쟁을 일관적으로 보아야 일본의 '대외팽창주의'가 보이게 된다는 점이다. 역사교과서에 담아야 할 내용 그것은 일본이 전후 전쟁의 정당화를 비판적으로 볼 수 있는 역사관의 형성이었다.

『계간삼천리』에는 특히 전전의 기타 사다키치로 대표되는 식민지지배 검정교과서에 의해 일본인의 국민의식을 주조한 경위를 다루었다.

전전에 만들어낸 검정교과서는 아시아에 대한 침략, 일본의 지배정책을 수행하기 위한 도구였던 것이다. 그것은 전후에도 지속되는 검정제도나 역사교과서가 갖는 일국주의적 '사관史觀'이 갖는 한계성을 비판적으로 보여주었다. 이는 언어와 교육의 문제로서 국가란 무엇인가를 새로 묻는 작업으로 이어진다. 그것은 '히로시마広島'가 원폭 피해의 입장을 강조하는 역사가 아니라, 조선인이나 외국인 피폭자도 존재한다는 인식론을 갖게 하는 '히로시마ヒロシマ'로서 역사적 새 지평으로 연결해야 한다는 점에서 만나고 있는 것이다.

제8장

동정이라는 비정치성의 정치학,
세계성이라는 대칭의 비대칭성

---

1. 'Sympathy'의 수용과 타자의 소거

본장에서는 메이지기明治期 일본에서 동정개념을 수용하는 과정에서 각축전을 벌인 야마지 아이잔山路愛山과 이노우에 데쓰지로井上哲次郎를 비교하여 그 특징과 감성의 억압적 측면을 규명하고자 한다.

특히 본장에서는 동정을 단순히 감정적, 감성영역 혹은 심리적 기제로만 다루는 것이 아니라, 지知의 단계로서 도덕 개념으로 규율화하여 개인적 차이성을 존중하는 쪽이 아니라 차이를 어떻게 봉합해내는지를 살펴보기 위한 행위적 '텀term'으로 삼고자 한다. 이는 감정사로서 역사성에 주목하면서 최근 유행하는 감성이나 정동개념이 '과학적/비과학적' 틀을 넘는 동시에 심리공간을 의미하면서 체제나 신체성을 상대화하는 '사상'의 세계로 다루려는 시도와도 연결된다.[1] 역사적으로 볼 때

---

1   バーバラ・H. ローゼンワイン, リッカルド・クリスティアーニ著, 伊東剛史訳, 『感情史とは何か』, 岩波書店, 2021, pp.13~39.

일본에서 동정개념은 서양의 'Sympathy'를 수용하면서 새롭게 형성한 감정 인식론 중 하나이다. 특히 여기서 주목해야 되는 것은 서양에서 동정개념의 흐름을 계승한 쇼펜하우어와 니체 등을 의식하면서도 일본 상황에 맞게 동정개념을 가공하여 국가 협동체를 위한 '학지學知로 활용한다는 점이다.

　서구의 동정개념은 '자타인식'에 대한 이해 가능성과 불가능성에 관한 문제였는데 그것은 현상과 실재의 차이에 대해 내재적인 것과 외재적인 것의 '차이성과 합일성'의 연속선상에서 논의되었다. 이는 곧 타자 혹은 현상, 외재적인 것을 어떻게 '내가' 주체적으로 의식할 수 있는가라는 물음이었다. 다시 말해서 이는 곧 선과 악, 행복과 불행 등 인간의 감성세계를 이해하는 물음이기도 했다. 즉 그것은 타인을 이해한다거나 타인의 아픔을 함께 할 수 있다는 일종의 감정이입의 '가능성/불가능성'의 문제이기도 했다.

　물론 일본 내에서 인식되는 감정표현의 하나로서 '동정'은 '타인의 고통을 타자의 입장에서 이해하는 것'이라고 사전적 의미를 형성하게 되는데, 이 사전적 개념으로 일반화되는 과정에서 '자타의 거리두기'가 소거되고 '자타의 합일'로서 구조화되었던 것이다. '동정'개념은 메이지 초기에는 불행이나 아픔뿐만 아니라 기쁨의 공유에 대해서도 언급되었지만, 후자 쪽이 일체 언급되지 않는 점도 그 특징 중 하나이다. 이것은 메이지기 타자의 실재성을 어떻게 볼 것인가에 대한 논쟁을 벌이는 과정에서 소거되고 일원화되어 버린 것이다.

　동시에 동정논리 속에 자기 자신의 이기심과 사랑이 동거하는 이율배반적인 세계로서 그 속에 자기 자신의 이기심이 투영되었다는 부분이 삭제된 것을 인지하지 못하도록 만든 것이다. 언뜻 보기에는 타자에 대한 동정이 '사랑'과 '자비'라는 인정적人情的인 것처럼 비춰지지만, 실은 자기 자신의 심리 속에서 계발되는 감정으로 이기심과 이타심의 이중성이 현현된 것이다. 그것은 타자의 고통을 함께 나누는 '사랑, 자비, 인정'을 내장한 선善의 세계로서 행복한 세상을 가져다주는 것으로 여기는 사회적 감정공동체의 도덕으로 승화되어 '일원적 해석'이 일반화되어 버린 것이다.

즉 '타자 이해'의 인과율로 고정적이며 이성적인 지식으로 범주화되고, 국가와 국민 '사이'에 없어서는 안 되는 '행복'의 세계를 만드는 연결고리가 되었다. 즉 동정을 통해 타자이해가 가능하다고 믿게 되고, 그것이 도덕적 심정으로 발전하면서 가족과 국가 그리고 세계적 동정 공동체로서 인간의 개성과 자유 감정을 수탈하는 과정이었다.

이러한 문제의식을 바탕으로 본장에서는 일본에서 야마지 아이잔과 이노우에 데쓰지로가 동정개념을 어떻게 받아들이는지, 어떤 방식으로 감정공동체로서 동정을 국민과 국가를 쇠사슬화鎖化하는지를 검토해보기로 한다. 야마지 아이잔은 자신 스스로가 '아픔을 가진 자＝패배자'라는 입장을 전제로 한 반면, 이노우에 데쓰지로는 국가 이론 체계를 만들어야 하는 '아픔을 모르는 자＝승리자'의 입장을 전제로 했다. 이처럼 정반대의 입장에서 출발했지만, 야마지 아이잔과 이노우에 데쓰지로는 '동정'이 자타의 경계를 넘는 완전한 일체성을 느낄 수 있다고 간주하는 점에서는 공통점이 존재했다.

결과적으로 어프로치는 달랐지만, 동정개념을 통해 나와 가족 그리고 이웃 더 나아가 국가로 동심원처럼 확대되어 국가는 곧 천황과 일체적인 것으로 간주하여 '일본의 국체＝일시동인一視同仁'이라는 동정공동체를 완성해낼 수 있었다. '동정'은 근대 이후에 만들어진 개념으로서 고대 일본의 전통에서 찾는 가족국가론의 원형이 되었고 규범적 학지로 활용되는 근원적 '감성'이 되었다.

다시 말해서 야마지 아이잔과 이노우에 데쓰지로는 '동정'개념을 인간의 본능과 개인적 특성이 아니라, 타자이해라는 공고共苦를 통해 '도덕적 심율心律'을 강요하고 가족 국가주의=천황 국가주의를 이상화하는 데 활용했다. 결과적으로 '동정'개념은 자타의 자유적 차이를 가진 개별의식을 억압하고 규제하는 기제로 작동되게 된 것이다. 야마지 아이잔과 이노우에 데쓰지로의 논리는 개인의 감성적 차이나 개성을 존중하는 자율의 세계를 만들어야 할 공감 혹은 공고共苦라는 개념을 역으로 정치화하여 감정을 지배하는 '동정공동체=천황 가족국가'라는 사회적 관습을 만들어냈던 것이다. 이러한 감정공동체, 즉 동정공동체로서 천황 국가주의를 만들어내는데 커다란 역할을 한 이론가가 바로 야마지 아이잔과 이노우에 데쓰지로였다.

그럼에도 불구하고 야마지 아이잔과 이노우에 데쓰지로는 동정의 성질에 대해서는 입장이 달랐다. 야마지 아이잔은 동정개념을 '나와 타자의 관계'로 생각하기 위해 필요한 개념의 하나로서 자타의 '사이' 문제로 인식했다. 그와 반대로 이노우에 데쓰지로는 동정개념을 나와 타자를 구분하는 개념이라는 용어로 이해하면서 자타를 넘어서기 위해 활용되어야 하는 것으로서 그 방법은 동정개념을 만들어내는 배경을 중시했다. 특히 그것을 통해 자타의 이분법적 차이를 넘어 자타합일의 경지를 만들어 낼 수 있다고 보는 입장이었다.

이러한 인식적 차이를 바탕으로 야마지 아이잔은 종교개념을 '종교란 이러이러한 한 것'이라고 정의하는 것이 아니라, 종교를 상대화하면서 자기를 상대화하는 '매개'물로 간주했다. 그렇기 때문에 기독교나 사회주의, 영웅, 역사도 마찬가지로 사회를 상대화하고 자타의 세계를 객관화하기 위한 '재료'로 간주하고 있었다. 그러나 이노우에 데쓰지로는 종교란 세계적으로 몇 가지가 존재하는데 이는 기독교, 불교, 유교 등을 가리키는 것이며 그 내적 공통점으로 성권聖權을 배경으로 한 것이라고 보고 서양이나 동양의 공통성을 제시하며 이들 종교를 '종교'로 하여 이들을 합일하는 종교로서 '신도'를 주장했다. 또한 야마지 아이잔과 이노우에 데쓰지로가 사용한 방법론에는 차이가 있지만, 동정개념을 확립시켜 가족공동체의 중대성을 고학에서 찾고 있으며 다시 국가를 위해 개인의 희생을 합리화하는 '동정공동체'의 절대성을 주창한다는 점에서 공통점을 발견할 수 있다. 그리하여 일시동인의 천황＝국가주의는 이상주의적 상징으로 제도의 문턱을 넘는 새로운 '세계성'으로서 '국체 이데올로기'로 활용되어 일본의 정신을 지배하는 이론을 완성하게 된다. 결과적으로 '동정, 종교, 국가, 국체'는 개인을 통제하고 자아의 감성적 주체를 일원화하고 개인적 감성이나 자율성을 소거시킨 것이었다. 그것은 일본인들이 서구의 동정이론을 넘어 선인善人들의 집단이고 가족공동체를 넘어 동정공동체를 실현하는 천황의 선민善民이었음을 창출해냈고 일반화 했던것이다.

이처럼 메이지기에 형성된 동정개념의 변형적 생성과정에서 일본 내부의 이념으로 자리 잡게 되었다. 더 나아가 시대적 패러다임의 경지에 이르게 되어 이른바 '동정공동체＝국가주의＝세계주의 철학＝천황론천황제도가아님'으로 확장하는 데 아무런 의심을 갖지 못하게 만들었던 것이다. 그런 의미에서 상징천황의 국가주의를 창출하는 근간을 이룬 동정개념과 그것이 바탕이 되어 확장된 동정도덕론을 내세운 야마지 아이잔과 이노우에 데쓰지로에 대해 재검토하는 작업은 '일본의 근대와 국민국가

=천황주의'의 근거를 규명하는데 매우 유의미하다고 여겨진다.

2. '동정공동체'의 기원과 전이

기존 선행연구들은 주로 야마지 아이잔과 이노우에 데쓰지로가 기독교나 종교에 대해 서로 상반된 견해를 갖고 있다는 점에 착목하여 그 논쟁사를 정리하는 데 집중하고 있다. 이러한 계통의 선행연구 중 대표적인 것은 야마지 아이잔과 이노우에 데쓰지로의 교육과 종교의 상충/비상충의 입장에서 빚어진 충돌이 갖는 의미를 분석한 연구들이다. 먼저 그 맥락을 살펴보자면, 이노우에 데쓰지로는 서구의 기독교가 일본의 교육과는 맞지 않는다는 입장에서 '일본주의적 국가주의'를 주장한 반면, 야마지 아이잔은 기독교가 일본의 천황 교육에 모순되지 않는다고 보는 입장에서 '서구 입장적 국가주의'를 주장[2]했다는 차이성에 대한 규명이다.

마찬가지로 이토 유시伊藤雄志는 야마지 아이잔과 이노우에 데쓰지로의 대립에 대해 '단일민족설=이노우에 데쓰지로', '복합민족설=야마지 아이잔'의 차이점 그리고 이노우에 데쓰지로는 일본 고유 사상의 중요성을 강조하는 입장으로 외래사상이 들어왔음에도 일본인이 고유의

---

2   坂本多加雄, 『山路愛山』, 吉川弘文館, 1988, pp.63~68. 야마지 아이잔은 (우치무라 간조의 비난에 대한 반론을 전개) 기독교도가 애국심 혹은 존황심이 결여되어 있다는 논리에 대한 반론을 전개하는 입장이다. 이노우에 데쓰지로가 1893년 「교육과 종교의 충돌」이라는 제목으로 논문을 발표했는데, 우치무라 간조를 비롯한 기독교도의 비(非)국가주의로 간주하는 논조를 전개함으로써 기독교와 애국심 문제가 점화되었다. 야마지 아이잔은 「이노우에 데쓰지로 씨에게 준다(井上哲二(次)郎氏に与ふ)」라는 글을 발표하여 이노우에 데쓰지로를 비판했다.

사상을 발전시킨 것은 의심의 여지가 없다고 보았다. 또한 이노우에 데 쓰지로는 국민도덕의 대표로서 무사도를 제시한 반면, 야마지 아이잔 은 보편적 입장에서 이러한 무사도 정신은 다른 지역에서도 볼 수 있으 며 시대에 따라 무사도 자체는 변화해왔던 것이라는 입장을 취하면서 대립한 점을 규명했다.[3] 또한 이토 유시는 국민도덕 '교육'에 대한 입장 차이를 제시했다.[4]

혼다 다카오와 이토 유시는 야마지 아이잔과 이노우에 데쓰지로가 문명개화라는 시대적 흐름 속에서 함몰된 것이 아니라, 일본의 새로운 정신성을 모색했다는 공통점과, 기독교의 수용과 교육에 대한 입장의 차이점을 규명해냈다. 특히 그 시각적 차이성과 세계적 흐름 속에서 이 노우에 데쓰지로는 일본 전통을 중시하며 일본의 개별성에 초점을 맞 춘 반면, 야마지 아이잔은 인간의 정신세계 측면에서 보편성을 강조하 며 일본적인 것을 상정한 입장 차이를 제시했다. 그럼에도 이노우에 데 쓰지로와 야마지 아이잔을 국가·민간 내셔널리스트[5]라고 논했다. 그 리고 오카 요시로岡利郎는 이노우에 데쓰지로와 야마지 아이잔이 주장 한 '가족국가론'의 내용을 검토하여 야마지 아이잔은 사회유기체적 가

---

3 伊藤雄志, 『ナショナリズムと歴史論争―山路愛山とその時代』, 風間書房, 2005, pp.31·155~161·280~282; 伊藤雄志, 「山路愛山と井上哲次郎の『記紀』神道研究― 天照大神信仰をめぐって」, 『日本思想史』7, 日本思想史研究会, 2008, pp.1~17.

4 伊藤雄志, 『山路愛山とその同時代人たち:忘れられた日本·沖縄』, 丸善プラネット, 2015, pp.24~28.

5 伊藤雄志, 「精神主義の覚醒とく日本への回帰〉―山路愛山と井上哲次郎」, 『日本思想史 学』第25号, 日本思想史学会, 1993, pp.91~102. 伊藤雄志, 『ナショナリズムと歴史論 争―山路愛山とその時代』, 風間書房, 2005, p.11. 교육방식에 대해 이노우에 데쓰지로 와 야마지 아이잔의 입장은 전혀 반대였다. 물론 야마지 아이잔이 주장하는 것은 충군애국 의 교육을 해서는 안 되는 것이 아니라 자연적으로 정신세계에 스며들게 하는 방식을 주장 한다. 이러한 의미에서 캐롤 글럭(Carol Gluck)은 이노우에 데쓰지로와 야마지 아이잔을 내셔널리스트라고 평가한다.

족국가론인 반면, 이노우에 데쓰지로는 제도로서 가족국가론인 점에서 차이성을 갖는다고 평가했다. 즉 야마지 아이잔은 사회의 일원으로서 개인을 존중하며 개인의 자립을 강조하면서 국가의 일체화를 강조한 반면, 이노우에 데쓰지로는 개인을 국가의 예속물로 간주하여 국가가 계몽해야 할 대상으로 다룬다는 점에서 다르다고 분석했다.[6]

이처럼 지금까지 야마지 아이잔과 이노우에 데쓰지로를 비교한 선행연구들은 기독교와 교육에 대한 입장 차이 그리고 국가와 개인의 관계 설정에 대한 차이, 일본주의와 국가주의에 대한 견해를 분석하는 데 그치고 있다.

물론 '기독교'와 '국가주의' 그 자체가 갖는 내용 설명을 통해 어떤 점에서 서로 대비되어 논쟁을 전개했는지를 밝히는 작업도 매우 중요하다. 그렇지만 야마지 아이잔과 이노우에 데쓰지로가 어떤 사상적 입장에서 어떻게 기독교나 국가를 '상정'하게 되었는지 그 인식론적 배경을 규명하는 일이 우선되어야만 그 사상이 갖는 한계성과 가능성을 깊게 이해할 수 있을 것이다. 따라서 본장에서는 이러한 선행연구를 존중하면서도 야마지 아이잔과 이노우에 데쓰지로의 논쟁 그 자체에 초점을 맞추기보다는 야마지 아이잔과 이노우에 데쓰지로가 전개한 인식론적 논리의 기원이 된 '동정' 개념에 대한 이해와 그것을 기반으로 생성

---

6 岡利郎, 「山路愛山研究序說-「惑溺」と「凝固」(1), 『北大法学論集』第25卷 第4号, 北海道大学法学部, 1975, pp.333~363; 岡利郎, 「山路愛山研究序說-「惑溺」と「凝固」」(2), 『北大法学論集』第26卷 第1号, 北海道大学法学部, 1975, pp.37~59; 岡利郎, 「山路愛山研究序說-「惑溺」と「凝固」」(3), 『北大法学論集』第26卷 第3号, 北海道大学法学部, 1976, pp.395~434; 岡利郎, 「山路愛山研究序說-「惑溺」と「凝固」」(4完), 『北大法学論集』第26卷 第4号, 北海道大学法学部, 1976, pp.691~720; 岡利郎, 「明治日本の「社会帝国主義」-山路愛山の国家像」, 『日本政治學會年報政治學』33, 日本政治学会, 1982, pp.107~127.

된 타자 이해방식, 도덕의 내용, 국가 및 천황에 대한 전이과정에 초점을 맞추고자 한다. 특히 당시 서구의 철학세계에서 전개되고 있던 철학, 윤리 등의 개념을 수용하는 과정에서 동정에 대한 관심과 이해방식에 대한 문제부터 검토하기로 하자.[7]

3. 'Sympathy'와 '동정同情'의 의미화

일본의 동정개념이 초기에 어떻게 정의되어 사용되었는가를 파악하기 위해서는 이노우에 데쓰지로가 중심이 되어 간행한『철학자휘哲学字彙』를 먼저 살펴볼 필요가 있다.『철학자휘』에는 1888년에 간행된 것으로 여기에는 'Sympathy-동정同情'이라고 소개하고 있다.[8] 그리고 그 개정판인 1912년에 간행된『철학자휘』에는 'Sympathy-동정-교감交感'이라며 '교감'을 추가하고 있다.[9] 타자와 함께 슬퍼하고 함께 기뻐하는 동정은 교감이 이루어지는 것으로 그 교감은 다시 언어적 실천과 맞물리게 된다. 즉 동정은 교감을 통해 도달해야 할 이상·이념으로 설정하게 된다. 바로 이 '동정-교감' 논리는 서양의 도덕철학에서 중요한 키워드인 'sympathy'의 수용과정에서 형성된 것이다. 1887년부터 1907년까지 일본적 동정개념의 고유적 특징이 재편되고 있었다. 말하자면 'sympathy'가 동정 혹은 동감이라고 번역되어 학문의 영역을 횡단하는

---

7   예를 들면 히라타 토시히로(平田俊博)의 글은 '철학'이라는 개념의 수용에 대해 논하며
    『철학자휘』에서 윤리 등의 말로 연결되는 양상을 설명한다. 히라타 토시히로,「칸트철학
    과 일본의 교육 목적」,『서양철학의 수용과 변용』, 경인문화사, 2012, pp.149~160.
8   井上哲次郎,『哲学字彙』, 東洋館, 1884, p.123; 和田垣謙三編,『哲学字彙』, 東京大学
    三学部, 1881, p.89.
9   井上哲次郎他,『哲学字彙』, 丸善, 1912, p.154.

하나의 담론 술어述語가 되었고[10] 일본 내부에서 변용 생성되고 있었다.

특히 1884년과 1912년 사이에 변화가 있었는데 이때 'Sympathy'를 동정과 교감, 동감이라는 '감정'으로 다루어지게 되었음을 알 수 있다. 그 과정에서 배경으로 작용한 논리에 '실재와 현상'의 해석 문제가 병행되고 있었다. 즉 현상을 인식하는 '현실'이란 '인식의 세계와 실재 세계'로 나누어지며 이를 객관적으로 파악하는 방법을 찾고 있었다. 이때 서구어의 'reality'가 '실체, 진여眞如'[11]라고 표기되었고, 진여라고 설명한 부분은 매우 독특했는데 그 이후에는 'reality'를 진실眞實, 실체, 체성體性, 실유實有라고 설명하고 있다.[12]

다시 말해서 1884년과 1912년 사이에 동정개념이 확정되었는데, 예를 들면 그 배경을 설명하기 위해 동원된 실재를 의미하는 진여, 실유라는 불교적 개념으로 설명되었고 개체적인 것들이 가미되면서 생성되고 있었다. 메이지 초기에는 개념적으로 정리가 안 된 미정未定 상태에서 불교적 세계관까지 부가되면서 '의미'가 고정화되었고, 그것을 하나의 일률적인 의미로 사용하면서 재생산되었던 것임을 알 수 있다.

그런데 일반적으로 현대 일본에서 개념화된 '동정'을 살펴보면 일본 내에서 가장 일반적인 사전인 『고지엔広辞苑』에서 동정은 "타인의 감정 특히 고뇌·불행 등을 그 사람의 입장이 되어 함께 느끼는 것, 자선사업의 진보를 바라는 '자선은 혜여惠與만을 의미하지 않는다. 동정을 통해 진면목'을 이룬다"[13]고 설명하고 있다. 다른 사전을 함께 살펴봐도

---

10 木戸浦豊和, 「夏目漱石·島村抱月·大西祝における「同情」の文学論－一八世紀西洋道徳哲学の〈sympathy〉を視座として」, 『日本近代文学』96, 日本近代文学会, 2017, pp.33~34.

11 井上哲次郎, 『哲学字彙』, 東洋館, 1884, p.76.

12 上哲次郎他, 『哲学字彙』, 丸善, 1912, p.154.

13 新村出, 『広辞苑』, 岩波書店, 2008, p.1976. 山田忠雄他, 『新明解国語辞典』, 三省堂,

이와 대동소이한데, 문제는 상대방의 고통·고민에 대해 '상대방의 입장에 설 수 있음'을 의심없이 제시하고, 그것을 상정하고 있다는 점에서 메이지기와 다르지 않다는 점이다.

특히 중요한 것은 이처럼 일본 메이지기에 서구에서 수용된 동정개념을 일본 내에서 '일본적인 용어'들이 가미되면서 세계관을 형성한 것이 현재까지도 이어지고 있다는 점이다. 시대적 상황에 의한 해석으로 자리매김한 동정 개념이 확정된 배경에 대해 의심을 하거나 자아와 타자의 경계를 초월한 인위적 감정공간이 창출된 것임을 의식하지 못한 채 신화화하게 되었다. 그것은 감정공동체의 균질성을 만들어내고 감정의 일부로서 개인의 주체적 영역을 넘어 국가나 지식 체계로 정당화하는 인공성이 존재했다는 점을 간과함으로써 일본 내 감정공동체라는 국가주의를 완성해가는 프로세스를 의식하지 못하게 만든 것이었음을 역설적으로 보여주고 있다.

그 기원을 메이지기로 거슬러 올라 가보면 일본에서 '동정同情, Sympathy'이라는 개념은 하나의 유행담론이 되었다.[14] 이 시기 민우사民友社에서 근무한 야마지 아이잔도 동정이라는 용어를 작품 속에 사용하고 있었다. 그 대표적인 것으로서 「인생」1893과 「메이카쓰미카命耶罪耶」1895라는 글인데 이 글은 『국민신문国民新聞』에 연재되었다. 특히 야마지 아이잔은 여기서 이노우에 데쓰지로를 일본철학, 교육부문에서 대표적 지식인으로 간주

2005, p.1048. 동정이란 인간의 마음, 신상에서 특히 고통을 남의 일이 아니라고 느끼는 것. sympathy. 동정심, 동정을 사다 등. 梅原忠男·金田一春彦他, 『日本語大辞典』, 講談社, 1991, p.1375.

14 특히 히라타 히사시(平田久)의 『토머스 칼라일(Thomas Carlyle)』, 다케고에 요사부로(竹越与三郎)의 『토머스 매콜리(Thomas Babington Macaulay)』가 간행되면서 동정이라는 말이 사람에게 사용되면서 일반화되었다. 이 작품은 공통적으로 『국민신문(国民新聞)』과 민우사(民友社)에서 발간되었다.

하고, 이노우에 데쓰지로가 아르투어 쇼펜하우어Arthur Schopenhauer와 니콜라이 하르트만Nicolai Hartmann을 소개하며 일본 사상계에 대성질호大聲疾呼하며 일본에 소개한 것을 찬미했다.

야마지 아이잔을 포함해 후대의 평가에서도 나타나듯이 이노우에 데쓰지로는 당시 독일 사상가들을 일본에 소개하며 새로운 '도덕'개념을 창출해내는 데 대표적인 역할을 완수한 인물이었다. 그 과정에서 이노우에 데쓰지로는 서구의 이론을 기계적 혹은 물질적으로 추종하는 것만이 아니라 그것을 수용하면서도 새롭게 자신의 철학 이론으로 파지把持하는 데 활용한 점에서 평가받았는데, 바로 이 부분을 평가한 것이 야마지 아이잔이었다.[15] 이처럼 일본에서 서구의 'Sympathy'가 동정개념으로서 사전적 의미를 생성해가고 전후에 이르기까지 연속선상에서 동정개념을 활용했는데, 메이지기에 야마지 아이잔과 이노우에 데쓰지로가 그 중심적인 역할을 했다.

따라서 앞서 언급한 것처럼 서구 철학의 흐름을 수용하는 방식과, 1884년과 1912년 사이에 동정 개념에 대해 민감하게 반응하며 글들을 집필한 야마지 아이잔과 이오누에 데쓰지로의 논고를 검토하면서 동정 공동체의 패러다임이 어떻게 구축되는지를 살펴보는 작업은 매우 중요한 작업이 될 것이다.

이는 일본에서의 동정개념의 변용사를 살펴보는 것이기도 하면서 'Sympathy'가 어떻게 개념화, 규범화되고 동정 국가주의의 논리를 생성했는지에 대한 프로세스가 규명되는 것이기 때문이다. 특히 그 논리가 '감정공동체-국민국가'를 만들어내는데 감정의 지배가 어떠한 방식

---

15 山路愛山,「日本の思想界に於ける帝国大学」,『山路愛山集(二)』, 三一書房, 1985, p.366.

으로 전개되었는지 그 '역사적 전모'를 살펴볼 수 있을 것이다.

4. 산종散種하는 '동정' 담론들

야마지 아이잔은 일생 동안 '동정'개념을 중시하면서 글을 썼다[16]고 할 정도로 동정을 중요시했다. 반면 이노우에 데쓰지로는 '동同=정情' 개념을 중시[17]한 입장이었다. 야마지 아이잔의 경우에는 '동정'이라고 표기된 반면 이노우에 데쓰지로의 경우에는 '동=정'이라고 표기되었다. 후자 쪽은 근대 일본철학을 연구하는 모리시타 나오키森下直貴가 의도적으로 만든 '기표'인데, 그 논고를 보면 '동同과 정情' 사이에 등호(=)를 넣은 이유를 설명하고 있다.

즉 이노우에 데쓰지로의 경우에는 '정情이 하나인 것(동일성을 갖는 것)'이라는 의미로 사용하는데 그것은 '자타합일'의 논리에서 추출된 것이었다. 그렇다면 이것이 의미하는 것은 과연 무엇인지를 묻지 않을 수 없다.

이를 논하기 위해서는 먼저 일본에서 야마지 아이잔과 이노우에 데쓰지로가 놓인 상황에 대해 살펴볼 필요가 있다. 야마지 아이잔과 이노우에 데쓰지로가 '동정개념'을 수용하던 메이지20년대는 서구에서 이미 철학적 사유 방식의 흐름으로서 유행하고 있었다. 그 당시는 즉 '동정, 자유, 도덕, 자아실현, 실재, 현상'이라는 개념들이 '파퓰러 개념'으

---

16 坂本多加雄, 『山路愛山』, 吉川弘文館, 1988, p.25.

17 森下直貴, 「井上哲次郎の＜同=情＞の形而上学—近代「日本哲学」のパラダイム」, 『浜松医科大学紀要 一般教育』 29, 浜松医科大学, 2015, pp.1~43.

로서 논쟁의 대상이 되던 시기였다.[18]

서구의 유행담론들이 1887년을 전후로 하여 일본 내에 수용되고 일본 내에서 새로운 패러다임으로 간주되면서 철학, 윤리학, 심리학, 교육학, 음악, 생물학 등 모든 영역에서 동정과 동감이 중요한 개념으로 맞물리게 되어 하나의 시대적 담론으로 자리를 잡고 있던 때였다. 앞에서 언급한 것처럼 모리시타 나오키는 당시 특히 심리, 윤리와 도덕에서도 중요한 위치를 차지하게 된 동정론이 인간의 본성론으로서 이기심과 이타심에 초점을 맞춰 이 개념들을 의식하면서 신과 분리된 인간의 주체 찾기의 일환으로서 '근대사회'를 만들어가는 핵심으로 출현하게 되었다고 논한다. 그리하여 코먼센스, 동감, 자율적 의지, 교육 개입, 상벌제도, 입법 등의 개념들이 출현하게 되어 전 영역으로 확장되어갔던 것이다. 그 중 쟁점의 대상이 된 것은 바로 'sympathy'의 의미로서 동정과 공감이었다.[19]

물론 유럽에서 'sympathy'는 유럽적 철학 세계관 속에서 전개되고 있었는데, 일반적으로 잘 알려진 것처럼 'sympathy'는 18세기 데이빗 흄David Hume과 애덤 스미스Adam Smith에 의해 본격적으로 다루어지기 시작했다. 유럽에서도 이때부터 'sympathy'의 원리를 의식적으로 대상화하게 되었다.

특히 이 'sympathy'는 인간의 양심이나 사회질서, 특히 사회적 연대

---

18 峰島旭雄, 「明治期における西洋哲学の受容と展開(8):井上哲次郎, その哲学の再吟味」, 『早稲田商学』229, 早稲田商学同攻会, 1972, pp.61~80.

19 森下直貴, 「井上哲次郎の＜同=情＞の形而上学─近代「日本哲学」のパラダイム」, 『浜松医科大学紀要 一般教育』29, 浜松医科大学, 2015, p.26. 모리시타 나오키는 동정과 공감이 선천인가 후천인가, 발달방법(감정인가 지성인가), 도달목표(권리의 대등한 존중인가 인류애인가)를 둘러싼 논쟁이 전개되는데, 이를 담당한 철학자는 존 스튜어트 밀(John Stuart Mill)이 중심에 있었고 그 뒤에 허버트 스펜서(Herbert Spencer)가 있었다.

를 형성하는 데 중요한 기초적 요소이며 근본적인 동인動因으로 간주되어 '부상한' 것이었다. 그리하여 그 심적 현상을 규명하는 데 초점이 모아졌고 그것은 시대를 뒤덮는 '감정 과학적' 대상이 된 것이었다. 특히 sympathy의 본질과 그 원리에 대한 논의에 시선이 집중되었다. 이러한 흐름의 맥을 검토한 기도우라 도요카즈木戸浦豊和는 애덤 스미스의 『도덕감정론』을 참조하여 일본에서 'symapthy'에 대한 논의가 전유된 배경을 다음과 같이 설명했다.

> 인간은 상상력의 작용을 통해 자기를 타자의 경우에 두고 타자의 고뇌를 자기의 고뇌로 감수하는 본성을 가졌다. 다시 말해서 스미스의 'symapthy'란 '자기와 타자의 신체나 감성 속에 이입하여 상상의 교환을 통해 자기와 타자가 공감적으로 일체화하는 작용'으로 이것이 '공감'으로 번역되었다.[20]

그리고 이를 계승하여 요시모토 야요이吉本弥生는 쇼펜하우어의 역할을 강조했다. 쇼펜하우어는 함께 고통스러워하는 것을 기초로 하는 '동정철학'을 『의지와 표상의 세계』에서 피력했는데, 그것을 초월하는 경지에 인간이 도달하도록 목표를 세워 실행해야 한다는 입장이었다.[21] 즉 도덕적 행위의 최상급 단계가 함께 고통스러워하는 것이라고 보았고 그것은 정의나 진정한 인간애의 기초가 된다고 보았다. 쇼펜하우어는 동정과 사랑을 동질적인 것이라고 여겨 타자의 고통을 자신의 고통으로 생각하는 것을 전제로 했기 때문에 자기와 타자의 동일화가 가능

---

20 木戸浦豊和, 「夏目漱石・島村抱月・大西祝における「同情」の文学論－一八世紀西洋道徳哲学の〈sympathy〉を視座として」, 前掲雜誌, p.40.
21 吉本弥生, 「「同情」と「隣人愛」から見る阿部次郎と武者小路実篤の宗教と社会観」, 『総研大文化科学研究』9, 総合研究大学院大学文化科学研究科, 2013, p.49.

하다고 본 것이다. 자기와 타자의 존재를 구별하는 것이 아니라 동일한 것으로 간주함으로써 느끼는 것이 동정이었다.[22]

이러한 '동정개념'의 세계적 흐름 속에서 일본에서는 메이지기와 다이쇼기大正期에 활발하게 수용되었다. 특히 우에무라 마사히사植村正久가 『진리일반真理一斑』에서 쇼펜하우어를 소개하는 것에서 시작되었는데,[23] 이 쇼펜하우어의 동정론은 쇼펜하우어 사상의 중요한 개념 중 하나였던 동정, '동고同苦, Mitleid'로 소개되었다.[24] 그리고 동시기 대표적 종교학자인 아네자키 마사하루姉崎正治에 의해 쇼펜하우어의 『의지의 세계』가 『의지와 표상의 세계』로 번역되었다. 이노우에 데쓰지로가 독일 유학에서 돌아와 도쿄대학 철학과 교수가 되었을 때 아네자키 마사하루는 바로 이 이노우에 데쓰지로의 학생이었다. 당시 철학과 종교의 밀접한 상관관계 속에서 철학적 사고와 종교적 사고의 논리는 공유되고 있었던 것이다.

일본에 소개된 쇼펜하우어는 "근거의 원리에 지배되지 않는 현식現識을 봐야 한다. 즉 인식적 근거로 삼는 하나의 편중적 원리에 사로잡혀 사물을 보면 영원히 정의는 보이지 않는 것이며 (…중략…) 선과 악, 실로 불가사의한 것, 간단히 분해할 수 없는 개념으로 다룬다. 상대적으로 하나의 객관이 어느 의지와 맞게 되어, 즉 의지가 무엇인가로부터 발양하는데 그 목적을 만족시킨 것을 선 개념으로 생각하기 때문에 그 외의 다른 것들은 멀어져간다"[25]며 인간이 자신의 마음속에서 발양되는 것이 하나로 나아가고, 그렇게 되면 다른 것은 사라지게 된다고 소

---

22 吉本弥生, 前掲論文, p.49.
23 植村正久, 『真理一斑』, 警醒社, 1884, pp.612~615.
24 森一郎, 「同情について(上)」, 『東京女子大学紀要論集』 51巻2号, 東京女子大学, 2001, p.49.
25 ショペンハウエル著, 姉崎正治譯, 『意志と現識としての世界(上)』, 博文館, 1910, pp.597~609.

개한다. 인간의 인식이 표출되는 방법으로서 성과 악이 존재한다고 한다면 원래는 인식 속에 선과 악이 공존하는 것인데, 어느 한쪽만이 발양되면 그것은 다른 것을 지우는 역할을 하게 된다는 점에 주목한 것이다. 그 선과 악 중에 발양된 것이 악이라면 그것은 인식이 없는 것이라고 말한다. 그것은 의지의 노력이 적합하지 않게 작용한 것이라고 본 것이다. 그 반대로 친애적인 것은 선이라고 하는데 그 선은 그런 의미에서 언제나 상대적[26]으로 나타난다고 설명하고 있었다.

중요한 것은 선과 악이 양방향으로 공존하여 인식의 외부로 표출할 수 있는데, 그 중 어느 한쪽으로 편중할 우려가 있기 때문에 이 배경에 존재하는 '개별의 원리'를 투견透見하여 모든 현상 속에서 의지로 그것을 직접 인식하고 그것을 발현해야 한다는 것이다. 더욱 중요한 것은 그 선악의 영향관계에 주목하기보다는 '사람의 눈앞에 개별적 원리(어느 한쪽으로 치우치는 것)가 아니라, 자신과 타인의 인격 사이에 주아적主我的 차별을 설정하지 않을 것을 주장한 점이다.

특히 "많은 사람을 구하기 위해 자신이 개체를 희생하는 것을 멈추지 않으면 이와 같은 사람은 자연히 모든 중생 속에서 자신의 내실에서 진실의 나를 인정하고, 모든 중생의 무한한 고민을 자신의 고민으로 간주하여 스스로 전 세계의 고통을 받아들이게 된다. 이렇게 되면 어떤 고통도 타인의 일이 아니다"[27]라고 번역서에는 강조되었다. 일본어로 번역되어 소개된 『의지와 표상의 세계』에는 주아에 사로잡혀 있는 개별의 원리를 투시하는 인식론적 각성을 중시하고 있었다. 그것이 전체를 총괄하는 것이며 "본성을 회득會得하여 그것이 다시 생멸하고 공허하며

---

26 ショペンハウエル著, 姉崎正治譯, 上揭書, p.611.
27 ショペンハウエル著, 姉崎正治譯, 上揭書, p.639.

인간도 동물도 무無의 세계"[28]로 들어간다고 쇼펜하우어의 논리를 정리했다. 바로 이 '무無'에 대해 언급한 부분을 일본에서는 불교적인 '세계관'과 연결된다고 받아들여 쇼펜하우어의 의지 표상 세계를 불교와 관련시켜 수용했던 것이다. 그 필두에 선 것이 바로 이노우에 데쓰지로[29]였다.

이노우에 데쓰지로는 쇼펜하우어의 의지와 동정의 사상 속에 존재하는 공고共苦를 불교에서 열반의 길로 들어서는 진입경지로 보며 '해탈론'으로 이어간다. 이노우에 데쓰지로는 쇼펜하우어의 논리를 '수고受苦/공고共苦'로 해석하며 이를 동정개념과 연결했다. 쇼펜하우어는 사랑이 공고共苦에서 나온다고 생각한 반면 제자인 니체는 동정에 대해 비판적 입장을 취하고 있었다.[30] 일본 내에 수용된 니체의 '동정=공고' 논리에 대해 다케우치 쓰나후미竹内綱史는 다음과 같이 정리한다.

> 니체는 '동정=공고'란 타자를 폄하하여 자기평가를 높이려는 저의를 가진 우월적인 감각이라고 보았다. 즉 니체의 '동정=공고' 비판에서 고통苦은 지극히 개인적인 것으로 타인에게는 다가갈 수 없는 것이다. 그렇기 때문에 동정=공고는 타자가 자기에게 동화되어 단순히 에고의 비대화에 빠지는 것에 불과하다. 타자의 고통을 짊어져야 한다는 '도덕=공고 도덕'은 너무 과대한 요구이며 세계의 부정으로밖에 귀결되지 않기 때문에 인류의 발전에는 기여하지 못할 뿐만 아니라 유해하다고 보았다.[31]

28 ショペンハウエル著, 姉崎正治譯, 上掲書, pp.639~640.
29 森一郎, 「同情について(上)」, 前掲雑誌, p.50.
30 竹内綱史, 「ニーチェの同情=共苦批判について」, 『龍谷哲学論集』 34, 龍谷哲学会 2020, p.49.
31 竹内綱史, 「ニーチェの同情=共苦批判について」, 上掲雑誌, pp.62~63.

일본에서 쇼펜하우어와 니체 연구의 전문가인 다케우치 쓰나후미가 인용문에서도 밝혔듯이 니체가 쇼펜하우어의 동정론을 비판한 논점의 핵심은 쇼펜하우어의 동정개념이 '이웃애'와 동일한 의미로 사용된 것을 보고 쇼펜하우어의 동정개념을 비판한 것으로 해석된다. 마찬가지로 막스 셸러Max Scheler 또한 쇼펜하우어의 동정에 대해 비판적이었는데 특히 쇼펜하우어의 동정개념을 부정했다.[32] 이처럼 일본에 수용되는 동정개념은 쇼펜하우어, 니체, 셸러가 논쟁을 진행하는 중층적인 상황에서 다시 불교적 논리로 확대되어 재생산되는 상황에서 전개되고 있었던 것이다.

5. 동정의 프로토콜protocol

야마지 아이잔은 「메이카쓰미카命耶罪耶」에서 자신은 패자의 운명을 짊어진 염세적 인생을 사는 비애의 체현자라고 표현한다. 특히 야마지 아이잔은 그러한 동일한 감정=패잔자의 비애를 기초로 하여 그것을 맛본 사람들을 연결하는 동정의 원리에 관심을 갖게 된다. 야마지 아이잔은 「인생」이라는 글에서 "인간이 동정을 요구하는 자이며 이를 실제로 얻고 싶으면 상상에서 찾는다. 영靈과 영靈의 교통이 필요하다고 보고 그것이 없으면 인간은 하루도 살 수 없다며 영적으로 교통하는 것은 동정의 원리이며 그것은 반대로 개인의 독립과 기존 논리에 대한 저항

---

32 森一郎, 「同情について(上)」, 前揭雜誌, p.49. 니체가 동정을 기독교와 관련하여 문제 삼은 것은 쇼펜하우어의 '모든 사랑(아가페, 카리타스(caritas)=사랑, 신애(神愛), 애덕(愛德) 등을 가리킴)이 '동정'이라고 간주한 것에 있다. p.42.

의 원리가 모두 포함된 것이라고 보았다. 이것이야말로 일생의 대동력"[33]이라고 간주한다.

야마지 아이잔이 우에무라 마사히사나 우치무라 간조를 찬미한 것도 이와 관련이 있는데, 야마지 아이잔은 '패잔자의 고통'을 감수하고 세상을 바꾸기 위해 투쟁하는 '시대의 비평자'로서 시대와 싸우는 입장이라고 논했다.[34] 야마지 아이잔은 '패잔자=시대의 비평자=투쟁자'로 간주하고, 이 위치에서 세상을 위해 투쟁하는 것에 '특권'을 부여하며 그 입장에서 타인들과의 동정을 통해 사회적 평형을 유지하고자 노력한다고 논했다.[35]

이는 동정을 통해 사회적 평형을 찾는다는 논리로 풀이되는데, 야마지 아이잔은 기독교의 동정개념으로 수고受苦와 공감하며 기독교의 이웃애를 확장시켜야 한다고 주장했다. 특히 사회 전체가 고통을 분담하여 그러한 고통이 소거되도록 동고동락함으로써 사회적 행복을 만들어야 한다는 입장이었다. 그러기 위해서 야마지 아이잔은 개별적인 자조성과 품성에 관심을 두면서 국민의 품성과 자기 자신의 자조적인 힘을 기르는 것 개인 간의 동정이라고 보았다. 이처럼 야마지 아이잔의 동정사상은 스스로를 패자의 운명에 놓인 비애의 위치에서 권력의 분배를 위한 평등의 논리로 동정이 사용되었고 사회의 '불평등=죄'를 논했다. 그리하여 국가의 정치나 기독교, 역사, 교육에서 중요한 항목으로서 '동정'의 중요성을 논했다.[36]

---

33 山路愛山, 「現代日本教会史論」, 『山路愛山集(二)』, 三一書房, 1985, p.359.
34 山路愛山, 「中村正直論」, 『山路愛山集(二)』, 三一書房, 1985, pp.225~226.
35 山路愛山, 「女学雑誌の評」, 『山路愛山集(一)』, 三一書房, 1983, p.6.
36 近藤祐樹, 「明治期「同情」思想における一考察－山路愛山をもとにして」, 『文化史学』 57, 同志社大学, 2001, pp.100~103.

그러나 야마지 아이잔은 동정을 종교적인 것처럼 믿어버리는 것에 대해서는 비판적이었다. 즉 야마지 아이잔은 기독교에 대해 근본적인 신앙을 갖는 것이 아니라 '혼의 구제로서 각성＝영웅＝예수그리스도'의 의미였다. 바로 이것이 기독교의 진리이며 기독교가 사회에 진좌鎭坐해야 하는 이유였다. 즉 야마지 아이잔에게 기독교는 동정을 설명하는 데 사용된 레토릭이었다. 즉 동정개념은 타인과 고통을 분배하는 것을 통해 사회를 비평하기 위해 레토릭으로 활용되었다. 특히 야마지 아이잔은 '도道 감정의 불역不易의 지위'에 놓일 수 있는 세상의 중심을 찾고자 했다.[37] 야마지 아이잔은 그 방법론으로서 정통교회와 거리를 두면서 '진리라고 믿는 것'[38]이 갖는 '정통적 편견'과의 거리두기를 통해 가능하다고 보았다. 이는 곧 기독교를 통한 기독교와의 거리두기였다.

야마지 아이잔이 기독교에 대해 인정한 것은 사업적인 부분, 즉 사업이란 실체적인 행위로 해석했는데 그것은 정신의 수덕修德이라고 보았다. 그 '수덕'이란 현세에 순응하는 것이 아니라 현세와 대립하는 긴장감을 유지하는 그 긴장상태를 가리키고 있었다.[39] 야마지 아이잔이 보기에 예수의 수고受苦는 편설偏說이 아니라 정신적인 각성을 만들어내는 수고였기 때문이다. 또한 이는 종교를 빌려 정신적 개혁을 이루어야 한다고 주장하는 입장＝편설자와는 다른 위상에 서 있는 것이라고 여겼기 때문이다.[40]

다시 말해서 야마지 아이잔은 종교적 힘이나 종교의 교리를 통해 인

---

37 山路愛山, 「現代日本教会史論」, 『山路愛山集(二)』, 三一書房, 1985, p.358.
38 山路愛山, 「余と基督教」, 『山路愛山集(二)』, 三一書房, 1985, p.433. 山路愛山, 「金森通倫君に与ふ」, 『山路愛山集(一)』, 三一書房, 1983, pp.18~19.
39 山路愛山, 「現代日本教会史論」, 『山路愛山集(二)』, 三一書房, 1985, p.354.
40 山路愛山, 「英雄論」, 『山路愛山集(一)』, 三一書房, 1983, p.12.

간에게 사랑을 주고 복음을 주는 논리에 함몰된 것이 아니라, 오히려 종교의 선전이나 복음이라는 이름 아래 종교의 전도는 인간의 쾌락·불쾌함이 도덕적 레벨이 아닌 것과 동일한 것이었다. 동정적 감정의 세계를 만들어내지 못한 채 그것에 동정할 수는 없었다. 야마지 아이잔은 예수가 그러했듯이 고통을 공감하면서 순수무구한 정충심精忠心의 세계에서 타자를 이해하는 고귀함의 세계였기 때문이다. 이것을 기초로 가족이 생겨나고 국가가 구현되어온 것인데 이는 반대로 국가의 이상적인 모습이기도 하면서 말 그대로 국가의 본질이라고 논한다.[41]

야마지 아이잔이 보는 국가란 일본인의 공동생활을 이룬 공동체적 의미였다. 바꾸어 말하면 이는 국가의 목적이 공동체를 유지하기 위한 도구라고 간주하고 있었음이 드러나는 대목이다.[42] 이를 구체적으로 논하기 위해 야마지 아이잔은 국가공동체설에 대해 두 가지 사례로 나누어 설명한다. 즉 국가공동체설은 국내적인 것과 대외적인 것 두 측면이 존재하는데 내부적으로는 공동체의 강화를 이루는 것이며 외부적으로는 공동방위를 실현하는 것이다. 공동방위를 실현하는 것은 '국가'의 역할인데 야마지 아이잔에게 '국가는 곧 공동체'와 일치하고 있었다. 그리하여 이것을 실현하기 위해서는 국가 사회주의의 세계를 완성하는 것이라고 주장했다.[43] 이것은 단순히 일본 내부에서만 완성할 것이 아니라 인류의 이익을 위해 이를 실행해야 한다고 보고, 국내에서 인류의 문제로

---

41 木村時夫, 「山路愛山の国家社会主義(1)」, 『早稲田人文自然科学研究』 1号, 早稲田大学社会科学部学会, 1967, p.112.

42 柳田洋夫, 「山路愛山における「共同生活」概念について」, 『聖学院大学総合研究所紀要』 37, 聖学院大学総合研究所, 2006, pp.361~394. 木村時夫, 「山路愛山の国家社会主義(1)」, 『早稲田人文自然科学研究』 1号, 早稲田大学社会科学部学会, 1967, p.113.

43 岡利郎, 「明治日本の「社会帝国主義」」, 『日本政治學會年報政治學』 33, 日本政治學會編1982, p.114.

나아가기 위해서는 '세계적 신도덕'을 가져야 한다고 주창한다.[44]

그럼에도 불구하고 야마지 아이잔이 국내 공동체에 주목하여 주장한 국가 사회주의의 논리는 사회적 불평균不平均, 불권형不權衡, 불공평에 대한 저항이었고 세계 속에서 일본의 고립을 걱정하는 입장이었다. 그리하여 개인의 자조와 일본의 세계적 자조의 힘을 갖기 위한 '공동체'를 만들기 위한 개념이 동정이었다.[45]

반면 이노우에 데쓰지로는 「종교의 장래에 관한 의견宗教の将来に関する意見」에서 종교의 의미를 명쾌하게 설명한다. 이노우에 데쓰지로는 현존하는 종교를 유교, 불교, 기독교, 신도 네 종류로 분류했다. 물론 유교는 종교라고 부르기 어려운 부분이 있지만 그 형식은 종교와 다르지 않다고 여겨 종교개념에 포함시켰다. 이노우에 데쓰지로에 의하면 기독교는 유일신 신앙이기 때문에 일본 민족의 민족정신에 적항敵抗적인 부분도 있지만, 세상의 모든 종교는 계합점契合點이 존재한다고 보고 그것이 곧 '인천합일人天合一'이라고 주장한다. 즉 내외일치[46]의 입장이었다. 이노우에 데쓰지로는 이러한 내외일치의 논리를 마음속과 대아大我의 개념을 연결하여 설명한다.

　　종교를 대신하는 것으로 덕육을 장려, 도덕적 행위에 관한 중요한 점은 마음 속에 느끼는 것이라고 할 수 있다. 마음속에서 느끼는 그 느낌은 모든 도덕적 행위의 중요 관건. 요점과 중추로서 윤리적 관념에 의해 발생한다. 마음속에서 느끼는 것이 의사意思를 유기誘起하고 발휘發하여 모든 도덕적

44　山路愛山, 「現代金權史」, 『山路愛山集』, 筑摩書房, 1977, p.84.
45　山路愛山, 「戦国策とマキャベリを読む」, 『山路愛山集(一)』, 三一書房, 1983, pp.374~385.
46　井上哲次郎, 「宗教の将来に関する意見」, 『巽軒論文初集』, 富山房, 1901, p.237.

행위가 된다. (…중략…) 외계外界로부터 귀납하여 확정되는 것은 반드시 내부에서 느끼는 것과 조화를 이루지 않으면 안 되는데, (…중략…) 모든 경험을 초월한 평등무차별의 실재계에서 오는 것이다. 개별이 되는 소아小我의 의사에 의해 일어나는 것이 아니라 소아의 의사에 앞서 모든 것을 융합하는 무한한 대아에서 오는 것이다.[47]

그런데 중요한 것은 내외일치, 인천합일이 이루어지는 '기준' 설정에 있다. 이노우에 데쓰지로는 근본本이 있고 외부外의 사물이 있는데 후자 쪽의 사물부분은 허상이라고 간주하는 입장이었다. 즉 외계의 사물에서 얻는 것은 정신상의 감각이기 때문에 정신적인 태도 여하에 따라 내부內에서 수감受感하는 논리, 즉 내부에 의해 좌우되는 것이라고 간주했다.[48]

이를 근거로 국가를 상정할 때에도 국민은 국가의 근본이며 국민은 그 근본에 소속된 하나의 분자적인 존재라고 논한다. 동시에 그것을 세계적 보편적 견지로서 확대하여 다른 국가들의 국민들도 모두 세계 속 하나의 분자라고 논했다. 일본 국민이 하나이고 하나의 국가이듯이 서구도 하나의 국가로서 그 국민은 세계적 보편성 속에서 '동일한 하나'였던 것이다.

그렇기 때문에 이 논리는 뒤집어보면 일본인으로서 일본적 요소를 근본으로 삼으면서도 세상은 이 분자에 의해 이루어지기 때문에 세계적인 분자가 될 수 있다고 보았다. 서구도 그렇게 세상의 세계적인 분

---

47 井上哲次郎, 「宗教の将来に関する意見」, 上掲書, pp.235~237.
48 井上哲次郎, 「利己主義と功利主義とを論ず」, 『巽軒論文二集(全)』, 富山房, 1901, p.27.

자로서 세계성을 가졌기 때문이었다. 이것은 모순되는 것이 아니라 양립 가능한 것이었다.[49] 다시 말해서 이는 일본 국민의 역할이 곧 세계적 국민의 역할로 병존할 수 있다는 주장이었다. 이노우에 데쓰지로는 이것을 일본인의 '이기주의 논리'가 아니라고 보았다. 이를 비판적으로 다룬 프리드리히 니체야말로 극단적인 '이기주의 고취자'라고 신랄하게 비판했다. 일본에서는 이것을 잘못 받아들여 진화론과 연결하여 이기주의가 창도된 것으로 그것과는 다르다고 보았다.[50]

그와 동시에 이노우에 데쓰지로는 스펜서의 『윤리원리』라는 저서를 참조하여 물리적 이타심과 자발적 이타심을 원용하며 "한 부분을 멸모滅耗하는 것은 물리적 이타행위인데, 이와 같은 물리적 이타행위는 더욱 발전하여 자발적 이타행위가 된다"[51]며 물리적 이타행위에서 발전하는 자발적 이타행위라는 점을 중시했다. 즉 희생의 필요성이 강조되고 있었다. 또한 이노우에 데쓰지로는 '정情'이라는 개념을 도덕심으로 연결한 후 또 그것을 대아의 경지로서 '동정'을 연결하여 다음과 같이 설명한다.

객관적 세계에서 인식의 무제한은 가능한가. 천진天眞 자연의 정情이 그것이다. 자타를 융합하는 것이 바로 동정이다. 자기의 이익을 생각하는 지식에 반항하는 도덕심인 것이다. (…중략…) 도덕심은 소아가 아니라 대아의 의사意思이다. 도덕심은 보편적인 성질을 갖고 있다. 모든 인류를 포용

---

49 井上哲次郎, 『巽軒論文初集』, 富山房, 1899, p.255.
50 井上哲次郎, 「利己主義と功利主義とを論ず」, 前揭書, p.2. 아욕(我慾)에 인도하여 하렬(下劣)에 빠진 니체 씨와 같은 이기론자라 하더라도 그 세력이 성행한 것은 그러나 니체의 세력을 얻은 것은 주로 그 문장의 기상한 곳에 있지 그 도덕주의가 세도인심(世道人心)에 이익이 있는 것은 아니다. 井上哲次郎, 「利己主義と功利主義とを論ず」, 前揭書, p.47.
51 井上哲次郎, 「利己主義と功利主義とを論ず」, 上揭書, p.8.

하기 때문에 도덕심 속에 있는 것은 그의 이아我와 구별이 없다. 말하자면 일시동인이 그것이다. 따라서 도덕심은 개인에게 존재하는 것이기도 하지만, 도덕심은 개인적인 것이 아니라 대아와 개체를 합일하여 존재하는 것이기 때문에 도덕심은 대아의 의사의 발표이다. (…중략…) 인류는 동정에 의해 공동체를 이루고 동정을 잃으면 각자 괴산壞散하여 공동단체를 이루지 못한다. 공동단체를 이루지 못하면 사회의 기초는 무너져서 생존할 희망이 없다. 그렇기 때문에 동정은 생존논리이다. 즉 인류가 오늘날까지 발전해온 것은 동정의 결과에서 나온 것이라 할 수 있다.[52]

이노우에 데쓰지로는 정적情的도덕을 중시하고 정情을 통한 지知의 일치를 주장한다. 어느 쪽에 편중되지 않고 양자를 합일하는 의지가 생겨나는 것이 정情으로 이 정을 통해 세계로 연결해야 한다고 본 것이다. 그렇기 때문에 정이라는 인간의 심리를 통해 정이 동정이 되어 내가 남을 이해하고, 그것이 바탕이 되어 가족으로 더 나아가 국가로 확장되어가는 것이 순리적인 것[53]으로 인식하는 데 모순이 생기지 않았던 것이다.

6. 확장하는 동정공동체, 회귀하는 천황주의

야마지 아이잔은 동정개념을 근거로 타자합일의 논리가 완성되면서 일본이 제시할 수 있는 것을 일본 역사에서 찾는다.[54] 즉 일본 내에 존

---

52 井上哲次郎,「利己主義と功利主義とを論ず」, 上揭書, pp.39~40.
53 森下直貴,「井上哲次郎の<同=情>の形而上学─近代「日本哲学」のパラダイム」,『浜松医科大学紀要』29, 浜松医科大学, 2015, p.29.
54 山路愛山,「日本の歴史に於けるじんけん発達の痕跡」,『山路愛山集(一)』, 三一書房,

재하는 일본적 가치나 일찍이 일본문화의 단독이 아니라 고금을 통해
동서를 전부 아우르는 세계적 보편성이 무엇인지를 찾게 된다. 동시에
그 보편성은 일본의 독특한 개별적인 요소가 아니면 안 된다는 입장이
었다. 그것은 바로 서구적이면서 일본적인 것[55]이었다. 야마지 아이잔
은 이를 설명하기 위해 여러 가지의 재료를 가져왔는데, 그 중 하나가
'기독교'였고 다른 하나가 '사회주의'라는 용어와 개념이었다.

　야마지 아이잔은 기독교를 수용하여 서구적 논리를 통해 일본적인
보편성을 찾는 입장이었다. 그는 동서고금을 막론하고 공통적으로 존
재하는 인간이 가진 '동정'이라는 의미에서 사회주의는 서구에 존재하
는 것이 아니라 일본 내에 이미 존재했다고 보았다. 또한 그는 외국사
상의 이식이 아니라 일본 역사의 과거 속에서 찾아 '국가 사회주의'로
명명하며 그것을 더욱 진화시킨 것이라고 논한다. 다시 말해서 야마지
아이잔은 서구적인 동시에 일본적인 특수성이 일본의 고대에 존재했다
는 점을 연결시켜 그 공감적 내용을 설명하면서 국가 사회주의라는 일
본적 논리를 접목시키는 방식으로 보편과 특수를 결합시키고자 했다.

　그리고 또 하나 세계적 보편성과 일본적 특수성을 설명하는 재료로
야마지 아이잔이 사용한 것은 사회의주였다. 야마지 아이잔은 마르크
스의 사회주의 이론을 통해 사회주의라는 개념의 갖는 내재성을 끄집
어내고, 그것은 국가 사회주의라고 대체할 수 있다고 설명한다. 즉 '사
회주의와 국가 사회주의'의 공통점은 공동생활의 향상에 있는데 이것
이 바로 국가의 역할이며 국가는 공동생활의 유지에 있다고 주장하여
계급적 투쟁만이 아니라 공동생활을 만들어 내야 하는 부분을 강조한

　　1983, p.359.
55　福田和也, 『近代の拘束』, 文藝春秋, 1998, p.39.

다. 이것은 마르크스에 대한 동감이기도 하면서 마르크스를 넘는 것이라고 주장한다.

이처럼 예수의 동정논리에 담긴 '공평함'을 빌려오고, 국가사회주의 논리가 계급투쟁을 이겨낼 수 있는 갖는 공동생활을 강조하면서 야마지 아이잔은 일본 내에서만 특수하게 적용하는 소극적 공평함이 아니라[56] 만국평등을 위한 적극적 공평함으로 세계로 나아가는 세계성을 만들어 낸 것이다. 그런데 그것은 바로 일본이 담당해야 할 일이며 일본 국민 속에서 발효되어야 한다고 주장한다.[57] 세계적 보편으로 나아가기 위한 세계적 보편개념으로서 사회주의와 기독교의 논리 평등과 동정을 활용하여 이것을 거울삼아 새로운 일본의 특수성과 보편성을 구축해낸 것이다.

즉 야마지 아이잔은 일본의 역할을 강조하며 신도덕을 만들어 이를 보여주어야 한다고 피력한다.[58] 그것을 위해 동원한 논리로서 일국의 역사는 만국의 역사라는 개념이었고 그것은 초인간적인 것이라고 주장한다. 그것을 잘 설명해주는 예가 바로 일본 고대의 '다카마가하라高天原를 믿는 것, 가미카제神風에 의해 적군을 물리친 것' 등이다. 물론 그것은 현재 믿기 어려운 것으로 과학에 의해 경멸되지만 그것은 정情의 세계로 지의 세계보다 우월한 것이기 때문에 부흥될 것이라고 주장한다.[59]

야마지 아이잔은 국민 혹은 개인은 자기성찰이 필요한데 그것은 과거 일본의 세계성인 만세일계万世一系의 황실과 국민의 근왕심의 각성이었다.[60] 즉 일본 황실은 일계만세에 펼칠 것이며 편협하게 황실에 빌려

---

56   山路愛山,「社会主義管見」,『山路愛山集(二)』, 三一書房, 1985, pp.204~206.
57   山路愛山,「余が基督教を信ずる所以」,『山路愛山集(二)』, 三一書房, 1985, p.445.
58   山路愛山,「金森通倫君に与ふ」,『山路愛山集(一)』, 三一書房, 1983, p.19.
59   山路愛山,「己れを知れ」,『山路愛山集(一)』, 三一書房, 1983, pp.407~408.

사私를 이루려고 하는 것은 금물이라고 말한다. 야마지 아이잔이 바로 이노우에 데쓰지로를 향해 "충군은 일당一黨이라 일파一派의 전유물이 아니라고 보고 기독교 신자를 포괄해야 한다고 제시한다. 즉 이노우에 데쓰지로의 교육칙어에 나타난 도덕의 정신이 갖는 문제점에 대해 강한 어조로 비판한다. 이러한 국가주의자적=정부적 도덕설은 이노우에 개인의 철학으로 칙어의 취지로서 황실을 자신의 철학에 편偏하는 자"[61]라고 비판한 것이다.

야마지 아이잔의 입장에서 '황실은 국가의 권화'로서 근왕심勤王心은 애국심의 별칭[62]으로 황실과 인민의 관계, 국민의 부모[63]로서 '야마토大和민족=일대 가족국가'였다. 이는 단순히 옛 고대를 회고하는 것이 아니라 일본 국민의 '믿음, 습관, 제도, 풍속'을 모두 아우르는 친족적 정신, 즉 동일한 피의 친족성이 매우 두터운 것이라고 주장한다.[64] 황실의 존영은 국난을 걱정하고 이를 구하려는 마음에서 아파하고 헌신하는 정신인 동시에 가장 공평하고 순수한 정의 발현자가 천황이었던 것이다.[65] 결론적으로 야마지 아이잔은 "군주와 국민 의지의 상하합체, 황실의 천만광영은 이와 같은 사실에서 나온 것이다. 인민의 마음을 권현權現한 것이며 인민의 마음은 천황의 마음"[66]으로 국민의 상하를 나누지도 않고 어느 일부분에 한정하지도 않는 것이라고 논한다. 즉 황실의 과요誇燿는 국민에게 있는 것이며 황실은 국민과 일체로서 형상形과 그

---

60 山路愛山, 「忠君論」, 『山路愛山集(一)』, 三一書房, 1983, p.38.
61 坂本多加雄, 『山路愛山』, 吉川弘文館, 1988, pp.63~68.
62 山路愛山, 「日本の歴史に於ける人種発達の痕跡」, 『山路愛山集(一)』, 三一書房, 1983, p.360.
63 山路愛山, 「我々の祖先の社会政策」, 『山路愛山集(二)』, 三一書房, 1895, p.162.
64 山路愛山, 「余が基督教を信ずる所以」, 『山路愛山集(二)』, 三一書房, 1985, p.446.
65 山路愛山, 「皇室の尊栄」, 『山路愛山集(一)』, 三一書房, 1983, p.327.
66 山路愛山, 「皇室の尊栄」, 上掲書, pp.327~328.

림자影의 관계"[67]라며 국민과 국가, 국가와 천황을 '동일＝일체적인 것'으로 설명해냈다. 이것은 바로 야마지 아이잔의 천황론이었던 것이다.

그리고 이노우에 데쓰지로 역시 『국민도덕개론国民道徳概論』에서 '충효일본忠孝一本'과 '국민도덕'에 관해 다음과 같이 논한 부분에서 야마지 아이잔과의 동일성을 발견할 수 있다.

> 충효일본이라는 사상은 『효경孝敬』에도 있다. '이효사군즉충以孝事君則忠'이라는 것은 충효일본의 지의旨意이다. (…중략…) 충효일본의 도덕은 특히 일본에서만 시행되고 있다. 지나에도 없고 서양에도 없다. 그 어디에도 없다. (…중략…) 일본에서는 개개의 가족이 가장에게 효를 다하는 것과 마찬가지로 신민臣民이 천황에게도 충을 다하는 사회조직이라고 되어 있다. 그래서 충효일치가 성립한다. 그 일가 중 가족이 가장에게 효를 다한다는 것은 국가의 신민 대 천황의 관계를 축소한 형태가 된다. 가족의 상태를 추확推擴하여 그것을 국가에 맞추는 것은 가족이 가장에게 효의 덕을 다하는 것과 동일한 것이다. 매우 호모지이어homo-geneous, 단일, 동일집단와 유사하다. (…중략…) 충의 본과 효의 본도 우리들의 진심에서 나오는 것으로 조금도 다르지 않다.[68]

이노우에 데쓰지로가 국체를 재해석하며 강조한 것은 인정仁政이라는 보편주의였다. 인정주의는 말할 것도 없이 '동＝정'의 통치적 표현이었다.[69] 이노우에 데쓰지로는 충효제친忠孝悌親의 덕뿐만 아니라 '공동애국'의 덕이 필요한 이유를 설명한다. '효제'는 유교의 근본적 덕목이었

---

67 山路愛山, 「皇室の尊栄」, 上揭書, p.320.
68 井上哲次郎, 『国民道徳概論』, 三省堂, 1912, p.269.
69 森川輝紀, 『国民道徳論の道－「伝統」と「近代化」の相克』, 三元社, 2003, p.36.

으며 부모나 형제자매의 연장자에 대한 경敬을 의미하는 개념이었다. 특히 충효제친을 포함해 모든 덕은 민심의 결합에 의해 집약된다는 것이 그 주안점이었다. 공동애국의 덕이 서구에서는 보편적으로 논해지는데 동양에서는 아직 존재하지 않고 있음을 지적했다. 그리하여 충효를 일본적 특수성으로 강조하며 이노우에 데쓰지로는 근대국가에 공동 애국의 보편성을 설명한다.[70]

이는 애국심과 충효의 감정이 융합되고 혼화混化됨으로써 감정의 파토스를 이용해 자율적 자아의 감정을 뒤덮은 것임을 알 수 있다. 그리고 이를 통해 일본의 신도는 불교와 기독교가 가진 영혼의 구제 논리를 모두 혼종한 것이라고 설명한다. 그것은 강제적 주입이라는 '강압성'이 아님을 강조하면서 사람들의 감정을 유도하여 종교적/철학적 요구를 만족시키는 방법을 통해 시행한다는 점을 강조했다.[71] 동정론은 바로 종교와 철학, 그리고 교육적 효과까지도 후광을 비춰주는 기본적인 감정세계였던 것이다.

이처럼 야마지 아이잔과 이노우에 데쓰지로는 서구의 동정개념을 작위적으로 활용하면서 일본 내에서 동정 도덕의 고취를 통해 국가의 이해를 우선시하고, 국가와 천황의 한 부분인 국민은 희생과 고통을 감수하면서 천황을 중심으로 하는 '동정공동체=가족공동체'를 완성해야 한다고 주장하게 되었다. 1897년대메이지30년대 이후부터 패전까지 일본에서는 국가의 모습이 나타나기 전에 '가족국가'가 강조되었고 공동체를 이미지화하는 상징조작이 벌어졌는데[72] '천황의 어심御心은 일본 인

---

70 森下直貴, 「井上哲次郎の〈同=情〉の形而上学——近代「日本哲学」のパラダイム」, 『浜松医科大学紀要』 29, 浜松医科大学, 2015, p.28.

71 伊藤雄志, 「精神主義の覚醒と〈日本への回帰〉-山路愛山と井上哲次郎」, 『日本思想史学』 第25号, 日本思想史学会, 1993, p.96.

민을 구제한다'는 '인민의 마음을 표현한 것이며 인민의 마음은 '천황의 마음＝절대적 선''[73]을 유지하게 된다. 바로 야마지 아이잔과 이노우에 데쓰지로가 이 이데올로기를 추출해 내는 데 중추적인 역할을 했던 것이며, 그 근간에 동정개념이 작동되었고 결국 선인善人들의 확산과 그를 위한 선민善民주의를 만들어 낼 수 있었던 것이다.

결과적으로 동정이라는 감정을 동원하여 국민에게 천황의 '일시동인' 논리를 종교와 도덕을 통해 각성시켜 국민적 동정으로 국민을 모두 감싸 안고, 국민일체의 논리를 만들어냄으로써 그와 반대의 입장으로서 동정의 외부자는 배제의 비동정자가 되었다. 바로 이 동정개념을 동포와 고통을 공감하는 인위적 감정의 세계로 슬로건화 하여 계급의 균등과 빈부의 차이를 끌어 앉고 있는 국가의 국민을 하나로 통일하기 위해 필요한 원리로 작용했다. 새로운 국가를 건설하기 위해 새로운 도덕을 만들기 위해서는 이 동정개념은 가장 좋은 사상적 지지 논리가 되었던 것이다. 바로 이러한 이유에서 야마지 아이잔과 이노우에 데쓰지로를 살펴보아야만 하는 것이었다.

타자의 고통을 완전하게 이해한다고 보는 동정개념의 편향적 해석은 야마지 아이잔과 이노우에 데쓰지로가 경계하던 '편향' 속에 빠져 양가성의 의미를 놓치게 되었다. 즉 니체적 동정해석의 동정개념인 '이기심과 우월성'을 빼내면서 동정개념은 미덕, 도덕, 선이라는 부분만을 강조하는 논리 속에서 만들어진 것이다. 동정을 이타주의 숭배로 작동시켜 이기주의를 심문하는 논리를 상대화하지 못했다. 감정공동체로서 동정 국가건설을 위한 '천황＝일시동인'에 빠져들면 빠져들수록 동정

72 　마루야마 마사오(丸山眞男)저, 박충석 · 김석근 역, 『충성과 반역』, 나남출판, 1998, p.95.
73 　山路愛山, 「皇室の尊栄」, 『山路愛山集(一)』, 三一書房, 1983, p.328.

개념은 더욱더 힘을 발휘하게 되었다. 이에 반대되는 개성과 자타 비합일의 입장에 서게 되면 인식의 단두대를 통해 가차 없이 '삭제'되었던 것이다.

7. '자타합일'과 디알로그의 공극空隙을 찾아서

이상으로 본 논고에서는 서구에서 전개되던 'sympathy' 개념을 일본은 메이지20년대 동정, 공감 개념으로 수용·규정하며 일본 내에 정착되는 과정을 고찰해 보았다. 그것은 사전적 의미를 확정하는 작업임과 동시에 일본인의 감정공동체로서 동정 국가론을 규율화하고 감성을 지배하는 정치성을 띠게 되는 과정을 규명한 것이다. 즉 동정은 완전한 타자의 입장을 자신의 입장에서 완전하게 이해한다는 전제 조건 아래 성립되었다. 그것은 계급과 빈부귀천으로 나누어진 사회를 '동정'으로 감싸고 모든 계층의 차이를 포괄하는 공동체의 이념으로서 동정공동체를 완성해갔는데, 그 근간을 이룬 것이 바로 동정개념이었다. 특히 이를 추동하는 데 앞장 선 인물이 바로 야마지 아이잔과 이노우에 데쓰지로였다.

서구적 타자 이해방법에 대한 논쟁이었던 'sympathy'를 '자타합일'의 가능성과 불가능성의 양방향 논의를 일본 내에서 수용하면서 야마지 아이잔은 새로운 '국가 사회주의'를 내세웠다. 마찬가지로 이노우에 데쓰지로는 동정을 저류에 두고 '도덕 국가주의'를 주장했다. 특히 동정개념을 고통이나 희생의 공감에 대해 주목하면서 타자를 이해하고 고통을 함께 한다는 이상세계의 '상상의 동경'이 '동정·공감'으로 확장될 수 있다고 보았다. '타자의 입장을 완전하게 이해 가능하다'는 '동정' 개념을 전제로 하여 가족과 국가로 확대시킨 것이다. 즉 타인의 동정 가능성 논리에 의해 확장된 국가는 '동정공동체'로서 곧 천황국가이며 천황에 대한 외경과 동정의 시선은 국민들의 감성 속으로 빠르게 스며들었다.

마침내 국가를 위해 개인을 희생하는 것도 동정의 세계로 나아가는 논리가 되었다. 기독교적 세계관을 넘어 '동정' 논리는 결국 내부/외부의 일원화를 형성했고 동정개념에 수렴되지 못하는 '외부자'를 대상화하지 못하면서 타자에 대한 거리두기에 실패하게 되었다. 동정이 타자에 대한 완전한 이해개념으로 물들어버림으로써 근대 일본은 아시아의 이웃에 대한 동정논리를 동심원처럼 확대시켜 내부 식민지화를 조장하는 '동정 지배주의'를 내포하게 되었다.

결국 일본에서의 동정 또는 공감 개념은 개인의 희생을 요구하며 독자성을 억압하는 정치적 덕목으로 간주되었다. 마침내 그 정점에 존재하는 천황에 대한 '동경'과 천황이 갖는 국민에 대한 '동정'은 신성불가침한 선이 되었다. 그것은 개개인의 개성과 자율성을 억누르는 '정당성'을 확보하게 되었고 국가 사회주의라는 특수한 슬로건 아래 '비동정'을 창작해 냈으며 그것을 일본 동정공동체의 도덕 감정 속에서 반추되고 있었다.

천황의 '일시동인＝절대적 동정공동체＝국가주의'는 개인의 자유를 억압하며 희생을 강요했을 뿐만 아니라, 사회국가주의라는 균질적 '국가희생주의'를 합리화시켰던 것이다.

참고문헌

제1장

Jun'ichi Isomae, How to Reimagine Early Modern Japan: Beyond the Imagined/invented
         Modern Nation.

ガヤトリ・チャクラヴォルティ・スピヴァク, 鈴木英明訳, 『ナショナリズムと想像力』, 青土社, 2011.

ハンナ・アレント, 志水速雄訳, 『人間の条件』, ちくま学芸文庫, 1994.

ベネディクト・アンダーソン, 白石さや他訳, 『増補 想像の共同体ーナショナリズムの起源と流行』,
         NTT出版, 1997.

ホミ・バーバ, 「散種するネイションー時間, ナラティヴ, そして近代ネイションの余白」, 1994.

ミシェル・フーコー, 増田一夫訳, 「ミシェル・フーコーとの対話」(1980), 『ミシェル・フーコー思考
         集成Ⅷ 政治・友愛』, 筑摩書房, 2001.

今泉宜子, 『明治神宮ー「伝統」を創った大プロジェクト』, 新潮社, 2013.

磯前順一・ダニエル・ガリモア訳, 『ナラティヴの権利』, みすず書房, 2009.

_____, 「ポストコロニアリズムという言説ーホミ・バーバその可能性と限界」, 『閾の思考ー他者・
         外部性・故郷』, 法政大学出版局, 2013.

西川長夫, 『増補 国境の越え方』.

_____, 『地球時代の民族＝文化理論ー脱「国民文化」のために』, 新曜社, 1995.

_____, 『国民国家論の射程 あるいは〈国民〉という怪物について』, 柏書房, 1998.

_____, 「戦後歴史学と国民国家論」, 『戦後歴史学再考ー「国民史」を超えて』, 青木書店, 2000.

_____, 「Ⅵ 補論」, 『増補 国境の越え方ー国民国家論序説』, 平凡社, 2001.

_____, 『戦争の世紀を越えてーグローバル化時代の国民・歴史・民族』, 平凡社, 2002.

_____, 『日本回帰・再論ー近代への問い, あるいはナショナルな表象をめぐる闘争』, 人文書院, 2008.

_____, 「平凡社ライブラリー版 訳者あとがき」, ルイ・アルチュセール『再生産について(下)』, 2010.

_____, 『パリ五月革命私論ー転換点としての68年』, 平凡社新書, 2011.

_____, 『植民地主義の時代を生きて』, 平凡社, 2013.

酒井直樹, 『日本思想という問題ー翻訳と主体』, 岩波書店, 1997.

_____, 『日本/映像/米国ー共感の共同体と帝国的国民主義』, 青土社, 2007.

제2장

エマニュエル・レヴィナス, 合田正人訳, 『存在の彼方へ』, 講談社, 1999.

柄谷行人『日本精神分析』, 文芸春秋, 2002.

酒井直樹, 「パックス・アメリカーナの終焉とひきこもり国民主義」, 『思想』1095, 岩波書店, 2015, p.53.

坪井秀人, 「死者論言説と戦後八十年」, 『日本文学』65-8, 2016.

「特集「戦後」の超克—西川長夫への応答」, 『思想』1095, 岩波書店, 2015.

Benita Parry, "Signs of Our Time", *Postcolonial Studies: A Materialist Critique*, London and New York: Routledge, 2004, p.65.

Bruce Fink, "The Lacanian Subject : Between Language and Jouissance", Princeton: Princeton University Press, 1995.

Harry Harootunian, *History's Disquiet: Modernity, Cultural Practice, and the Question of Everyday Life*, New York: Columbia University Press, 2000.

_____, "Outwitted by History: Modernization, Postcoloniality and the Romancing of Culture", unpublished, pp.12~13.

_____, Marx after Marx: History and Time in the Expansion of Capitalism, New York: Columbia University Press, 2015.

Homi Bhabha, "Speaking of Postcoloniality, in the Continuis Present: A Conversation", in David Goldberg, Ato Quayson, eds., *Relocating Postocolonialism*, London: Blackwell, 2002.

Jacques Lacan, "The Mirror Stage as Formative of the / Function as Revealed in Psychoanalytic Experience", in Ecrits(The First Complete Edition in English), trans. by Bruce Fink, New York an London: W.W.Norton & Company, 2006(originally in French 1966).

Talal Asad, "Trying to Understand French Secularism",in Hent de Vries and Lawrence Sullivan eds.,*Political Theologie s: Public Religions in a Post-Secular World*, New York: Fordham University Press, 2006.

フレドリック・ジェイムスン, 合庭惇他訳, 『カルチュラル・ターン』, 作品社, 2006.

アントニオ・グラムシ, 東京グラムシ研究会訳, 「獄中ノート」デイヴィド・フォーガチ編『グラムシ・リーダー』, 御茶の水書房, 1995.

ヴァルター・ベンヤミン,ホミ・バーバ, 磯前順一・ダニエル・ガリモア訳,「散種するネイション—時間, ナラティヴ, そして近代ネイションの余白」, 『ナラティヴの権利戸惑いの生へ向けて』, みすず書房, 2009.

エマニュエル・レヴィナス, 熊野純彦訳, 『全体性と無限』, 岩波文庫, 2005.

ガヤトリ・チャクラヴォルティ・スピヴァク, 大池真知子訳, 『スピヴァクみずからを語る—家・サバルタン・知識人』, 岩波書店, 2008.

ジークムント・フロイト, 須藤訓任・門脇健訳, 「トーテムとタブー」, 『フロイト全集』12巻, 岩波書店, 2009.

ジャック・デリダ, 足立和浩訳, 『根源の彼方に—グラマトロジーについて』, 現代思潮新社, 1974.

_____, 増田一夫訳, 『マルクスの亡霊たち—負債状況=国家, 喪の作業, 新しいインターナショナル』, 藤原書店, 2007.

ジャック・ラカン, 『セミネールⅢ精神病1955~1956』, 岩波書店, 1987.

　　　　　　　　　　, 小出浩之他訳, 『セミネールⅧ転移1960～1961』, 岩波書店, 2015.

　　　　　　　　　　, 小出浩之他訳, 「対象aの五つの形」, 『セミネールⅩ不安1962～1963』(下巻), 岩波
　　　書店, 2017.

ジョルジョ・アガンベン, 高桑和巳訳, 『人権の彼方に―政治哲学ノート』, 以文社, 2000.

　　　　　　　　　　, 高桑和巳訳, 「バートルビー―偶然性について」, 『バートルビー―偶然性に
　　　ついて』, 月曜社, 2005.

　　　　　　　　　　, 高桑和巳訳, 『思考の潜勢力―論文と講演』, 月曜社, 2009.

ミシェル・フーコー, 石田英敬・小野正嗣訳, 『コレージュ・ド・フランス講義1975～1976年社会は
　　　防衛しなければならない』, 筑摩書房, 2007.

ジョン・オースチン, 坂本百大訳, 『行為と言語』, 大修館書店, 1978(1960).

タラル・アサド, 苅田真司訳, 『自爆テロ』, 青土社, 2008.

テオドール・W・アドルノ, 笠原賢介訳, 『本来性という隠語―ドイツ的なイデオロギーについて』, 未来社,
　　　1992.

ハンナ・アレント, 大久保和郎訳, 『イェルサレムのアイヒマン-悪の陳腐さについての報告』, みすず書房,
　　　1966.

ベネディクト・アンダーソン, 白石さや他訳, 『増補想像の共同体―ナショナリズムの起源と流行』,
　　　NTT出版, 1997.

ミシェル・フーコー, 北山晴一訳, 「真理と権力」, 『ミシェル・フーコー思考集成Ⅵ』, 筑摩書房, 2000.

　　　　　　　　　　, 慎改康之訳, 『コレージュ・ド・フランス講義1983～1984年度真理の勇気』筑摩
　　　書房, 2012(2009).

ヤトリ・チャクラヴォルティ・スピヴァク, 「サバルタン・トーク」, 『現代思想』27-8, 1999.

ユルゲン・ハーバマス, 細谷貞雄・山田正行訳, 『(第二版)公共性の構造転換―市民的カテゴリーにつ
　　　いての探究』, 未來社, 1994.

　　　　　　　　　　, 鏑木政彦訳, 「公共圏における宗教宗教的市民と世俗的市民による「理性の公共
　　　的使用」のための認知的前提」, 2005.

ンナ・アレント, 志水速雄訳, 『人間の条件』, ちくま学芸文庫, 1994(1958).

姜信子, 『声千年先に届くほどに』, ぷねうま舎, 2015.

広瀬浩司, 『後期フーコー権力から主体へ』, 青土社, 2011.

磯前順一, 『喪失とノスタルジア―近代日本の余白へ』, みすず書房, 2007.

　　　　「外部性とは何か―日本のポストモダン柄谷行人から酒井直樹へ」, 『閾の思考他者・外部性・
　　　故郷』法政大学出版局, 2013.

　　　　, 『閾の思考他者・外部性・故郷』, 法政大学出版局, 2013.

　　　　, 「戦後日本社会と植民地主義国家」, 『竹村民郎著作集完結記念論集』, 三元社, 2015.

　　　　, 「複数性の森にこだまする神々の声天皇・国民・賤民について」, 磯前・川村覚文編, 『他者論的

　　　　　　転回宗教と公共空間』, ナカニシヤ出版, 2016.

_____ / ガヤトリ・チャクラヴォルティ・スピヴァク「か弱くも確かな信念, そしてひそやかな祈り」『現代思想』39-8, 2011.

吉本隆明, 『改訂新版共同幻想論』, 角川文庫, 1972.

金哲, 田島哲夫訳, 『抵抗と絶望植民地朝鮮の記憶を問う』大月書店, 2015.

島薗進・磯前順一編, 『宗教と公共空間見直される宗教の役割』東京大学出版会, 2014.

立木康介, 『露出せよ, と現代文明は言う「心の闇」の喪失と精神分析』, 河出書房新社, 2013.

木越康, 『ボランティアは親鸞の教えに反するのか他力理解の相克』, 法藏館, 2016.

柄谷行人, 「不可知の"階級"と『ブリューメル一八日』―単独者としての共産主義者」, 『マルクスを読む』, 情況出版, 1999.

山形孝夫, 『死者と生者のラスト・サパー死者を記憶するということ』, 河出書房新社, 2012.

安部智海, 『ことばの向こうがわ震災の影仮設の声』, 法藏館, 2017.

西川長夫, 『植民地主義の時代を生きて』, 平凡社, 2013.

酒井直樹, 『日本/映像/米国』―共感の共同体と帝国的国民主義, 青土社, 2007.

石母田正, 「古代貴族の英雄時代―古事記の一考察」, 『石母田著作集10』, 岩波書店, 1989.

野村修訳, 「翻訳者の使命」, 『暴力批判論他十篇』, 岩波文庫, 1994.

佐藤弘夫, 『死者の花嫁葬送と追想の列島史』, 幻戯書房, 2015.

酒井直樹, 「「日本人であること」―多民族国家における国民的主体の構築の問題と田辺元の「種の論理」」, 『思想』882, 1997.

_____, 『日本思想という問題翻訳と主体』, 岩波書店, 1997.

_____, 『過去の声――一八世紀における言語の地位』, 以文社, 2002.

_____, 『日本/映像/米国―共感の共同体と帝国的国民主義』, 青土社, 2007.

_____, 『希望と憲法日本憲法の発話主体と応答』以文社, 2009.

_____, 「レイシズム・スタディーズへの視座」, 『レイシシズム・スタディーズ序説』, 以文社, 2012.

_____, 「文庫版の序」, 『死産される日本語・日本人』, 講談社学術文庫, 2015.

川崎修, 『アレント公共性の復権』, 講談社, 1998.

村上春樹, 『1Q84』2, 新潮文庫, 2012.

村上春樹, 『風の歌を聴け』, 講談社, 2004.

互盛央, 『エスの系譜沈黙の西洋思想史』, 講談社, 2010.

丸山真男, 『日本政治思想史研究』, 東大出版会, 1952.

제3장

Michel Foucault, Language, Counter-Memory and Practice, Ithaca : Cornell University

Press, 1977.

エティエンヌ・バリバール(Etienne Balibar), イマニュエル・ウォーラーステイン(Immanuel Wallerstein), 若森章孝・岡田光正・須田文明・奥西達也訳, 『人種・国民・階級：「民族」という曖昧なアイデンティティ』, 唯学書房, 2014.

ジェルジ(G). ルカーチ, 平井俊彦訳, 『歴史と階級意識』, 未来社, 2018.

タカシ・フジタニ, 「解説―オリエンタリズム批判としての民衆史と安丸良夫」, 『日本の近代化と民衆思想』, 平凡社, 1999.

ヘーゲル(Hegel), 長谷川宏訳, 『歴史哲学講義(上)』, 岩波文庫, 1994.

マーティン ジェイ(Martin Jay), 荒川 幾男訳, 『マルクス主義と全体性―ルカーチからハーバーマスへの概念の冒険』, 国文社, 1993.

ルイ・アルチュセール(Louis Althusser), 河野健二, 西川長夫, 田村俶訳, 『マルクスのために』, 平凡社, 1994.

安丸良夫, 『〈方法〉としての思想史』, 校倉書房, 1996.

_____, 『日本の近代化と民衆思想』, 平凡社, 1999.

_____, 成田龍一, 山之内靖, 工藤光一, 岩崎稔, 「歴史家二宮宏之の思想と仕事」, 『Quadrante(クヴァドランテ)』第9号, 東京外国語大学, 2007.

_____, 『現代日本思想論』, 岩波書店, 2012.

제4장

「アイヌ民族に関する法律(案)」貝澤正, 『アイヌ わが人生』.

「勇敢なる旧土人」, 『北海タイムス』, 1905.8.4.

Achille Mbembe, "Necropolitics", *Public Culture 15* (1), Durham : Duke University Press, 2003.

Andrew Fitzmaurice, "The Genealogy of Terra Nullius", *Australian Historical Studies*, vol.38., Taylor and Francis, 2007.

Antonio Gramsci, *Prison Notebooks*, International Publishers Co.

Cedric J. Robinson, *Black Marxism: The Making of the Black Radical Tradition North Carolina*, The University of North Carolina Press, 1983.

Ernest Renan, "On the Nation, Ernest Renan, On the Nation" in Geoff Eley and Ronald G Suny eds., *Becoming National*, Oxford: Oxford University Press, 1996.

Gavin Walker, *The Sublime Perversion of Capital: Marxist Theory and Politics of History in Modern Japan*, Duke University Press, 2016.

Harry Harootunian, *Marx After Marx: History and Time in the Expansion of Capitalism*, New York:

Columbia University Press, 2017.

Karl Marx & Frederick Engels, *The German Ideology*, New York: International Publishers, 1995.

_____, defined brute force as the employment of the "power of the state, the concentrated and organized force of society, to hasten, as in a hothouse, the process of transformation of the feudal mode of production into the capitalist mode, and to shorten the transition" in *Capital*, vol.1, London: Vintage, 1976.

_____, Capital Volume 1, Vintage, 2018.

M. M. Bakhtin, "Discourse in the Novel", *The Dialogic Imagination: Four Essays*, University of Texas Press, 2010.

Michael C. Dawson, "Hidden in Plain Sight: A Note on Legitimation Crises and the Racial Order", *Critical Historical Studies 3*, no.1, Spring 2016.

Michel Foucault, *Society must be defended*, New York: Picador, 2008.

Nancy Fraser, "Legitimation Crisis? On the Contradictions of Financial Capitalism", *Critical Historical Studies 2*, no.2, Fall 2015.

Patrick Wolfe, "Traces of History: Elementary Structures of Race", London : Verso, 2016.

_____, "Settler Colonialism and Logic of Elimination", *Journal of Genocide Research*, vol.8, London: Taylor & Francis, 2006.

Perry Anderson, *Considerations on Western Marxism*, London : Verso, 1976.

Randall Lesaffer, "Argument from Roman Law in Current International Law: Occupation and Acquisition Prescription", *European Journal of International Law*, Vol.16, no.1, Oxford, 2005.

Silvia Federici, *Caliban And The Witch*, NY: Autonomedia, 2014.

Yogi Hendlin, "From Terra Nullius to Terra Communis in advance", *Environmental Philosophy 11:2 Philosophy Documentation Center*, 2014.

アミール・サミン, 原田金一郎訳, 「国際貿易と資本の国際的な流れ」, 『新国際価格論争』, 拓植書房, 1981.

ヴァルター・ベンヤミン, 鹿島徹訳, 『歴史の概念について』, 未来社, 2015.

エルネスト・ルナン, 『国民とは何か』インスクリプト, 1997.

カール・マルクス, 『資本論 第1巻』, 岩波書店, 1969.

ジジェック, 鈴木晶 訳, 『イデオロギーの崇高な対象』, 河出文庫, 2015.

ジョルジュ・アガンベン, 『ホモ・サケル』, 高桑和己訳, 以文社, 2003.

ルイ・アルチュセール, 『マルクスのために』, 河野健二, 西川長夫, 田村俶訳, 平凡社, 1994.

ローザ・ルクセンブルグ, 長谷部文雄訳, 『資本蓄積論』(下巻), 岩波書店, 1934.

_____, 『資本蓄積論』(下巻), 青木文序, 1955.

榎森進, 『アイヌ民族の歴史』, 草風館, 2007.

計良智子, 計良光範, 河野本道, 田中美智子, 成田得平編, 『近代化のなかのアイヌ差別の構造』, 明石書店, 1998.

宮武公夫, 『海を渡ったアイヌ―先住民展示と二つの博覧会』, 岩波書店, 2010.

貫塩法枕, 『アイヌの同化と先蹤』, 北海小群更生団, 1986.

北原貴代, 「皇軍兵士中村輝夫と北風磯吉」, 『アヌタリアイヌ ― われら人間』第15号, 1975.4.20.

杉山四郎, 『新版アイヌ民族の碑を訪ねて一権利回復への道程をたどる』, 中西出版, 2002.

小川正人, 「近代北海道のアイヌと徴兵・軍隊」, 山本和重編, 『地域の中の軍隊1』, 吉川弘文館, 2015.

松村正義, 『金子堅太郎』, ミネルヴァ書房, 2014.

安丸良夫, 『現代日本思想論』, 岩波書店, 2004.

田中修, 『日本資本主義と北海道』, 北海道大学出版, 1986.

佐藤喜一, 『北海道文学史稿』, 冬濤社, 1955.

重松一義, 『史料 北海道監獄の歴史』, 信山社, 2004.

貝澤正, 『アイヌ わが人生』, 岩波書店, 2010.

『近代民衆の記録 5 アイヌ』月報, 新人物往来社, 所収, 1972.

計良智子, 『近代化のなかのアイヌ差別の構造』, 明石書店, 1998.

제5장

Harry Harootunian, Marx after Marx: History and Time in the Expansion of Capitalism.
　　　　　Columbia Univ Pr, 2015.

カール・マルクス, 高畠素之訳, 『資本論第一巻』, 改造社, 1927.

カール・マルクス(Karl Marx)著, 今村仁司他訳, 『資本論〈第1巻(上)(下)〉(マルクス・コレクション)』, 筑摩書房, 2005.

G.ルカーチ著, 平井俊彦訳, 『歴史と階級意識』, 未来社, 1981.

ローザ・ルクセンブルク著, 太田哲男訳, 『資本蓄積論』, 同時代社, 1997.

アントニオ・グラムシ著, 山崎功監修, 『グラムシ選集(全6巻)』, 合同出版社, 1986.

山田盛太郎, 『日本資本主義分析』, 岩波文庫, 1977.

宇野弘蔵, 『資本論五十年』(上下), 法政大学出版局, 1973.

제6장

ケネス・B・パイル, 松本三之介監訳, 『欧化と国粋』, 東京: 講談社, 2013.

高山林次郎, 『時代管見』, 博文館, 1899.

高山樗牛, 『樗牛全集:文芸及史伝(上巻)』第 2 巻, 博文館, 1905.

_____, 『文は人なり:樗牛文篇』, 博文館, 1912.

_____, 『樗牛全集(時勢及思索)』第4巻, 博文館, 1913.

高須芳次郎, 『人と文學 高山樗牛』, 偕成社, 1943.

渡辺和靖, 『明治思想史』, ペリカン社, 1985.

藤田昌志, 「志賀重昂・三宅雪嶺の日本論・中国論」, 『三重大学国際交流センター紀要』第3号, 三重大学国際交流センター, 2008.

理崎啓, 『青年の国のオリオン明治日本と高山樗牛』, 哲山堂, 2010.

本山幸彦, 『近代日本思想大系5: 三宅雪嶺集』, 筑摩書房, 1975.

山川智応, 『高山樗牛と日蓮上人』, 博文館, 1913.

三宅雪嶺, 『偽悪醜日本人』, 政教社, 1891.

_____, 『大塊一塵』, 政教社, 1904.

_____, 『想痕』, 至誠堂書店, 1915.

_____, 『炸裂の前』, 実業之世界社, 1942.

_____, 『近代日本思想大系5 三宅雪嶺集』, 筑摩書房, 1975.

三宅雄二郎, 『王陽明』, 政教社, 1893.

_____, 『小紙庫』, 耕文堂, 1918.

_____, 『戦争と生活』, 帝都日日新聞社, 1938.

森田康夫, 『三宅雪嶺の思想像』, 和泉書院, 2015.

三井甲之, 『高山博士の樗牛全集から』, 名著評論社, 1914.

_____, 『樗牛全集から』, 敬文社, 1914.

色川大吉, 『明治思想史(下)』, 講談社, 1976.

先崎彰容, 『高山樗牛–美とナショナリズム』, 論創社, 2010.

速川和男, 『現代英米研究』9巻, 英米文化学会, 1974.

姉崎正治・山川智応, 『高山樗牛と日蓮上人』, 博文館, 1913.

長尾宗典, 『〈憧憬〉の明治精神史―高山樗牛・姉崎嘲風の時代』, ぺりかん社, 2016.

長妻三佐雄, 『公共性のエートス 三宅雪嶺と在野精神の近代』, 世界思想社, 2002.

_____, 『三宅雪嶺の政治思想』, ミネルヴァ書房, 2012.

赤木桁平, 『人及び思想家としての高山樗牛』, 新潮社, 1918.

井上克人, 「明治期におけるショーペンハウアー哲学の受容について」, 『ショーペンハウアー研究』12, 日本ショーペンハウアー協会, 2007.

_____, 「明治期アカデミー哲学とその系譜」, 『国際哲学研究』3号, 東洋大学国際哲学研究センター, 2014.

佐藤能丸, 『日本の歴史家』, 日本評論社, 1990.

_____, 『明治ナショナリズムの研究–政教社の成立とその周辺』, 芙蓉書房出版, 1998.

佐藤庄太, 『陽明学と偉人:心胆修養』, 武田文永堂, 1911.

中野目徹, 『政教社の研究』, 思文閣出版, 1993.

_____, 『明治の青年とナショナリズムー政教社・日本新聞社の群像』, 吉川弘文館, 2014.

_____, 『三宅雪嶺』, 吉川弘文館, 2019.

川村湊, 『作文のなかの大日本帝国』, 岩波書店, 2000.

湯浅弘, 「日本におけるニーチェ受容史瞥見(2)」, 『川村学園女子大学研究紀要』第18巻第1号, 川村学園
　　　女子大学, 2007.

槌田満文, 『明治大正の新語・流行語』, 角川書店, 1983.

한나 아렌트, 이진우・박미애역, 『전체주의의 기원』, 한길사, 2006.

花澤哲文, 『高山樗牛一歴史をめぐる芸術と論争』, 翰林書房, 2013.

제7장

「ソリ(声)の会」, 『季刊三千里』第8号, 三千里社, 1976.

ジル・ドゥルーズ, フェリックス・ガタリ 著, 宇野邦一・豊崎光一 訳, 『千のプラトー』, 河出書房新社,
　　　1994.

もののべ・ながおき, 「ぼくの朝鮮語」, 『季刊三千里』第9号, 三千里社, 1977.

姜在彦・金達寿・李進熙・李哲, 「教科書の朝鮮をめぐって」, 『季刊三千里』第32号, 三千里社, 1982.

高良倉吉, 「琉球からみた朝鮮・中国」, 『季刊三千里』第33号, 三千里社, 1983.

郭大植, 「在日同胞とエスペラント」, 『季刊三千里』第17号, 三千里社, 1979.

久野収・小沢有作・旗田巍, 「まず言葉から」, 『季刊三千里』第11号, 三千里社, 1977.

旗田巍, 「教科書問題で考えたこと」, 『季刊三千里』第32号, 三千里社, 1982.

唐木邦雄, 「教科書断想」, 『季刊三千里』第32号, 三千里社, 1982.

大口忠男, 「おんどるばん」, 『季刊三千里』第25号, 三千里社, 1981.

大村益夫, 「大学における朝鮮語講座の現状」, 『季刊三千里』第12号, 三千里社, 1977.

藤本治, 「朝鮮語とわたし」, 『季刊三千里』第17号, 三千里社, 1979.

李進熙, 「編集を終えて」, 『季刊三千里』第17号, 三千里社, 1979.

_____, 「編集を終えて」, 『季刊三千里』第29号, 1982.

梶井陟, 「NHKに朝鮮語講座を-〈朝鮮語講座〉なぜ必要か」, 『李刊三千里』第12号, 三千里社, 1975.

_____, 「「ヨボ」は朝鮮語か一朝鮮語を考えるその(2)」, 『季刊三千里』第9号, 1977.

_____, 「朝鮮語を考える」, 『季刊三千里』第8号, 1976.

_____, 「日本統治下の教育と朝鮮語一朝鮮語を考えるその(3)」, 『季刊三千里』第10号, 1977.

_____, 「日本統治下の朝鮮語教育-朝鮮語を考える:その(4)」『季刊三千里』第11号, 三千里社, 1977.

_____, 「朝鮮語奨励規定一朝鮮語を考えるその(5)」, 『季刊三千里』第12号, 1977.

_____, 「朝鮮人児童の日本語教科書一朝鮮語を考えるその(8)」, 『季刊三千里』第15号, 1978.

_____, 「警察官の朝鮮語学習一朝鮮語を考えるその(7)」, 『季刊三千里』第14号, 1978.

_____, 「植民地統治下における警察官と朝鮮語－朝鮮語を考えるその(6)」, 『季刊三千里』第13号, 1978.

梶村秀樹, 「日本人と朝鮮語－朝鮮語で語られる世界」, 『季刊三千里』第11号, 三千里社, 1977.

_____, 「朝鮮語で語られる世界」, 『季刊三千里』第11号, 三千里社, 1977.

飯沼二郎・梶村秀樹・姜在彦・田中宏, 「在日朝鮮人を語る」, 『季刊三千里』第12号, 三千里社, 1977.

上野もののべ・ながおき, 「ぼくの朝鮮語」, 『季刊三千里』第9号, 三千里社, 1977.

西川長夫, 『国民国家論の射程』, 柏書房, 1999.

善波義之, 「おんどるばん」, 『季刊三千里』第10号, 三千里社, 1977.

水澤耶奈, 「古代との重なりの中で」, 『季刊三千里』第14号, 三千里社, 1978.

失作勝美, 「NHKに朝鮮語講座を」, 『季刊三千里』第5号, 三千里社, 1976.

鴨沢巌, 「一つの外国語は一つの世界を開くか」, 『季刊三千里』第2号, 三千里社, 1976.

栄沢幸二, 『「大東亜共栄圏」の思想』, 講談社, 1995.

玉城繁徳, 「朝鮮語電話講座について」, 『季刊三千里』第15号, 1978.

正木峯夫, 「'広島'と教科書問題の底」, 『季刊三千里』第32号, 三千里社, 1982.

鄭仁, 「『チンダレ』のころ」, 『季刊三千里』第9号, 三千里社, 1977.

佐藤信行, 「おんどるばん」, 『季刊三千里』第13号, 三千里社, 1978.

酒井直樹, 「ナショナリティの母(国)語の政治」, 『ナショナリティの脱構築』, 柏書房, 1996.

中村守, 「おんどるばん」, 『季刊三千里』第14号, 三千里社, 1978.

_____, 「歴史を共有しアジアに生きる」, 『季刊三千里』第32号, 三千里社, 1982.

志村節, 「似ているということ」, 『季刊三千里』第11号, 三千里社, 1977.

川瀬俊治, 「ことばとの出会い」, 『季刊三千里』第17号, 三千里社, 1979.

清士, 「戦後世代の個人的な認識」, 『季刊三千里』第13号, 三千里社, 1978.

出口真琴, 「おんどるばん」, 『季刊三千里』第11号, 三千里社, 1977.

鶴見俊輔・姜在彦, 「15年戦争下の日本と朝鮮」, 『季刊三千里』第13号, 1982.

_____, 「暗黙の前提一束」, 『季刊三千里』第11号, 三千里社, 1977.

和歌森太郎・金達寿, 「日韓関係史の見直し」, 『季刊三千里』第7号, 三千里社, 1976.

제8장

마루야마 마사오(丸山眞男) 저, 박충석・김석근역, 『충성과 반역』, 나남출판, 1998.

히라타 토시히로(平田俊博), 「칸트철학과 일본의 교육 목적」, 『서양철학의 수용과 변용』, 경인문화사, 2012.

ショペンハウエル著, 姉崎正治譯, 『意志と現識としての世界(上)』, 博文館, 1910.

バーバラ・H. ローゼンワイン, リッカルド・クリスティアーニ著, 伊東剛史訳, 『感情史とは何か』, 岩波書店, 2021.

岡利郎, 「明治日本の「社会帝国主義」:山路愛山の国家像」, 『日本政治學會年報政治學』33, 日本政治学会, 1982.

＿＿＿, 「山路愛山研究序説-「惑溺」と「凝固」」(1), 『北大法学論集』25巻4号, 北海道大学法学部, 1975.

＿＿＿, 「山路愛山研究序説-「惑溺」と「凝固」」(2), 『北大法学論集』26巻1号, 北海道大学法学部, 1975.

＿＿＿, 「山路愛山研究序説-「惑溺」と「凝固」」(3), 『北大法学論集』26巻3号, 北海道大学法学部, 1976.

＿＿＿, 「山路愛山研究序説-「惑溺」と「凝固」」(4完), 『北大法学論集』26巻4号, 北海道大学法学部, 1976.

近藤祐樹, 「明治期「同情」思想における一考察:山路愛山をもとにして」, 『文化史学』57, 同志社大学, 2001.

吉本弥生, 「「同情」と「隣人愛」から見る阿部次郎と武者小路実篤の宗教と社会観」, 『総研大文化科学研究』第9号, 総合研究大学院大学文化科学研究科, 2013.

柳田洋夫, 「山路愛山における「共同生活」概念について」, 『聖学院大学総合研究所紀要』第37号, 聖学院大学総合研究所, 2006.

梅原忠男・金田一春彦他, 『日本語大辞典』, 講談社, 1991.

木村時夫, 「山路愛山の国家社会主義(1)」, 『早稲田人文自然科学研究』1号, 早稲田大学社会科学部学会, 1967.

木戸浦豊和, 「夏目漱石・島村抱月・大西祝における「同情」の文学論:一八世紀西洋道徳哲学の〈sympathy〉を視座として」, 『日本近代文学』96, 日本近代文学会, 2017.

福田和也, 『近代の拘束』, 文藝春秋, 1998.

峰島旭雄, 「明治期における西洋哲学の受容と展開(8):井上哲次郎,その哲学の再吟味」, 『早稲田商学』229, 早稲田商学同攻会, 1972.

山路愛山, 『山路愛山集(一)』, 三一書房, 1983.

＿＿＿, 『山路愛山集(二)』, 三一書房, 1895.

山田忠雄他, 『新明解国語辞典』, 三省堂, 2005.

森一郎, 「同情について(上)」, 『東京女子大学紀要論集』51巻2号, 東京女子大学, 2001.

森川輝紀, 『国民道徳論の道-「伝統」と「近代化」の相克』三元社, 2003.

森下直貴, 「井上哲次郎の〈同=情〉の形而上学—近代「日本哲学」のパラダイム」, 『浜松医科大学紀要 一般教育』29, 浜松医科大学, 2015.

植村正久, 『真理一斑』, 警醒社, 1884.

新村出, 『広辞苑』, 岩波書店, 2008.

伊藤雄志, 「山路愛山と井上哲次郎の『記紀』神道研究-天照大神信仰をめぐって」, 『日本思想史』7, 日本思想史研究会, 2008.

伊藤雄志, 「精神主義の覚醒とく日本への回帰〉-山路愛山と井上哲次郎」, 『日本思想史学』第25号, 日本思想史学会, 1993.

＿＿＿, 『ナショナリズムと歴史論争:山路愛山とその時代』, 風間書房, 2005.

_____, 『山路愛山とその同時代人たち』, 丸善プラネット, 2015.

井上哲次郎, 『哲学字彙』, 東洋館, 1884.

_____, 『巽軒論文初集』, 富山房 1899.

_____, 『巽軒論文二集(全)』, 富山房, 1901.

_____, 『巽軒論文初集』 富山房 1901.

_____, 『国民道徳概論』, 三省堂, 1912.

_____, 『哲学字彙』, 丸善, 1912.

竹内綱史, 「ニーチェの同情＝共苦批判について」, 『龍谷哲学論集』34, 龍谷哲学会, 2020.

坂本多加雄, 『山路愛山』, 吉川弘文館, 1988.

和田垣謙三編, 『哲学字彙』, 東京大学三学部, 1881.

초출일람

제1장

磯前順一, 「植民地主義としての天皇制国民国家論―西川長夫の「主体の死」をめぐる思考より」, 『国家の論理といのちの倫理』, 新教出版社, 2014.11, pp.255~279.

제2장

磯前順一, 「謎めいた死者のまなざし、そしてざわめく声―酒井直樹の翻訳論再考」『〈死者/生者〉論』, ぺりかん社, 2018, pp.257~317.

제3장

平野克弥, 「ヘーゲルの亡霊と民衆史のアポリア : 安丸歴史学の認識論的前提の問題をめぐって」, 『現代思想』44(16), 青土社, 2016, pp.262~275.

제4장

平野克弥, 「「明治維新」を内破するヘテログロシア : アイヌの経験と言葉」, 『現代思想』46(9), 青土社, 2018, pp.48~71.

제5장

平野克弥, 「ハリー・ハルトゥーニアン『マルクス・アフター・マルクス―資本主義の拡張における歴史と時間』」, 『日本研究』59, 2019, pp.133~137.

제6장

전성곤, 「일본의 '국수주의'와 '일본주의'의 진폭 그리고 '변신'(翻身) 제국주의」, 『인문논총』77(2), 서울대 인문학연구원, 2020, pp.289~325.

제7장

전성곤, 「Ambivalence of a "Nation=Language Community" and Transnational History」, 『문화교류와 다문화교육』9(3), 한국국제문화교류학회, 2020, pp.381~406.

제8장

전성곤, 「'심율(心律)'로서 동정(同情)공동체와 '국민주의'」, 『감성연구』제22집, 호남학연구원, 2021, pp.59~96.

찾아보기